D0925264

LA FRANCE
ORANGE MÉCANIQUE

LAURENT OBERTONE

LA FRANCE ORANGE MÉCANIQUE

document

ring.fr

ÉDITIONS RING

Collection
SUR LE RING
◆
Documents d'actualité
◆
RING
www.ring.fr
◆

◆
Direction artistique
Jany Bassey
◆

PRÉFACE DE XAVIER RAUFER

Moiteur et mauvais rêves : je me souviens soudain de la canicule de l'été 2003 et de ses nuits suffocantes.

Venu de nulle part, un friselis d'air venait parfois effleurer le dormeur au petit jour.

Dans la torpeur de l'aube, aspirer avidement la brise fraîche, quelle joie, quel bien-être alors. Le grisant sentiment de revivre ! L'énergie de l'éveil.

Pourtant, neuf ans plus tard, la sensation est la même.

Tout cela afflue à la lecture du livre de Laurent Obertone.

Ce texte magistral traite d'un sujet énorme, comme il n'y en a pas de plus grave à l'instant – l'ensauvagement d'une nation. « Droit aux choses mêmes ! » Pour parler comme Husserl, ce livre explore un phénomène, celui du crime, en France, aujourd'hui. Il n'édulcore pas plus qu'il ne dramatise – il expose. Les choses, telles qu'elles sont. Souvenir d'Aragon surréaliste : « Les grands éclairs blancs du réel lui ont fait ces yeux que n'a pas démesurés l'atropine. »

Ce livre décrit en effet les grands éclairs blancs du réel criminel, dans la France de 2012. D'usage, d'ordinaire, nul ne les supporte – moins encore les médias. Le lynchage d'Echirolles (octobre 2012) : « massacre » le premier jour, « rixe » 48 heures après. Depuis, le silence. Dommage, on aurait pu avoir droit à « incident » ou « anicroche ».

Après l'exposé de Laurent Obertone, ses questions. Pourquoi tout ça ? Pourquoi le tsunami de violence, et aussi et surtout, pourquoi l'édulcoration permanente, pourquoi l'aveuglement ?

Pourquoi, quand on la confronte au réel criminel, la présente garde des Sceaux le conjure-t-elle par cette phrase accablante « On ne peut imaginer un monde sans faits-divers ? »

(Conjuration : « pratique de magie consistant à frapper mentalement de nullité un fait qui dérange, en le proclamant mineur ou dérisoire. ») Exemple : le massacre de deux jeunes hommes par 15 brutes prédatrices, un « fait-divers ».

Je vous préviens tout de suite Laurent – et là, ce sont trente ans d'expérience qui parlent – vos questions vont singulièrement vous compliquer l'existence. Une meute de persécuteurs polyvalents, d'antifascistes oniriques, de suffragettes de ligues de vertu, va vous tomber sur le poil. Ils vont vous disqualifier, selon un immuable rituel en trois étapes :

– L'indignation : tout ce que vous écrivez est faux. Truquage et artifice. Du journalisme de bas étage !

– La fine bouche : un écrit incroyablement simpliste – pur mélange des genres. Une pure caution aux politiques de répression.

– Les attaques *ad hominem*. À l'œuvre, les délateurs-archéologues. L'arrière grand-oncle collabo. La référence à un obscur plumitif « actif sous Vichy ».

Mais vous avez le cœur ferme, Laurent, alors vous serez impavide. En tête, la sentence du Nietzche du *Gai savoir* :

« Qui nommes-tu mauvais ? Celui qui veut toujours faire honte. » Basta, les sacristains-2012 de la pensée unique.

Mais les politiques alors ? Car ce que vous décrivez est ô combien politique. Vous liront-ils ? Vous entendront-ils ? Hélas, « ils ne peuvent penser que dix minutes avant et dix minutes après. Ils sont pris dans une bousculade permanente » (Pierre Nora, *JDD*, 23/05/2010). Donc là encore, compter sur ses propres forces.

Puis lentement, par capillarité, parce que seule la pensée voyage sans force, la vôtre s'imposera. Car elle est vraie. Ce jour là mais pas avant, l'infosphère changera de ton. Oubliées les mises en demeure ! Finis l'inquisition et les sermons. Vous lirez alors des phrases comme « Obertone n'a rien inventé... On savait tout ça depuis longtemps... Où est le problème ? Pourquoi s'acharne-t-il à enfoncer des portes ouvertes ? »

Dans ce registre, cher Laurent, vous avez de nobles prédécesseurs. Simon Leys par exemple. Accusé de « colporter des ragots de la CIA » par des quotidiens en plein délire maolâtre. Le délire maolâtre, concrètement, c'est ça : « Cris de joie dans Pnom-Penh libérée », à l'entrée des Khmers rouges dans la capitale du Cambodge, prélude à l'un des pires génocides du XXe siècle. Or vingt ans plus tard, Simon Leys est adulé par les journaux mêmes qui naguère le calomniaient et le vomissaient. Un géant de la pensée, désormais.

Ainsi, cher Laurent, la voie est-elle tracée. Soyez brave. Ne baissez pas les yeux. Appelez un crime, un crime. Décrivez calmement et du mieux possible le réel criminel.

En savant ? Mieux : en témoin. À une époque qui se défile, qui évite, qui laisse violer une jeune femme dans un train en regardant ailleurs, c'est bien plus précieux encore.

Xavier Raufer

AVERTISSEMENT

« La liberté d'expression est un fondement essentiel
d'une société démocratique, et vaut non seulement pour
les informations ou idées accueillies avec faveur ou considérées
comme inoffensives ou indifférentes, mais aussi pour
celles qui heurtent, choquent ou inquiètent l'État
ou une fraction quelconque de la population. »

Arrêt de la Cour européenne des droits de l'Homme, 1976.

10
CES CRIS QUE L'ON IGNORE

9
L'ULTRA-VIOLENCE

8
AUX SOURCES DU MAL

7
ÊTES-VOUS NORMALEMENT SOCIALISÉ ?

6
ASSASSINS DE LA POLICE

5
JUSTICE NULLE PART

4
NUL BIEN SANS PEINE

3
LA MORALE CONTRE LA RÉALITÉ

2
SPECTROSCOPIE DU CRIME

1
COMMENT PROFITE LE CRIME

0
L'EXPLOSION ?

« J'ai des questions
je voudrais avoir des réponses, t'as vu. »

Mohamed Merah

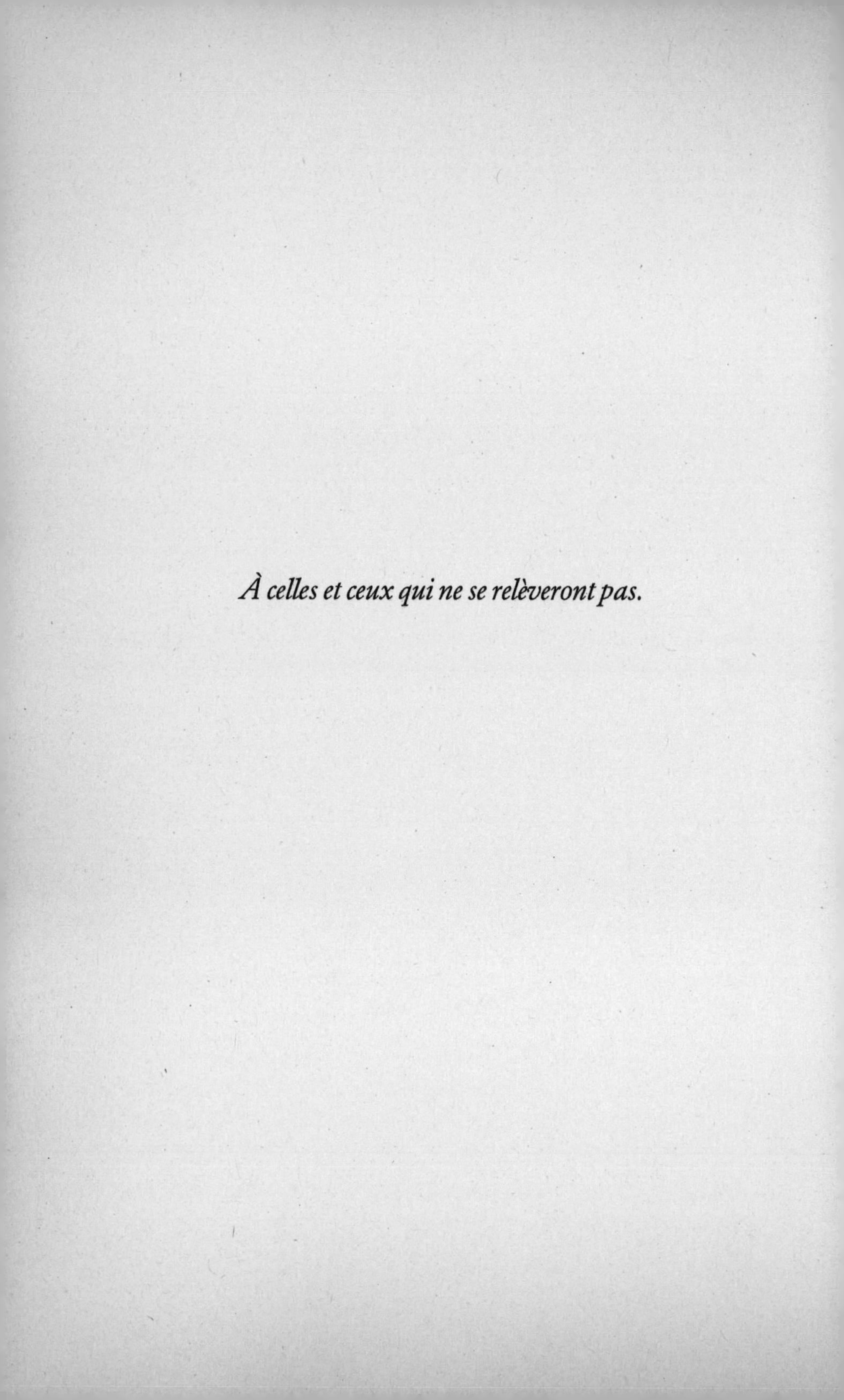

À celles et ceux qui ne se relèveront pas.

IO

CES CRIS QUE L'ON IGNORE

L'homme s'est mis à marcher quand elle est passée devant lui. Elle a alors accéléré le pas, en osant un coup d'œil par-dessus son épaule. Il était trapu, le crâne rasé, la peau sombre, vêtu d'un blouson noir. Il marchait derrière elle, les mains dans les poches. Elle avait vu ses yeux. Ses yeux qui l'avaient regardée.

Malgré tout ce qu'on lui avait appris, la confiance en soi, l'auto-défense, les beaux discours de bienveillance envers les inconnus, le rejet des préjugés... la peur, cette peur honteuse était là, marchait sur ses pas. Il lui semblait même que l'homme venait de dire quelque chose. Elle s'entendit essayer d'articuler ce qui ressemblait à un non. Paralysée par la peur, la proie n'a pas la force de se retourner, de faire un scandale, de tenter d'effrayer son prédateur. Elle continuait à marcher. Comme face à un molosse qu'on devine dangereux, elle s'efforçait de ne pas montrer sa terreur, pour ne pas l'encourager. Pour l'instant rien ne s'était encore passé. Elle avait des amis, des projets. Sa vie d'étudiante suivait son cours. Mais il allait se passer quelque chose, au fond d'elle, la fille le savait. Quelque chose qui détruirait son passé, son avenir, et qui l'éloignerait à jamais de l'insouciance.

Elle s'était efforcée, dans toute son attitude, de signifier son assurance, son rejet, sa détermination de femme qui n'était pas du genre à se laisser faire, comme si elle était encore en position de choisir. Comme si, seule dans la rue, elle pouvait encore faire comprendre à un individu trop entreprenant de ne pas insister. Ils n'étaient que deux. Elle avait sa morale, lui avait la sienne, et un gouffre physique de quarante kilos de muscles les séparait. Et c'est tout ce qui comptait.

L'étudiante a pressé le pas. Lui aussi. Le bruit des pas, tout proche. Nouveau coup d'œil. Il était là. Ses mains n'étaient plus dans ses poches. Devant elle, l'escalier qui menait au parking. Sa voiture. À quelques mètres du salut, la peur qu'elle s'interdisait d'avoir la rattrape soudain : elle est saisie par des bras puissants, soulevée, violemment jetée du haut de l'escalier. Une chute de dix mètres qui lui brise la colonne vertébrale. Le souffle coupé, meurtrie de multiples fractures, la jeune femme agonise. Elle ne peut plus bouger, tétanisée par la souffrance. C'est grave. Horriblement douloureux. Pourquoi ? Pourquoi a-t-il fait ça ? Va-t-elle mourir ? Ce n'est pas terminé.

Comme dans ses pires cauchemars, elle ne peut plus fuir, pas même bouger. Son cerveau ordonne, le corps ne répond pas. Ce n'est plus son corps. C'est déjà celui de ce prédateur qui le traîne à l'abri d'un bosquet pour s'en repaître. Il la frappe. Lui sourit. La frappe. Pourquoi ? Elle supplie. Pourquoi ?

Il n'y a pas d'explications. Bien au-delà de la douleur physique, quelque chose s'est brisé en elle. Une scission intérieure entre ce corps cassé, cette horrible réalité et son âme qu'elle vient de perdre, oubliant tout, jusqu'à ce qui devait être son existence normale. Mais on ne peut s'abstraire de la douleur, de ce corps étranger, de sa force, de son odeur, de ses paroles odieuses, de ses coups. Elle veut fuir, elle ne peut pas. Il prend son temps. Il lui lèche le visage, lui mord la joue, lui parle d'amour. La frappe. Elle ne comprend pas. Il arrache ses vêtements, la torture, la viole à plusieurs reprises, variant les plaisirs, de toutes les façons possibles. Elle veut s'évanouir. Elle ne s'évanouit pas. Il y a du sang. Elle crie. Il la frappe encore. La fait taire. Lui écrase sa grosse main sur la bouche, jusqu'à lui briser la mâchoire. Elle avale son sang. La souffrance est telle qu'elle donnerait tout pour s'évanouir. Elle voudrait mourir. Elle ne s'évanouit pas. Elle ne meurt que dans sa tête.

« Il l'a manipulée dans tous les sens au point qu'elle voyait ses jambes passer derrière elle. C'est une véritable horreur. Il ne pouvait pas ignorer son état », a expliqué un neurochirurgien au procès. Pour le spécialiste, la douleur de la jeune femme fut extrême, permanente. Lui, le prédateur, ça ne l'a pas freiné, les suppliques. Au contraire, ça lui a donné du cœur à l'ouvrage. Il a choisi de nier l'âme de cette femme, de cette chose qui n'existe que pour le satisfaire. Il prend son temps. Recommence. Encore et encore. Le calvaire va durer des heures. Toute la nuit. Les viols, les coups. Les mots, la torture.

Au petit matin, le prédateur abandonne sa proie. Quelques heures plus tard, une promeneuse entend des gémissements. Elle avance vers le bosquet et découvre la malheureuse.

Celui qui vient de prendre son existence se nomme Zakaria. Il a déjà été condamné pour agression sexuelle. Pendant qu'il est interpellé par les policiers, les chirurgiens de Besançon parviennent à sauver les membres supérieurs de sa victime. Ils ne peuvent rien faire pour ses jambes. Pauline passera le reste de ses jours dans un fauteuil roulant, dépendante de soins lourds, sans parler des dégâts psychologiques, qu'aucune thérapie ne pourra jamais effacer.

Les faits se sont déroulés en octobre 2004. Zakaria a été condamné une première fois, puis a fait appel. Pour sa défense, l'homme prétend qu'il n'a *pas pris conscience de la gravité des blessures de la jeune femme pendant qu'il la violait.* « Mon client n'a jamais eu la volonté de commettre des actes de torture et de barbarie lorsqu'il violait la victime », a expliqué son avocat. Pas le mauvais gars, ce Zakaria. L'agresseur que tout le monde rêverait d'avoir. Le violeur idéal. Consciencieux, compréhensif, prévenant. On s'étonne presque qu'il soit condamné à nouveau.

Et surprise, la cour de cassation casse ce jugement, pour vice de forme. On pousse à nouveau Pauline dans l'escalier. La justice la replonge dans sa nuit infernale.

Zakaria a une nouvelle fois été jugé en 2010, après six ans d'attente pour la malheureuse paraplégique. Zakaria s'est de nouveau défendu, a de nouveau été condamné, à la prison à perpétuité avec 22 ans de sureté. Un verdict réservé aux assassins. Et c'est bien ce qu'il est. Pauline a obtenu le huis clos. Elle a obtenu de ne pas croiser le regard de son bourreau. Hantée par ses souvenirs, elle a demandé à son avocat de simplement dire aux jurés combien Zakaria avait « bousillé sa vie ».

C'est à partir de ce genre de fait que le citoyen normalement constitué pose son journal et s'interroge.

Pourquoi Besançon, vieille ville provinciale à la réputation plutôt bonne, a-t-elle été le théâtre d'un crime aussi épouvantable ? Pourquoi ce drame n'a-t-il pas intéressé les médias nationaux, censés « distiller la peur » à la première occasion ?

Pourquoi, dans un pays réputé juste, tous les commentateurs semblent trouver normal que Zakaria ne paie pas à la société le montant exact de la valeur de son crime ? Pourquoi sait-on déjà qu'il ne sera condamné à rien d'éternel ? Pourquoi les associations et autres travailleurs sociaux ne se soucient-ils que de la réinsertion de Zakaria, en oubliant Pauline à son malheur ?

Dans notre pays s'est déroulée une véritable révolution culturelle. On ne se sent intellectuellement supérieur que lorsque l'on prend position pour le criminel et qu'on s'efforce d'en minimiser la responsabilité. Faute de quoi on fait partie des bourgeois, des beaufs, de ceux qui stigmatisent, qui amalgament, qui raisonnent simpliste et qui votent sans doute populiste.

C'est sûr, la compassion normale pour une victime, ça n'a rien de technocratique, ni de branché.

Qui a pu faire une chose pareille ? Qui est-il, ce Zakaria ? Pourquoi était-il en liberté ? Pourquoi les Français n'ont jamais entendu parler de cette histoire ? Pourquoi personne ne sait ce qui est arrivé à Pauline ? Combien de jeunes filles, combien de Pauline ?

À une certaine époque, on reconnaissait des martyrs pour moins que ça. Pauline, martyre de l'oubli, est-elle un cas isolé ? Une exception qui confirmerait la règle ? Est-on au moins certain que Zakaria n'en brisera pas d'autres ?

Tout citoyen peut demander des comptes à son administration, proclame la Déclaration des droits de l'Homme, au nom desquels on protège les droits fondamentaux de gens comme Zakaria. Tout citoyen peut légitimement se demander si sa sécurité est bien assurée. Alors on se documente, comme je l'ai fait, en petit journaliste provincial. D'abord sur sa ville, puis son département, puis sa région. Puis sur d'autres contrées. Puis on finit par dessiner le tableau de l'insécurité de la France entière. Et de faits en rapports, d'articles en rencontres, de crimes en investigations, on découvre l'ampleur du désastre. Et on se dit qu'il faut l'écrire. Ce bouquin n'est pas celui d'un sociologue, d'un politicien ou d'un militant. Il ne veut convaincre personne. Il raconte ce que l'on voit quand on s'efforce de regarder. Personne ne va venir vous prendre la main.

Ce livre n'est pas là pour vous dire ce que vous avez à faire. Ce livre se lit comme un compte-à-rebours, du chapitre dix au chapitre zéro. Un décompte avant un décollage, ou avant une explosion, c'est ce que nous allons tenter de déterminer. Par commodité, chaque fait cité ne renvoie qu'à une seule source médiatique, dans lequel le fait en question a été exhaustivement relaté. Mesdames et messieurs, accrochez vos ceintures, enfilez vos lunettes 3D. Bienvenue dans la réalité.

Un *sentiment d'insécurité.* Pourquoi pas une impression de viol ? Une perception d'agression ? Une sensation de mort ? Zakaria n'est un cas isolé que par la lourdeur de sa condamnation. Y a-t-il beaucoup de viols en France ? En 2010, plus de 10 000 plaintes ont été enregistrées par les gendarmes et les policiers. Les chercheurs estiment qu'elles ne représentent que 10 % de la réalité. Les enquêtes de victimisation (Guiller & Weiler) révèlent que chaque année, 75 000 personnes sont victimes de viols, ce qui représente plus de 200 viols par jour et concerne une femme sur six au cours de son existence. 198 000 tentatives de viols sont commises chaque année. Ces chiffres sont parfaitement inconnus du grand public, les militantes féministes préférant sans doute avoir la peau du qualificatif « Mademoiselle » ou traquer les clichés sexistes dans les magasins de jouets.

Est-ce que ces dizaines de viols sont une fatalité, et existent depuis que la France est France ? Le courageux livre de Samira Bellil, *Dans l'enfer des tournantes* (2002), avait fait un peu de bruit autour de la question, puis plus rien. Pourquoi ce silence ?

Selon les chiffres de la police, le viol s'est multiplié par cinq en l'espace de vingt ans, des années 1980 aux années 2000. Une « augmentation très importante », pour le chercheur Hugues Lagrange. Les violeurs et délinquants sexuels représentent 21 %

de la population carcérale en l'an 2000, d'après un rapport du Sénat. Selon une enquête de l'Observatoire national de la délinquance et de la réponse pénale (ONDRP) publiée en 2011, 278 000 personnes sont chaque année victimes de violences sexuelles en France. 7 % des Françaises ont été violées. Et seulement 2 % des violeurs sont condamnés (Ined, 2011), le tout dans un silence médiatique assourdissant de complicité.

Le viol n'est que l'instrument cynique des politiciens, comme en juillet 2012, lorsque le ministre des Affaires étrangères Laurent Fabius tente de justifier une intervention militaire en Syrie en arguant que « des femmes y sont violées ». Le viol n'est pas qu'une affaire étrangère, Monsieur Fabius.

Qu'a conclu notre société du cas Zakaria ? Qu'en ont dit nos journalistes, nos spécialistes, nos politiciens, quand ils ont bien voulu aborder le sujet ? C'est un cas isolé. Faut pas généraliser. Oui, ils ont dit ça. Faut pas généraliser. Le suivi a mal été assuré. Pourquoi pas. Il est vrai que Zakaria n'aurait sans doute pas violé cette jeune femme aux hanches brisées une nuit durant, s'il avait rencontré son psy une fois par mois, pour lui confier ses angoisses, pour lui raconter ses mictions nocturnes tardives, ses rapports conflictuels avec sa mère, pour enfin s'entendre dire qu'il souffrait d'un problème d'identification du *Moi* vis-à-vis de sa perception du *Ça*.

Surtout faut pas généraliser.

Les professionnels sont débordés, en sous-effectifs. Manque de moyens. Sans doute. Manque de volonté aussi. Manque de bon sens. Trop-plein d'idéologie. Enfermer un violeur durablement ? Vous n'y pensez pas. Pas au pays des droits de l'Homme. On a un idéal de prévention. L'objectif c'est la réinsertion. La punition n'est pas une solution. « La justice n'est pas là pour envoyer des gens en prison », dixit Noël Mamère (Verts). Il lui faut une aide, un suivi, des soins, un projet personnalisé de retour à l'emploi, un planning de réinsertion, des perspectives d'avenir. Et Canal+, au minimum.

L'enfermer, ce serait stigmatisant. On ne va pas briser ses études, son lien social, sa réinsertion. Ce serait priver Monsieur d'une seconde chance, d'une troisième en l'occurrence. On a tous fait des erreurs, n'est-ce pas ? Entre nous, qui n'a jamais violé une étudiante paralysée une nuit durant ?

La victime ? Quoi la victime ? On ne va pas commencer à dresser les victimes contre les coupables. La première victime, c'est ce pauvre bougre, ce malheureux Zakaria. Victime sans doute d'une éducation négligée, d'une famille atomisée, d'un père absent, d'une mère alcoolique, d'une fratrie violente, d'un panaris mal soigné ou d'un problème d'Œdipe. Pour le coup on peut stigmatiser, définir une vision idéale de l'entourage qu'il aurait dû avoir, puisqu'il s'agit d'excuser, d'expliquer, de comprendre. Pas de punir, plus maintenant. Les seuls responsables ? La société, vous et moi. C'est sûrement aussi le racisme. Dans son inconscient colonial, notre société a sans doute rejeté et exclu Zakaria, lui l'Autre, l'homme de Mayotte, le Noir.

C'est le produit de notre « société machiste et patriarcale », diront les féministes. Encore une généralisation autorisée. Zakaria a été inspiré par des siècles d'amour courtois, de galanterie, de chevalerie et de romantisme, incité à violer cette femme par les lois Salique et chrétiennes, qui depuis des siècles ont sévèrement puni le viol, les attouchements et même le manque de respect d'un homme envers une femme. La plus enragée des chiennes de garde n'oserait pas prétendre que le patriarcat vit son âge d'or. Notre époque ne veut pas se regarder en face : le nombre de viols actuel n'a aucun précédent historique depuis que la France est France.

Zakaria, condamné à la perpétuité, sortira de prison dans une quinzaine d'années, avec la bénédiction de son psy. Ardoise effacée. Ce sera alors un fringant quadragénaire. Un juge d'application des peines, pétri de nobles sentiments, estimera sans doute qu'il a déjà payé assez cher, qu'il a eu le temps de réfléchir aux conséquences de son acte, qu'il serait temps de lui laisser une chance supplémentaire.

Quoi, l'échelle des peines ? Quoi, le laxisme judiciaire ? Ne laissons pas parler les passions, même si à la limite on peut concéder à la famille de la victime son émotion du moment. Mais maintenant ! Il faut savoir aller de l'avant. Même en fauteuil roulant.

Et de qui se souvient-on ? De Zakaria. La jeune femme ? On ne sait pas. Pas de nom. Pas de chance. Au mauvais endroit au mauvais moment. Ce sont des choses qui arrivent. On ne fait pas d'omelette sans casser d'œufs. On ne fait pas le vivre-ensemble sans briser quelques innocents.

Il faut avoir confiance « en la science des divans et en le genre humain ». Espérons que cette fois les soins seront mieux adaptés. Que Zakaria se réconciliera avec son *sur-Moi*. Qu'il réussira sa réinsertion. Qu'il saisira sa troisième chance. On vérifiera. Rendez-vous en 2026.

◆◆

La sécurité préoccupe les mammifères que nous sommes depuis la nuit des temps. Elle se matérialise par l'angoisse, par la peur de ce qui peut éventuellement nous arriver, dans un environnement que nous ne maîtrisons pas, ou face à des individus que nous ne connaissons pas.

Nous devons notre existence à cet instinct de survie. Pour assurer sa sécurité et celle de ses proches, l'homme a su s'organiser, anticiper, se préparer, s'armer, faire front. Il a appris à dominer sa peur, à en faire son meilleur allié lorsque, pendant des centaines de milliers d'années, il chargeait l'animal ou l'ennemi en hurlant. Puis il a érigé des murs, élaboré des stratégies, créé l'État, réparti les rôles, organisé sa police et rédigé ses lois.

Le pacte social, c'est celui-là : je contribue à la société, et en retour j'accepte de lui confier la violence légitime destinée à assurer notre sécurité collective. Le degré de sécurité témoigne du niveau des civilisations. Mais on ne se débarrasse pas de notre nature, de nos instincts et de nos hormones. En France, généralement, l'homicide se résume à une bagarre de bistrot entre Maurice et Didier, qui ont trop bu et qui se sont chamaillés pour une bête histoire de football. Didier a insulté Maurice, Maurice a poussé Didier, sans imaginer que l'angle du comptoir aurait raison de son crâne. C'est gaulois. C'est un meurtre. Mais ça arrive. Maurice ne voulait pas tuer Didier. Il va le regretter, très sincèrement. Et pourtant il va le payer, et c'est normal, parce que ses excuses et ses regrets ne valent pas la vie de son ami. Maurice doit solder ses comptes, avec la famille de Didier et avec la société toute entière, parce qu'il n'a pas rempli sa part du contrat. Et d'ailleurs il assume, Maurice, il reconnaît sa faute et se plie à la sanction. Il paiera, sans broncher.

Des Maurice, il y en a beaucoup. Des gens qui travaillent dur, des braves types un peu sanguins, dont le geste précède souvent le verbe. Mésentente, passion, colère, coup de sang, coup de poing... Voilà qui est ordinaire : les hommes sont violents. Notre époque est sans doute la plus épargnée par cette violence-là, si humaine, héritée des Celtes, des Gaulois, des Francs, de la hiérarchie aristocratique, de la chevalerie, de la noblesse d'épée, de la violence paysanne, finalement de la violence de l'Histoire. Des siècles durant, cette violence venue du fond des âges fut glorifiée. Des Maurice et des Didier, au Moyen-Âge, il y en avait exactement quarante fois plus qu'aujourd'hui.

Cette violence individuelle a laissé sa place à celle des foules, manipulées par des idéologues. Une violence malsaine, grégaire, engendrée par la peur, la terreur de n'être plus du bon côté de la morale. Pour survivre, mieux valait être un assassin qu'un suspect... C'est la violence de la Révolution, celle du nombre, qui électrisera sporadiquement le pays tout au long du XIXe. Mais la société a des ennemis extérieurs, contre lesquels s'unir.

Bien sûr il y eut parfois des affrontements civils, menés par des ennemis intérieurs qui profitèrent de troubles pour semer le désordre, comme les Écorcheurs ou les Grandes compagnies. Il y eut les soulèvements d'une misère qui n'en peut plus, sans autre recours que les armes. Ce sont les jacqueries, les grèves, les guerres de la faim, impitoyablement réprimées. Il y eu les mouvements insaisissables, excessifs comme la jeunesse d'antan, les muscadins, les Camelots du Roy, les étudiants du quartier latin, les bagarres de bals, plus récemment les affrontements sportifs, le hooliganisme. Mais cette agitation-là est historique, traditionnelle, compréhensible, admise. Parce que c'est aussi ça l'Histoire de France, cette violence tolérée, bâtisseuse. Sans la violence, qui marque chacun de ses âges, la France ne se serait pas faite, et n'aurait pas perduré.

Dans son ensemble, au XXe siècle, la société s'apaise. Achève de se civiliser. De se domestiquer. Puis il y a les terribles guerres mondiales, saignées humaines, traumatisme moral dans lequel nous pataugeons encore. Effrayée par l'ampleur – médiatisée – de cette violence technologique que personne n'a vu venir, la société abandonne la guerre aux militaires et aux exaltés, ceux qui combattent par plaisir, par honneur, par idéal. Ceux que la morale réprouve, déjà. Durant les Trente glorieuses, le miracle capitaliste achève de détruire la misère. La société reste ferme contre les délinquants et les criminels, les virus de la société. La France est encore éternelle. Les gens sont légalistes, ils s'attendent à ce qu'on combatte les virus. Mais ils ne veulent plus le faire eux-mêmes, et s'en remettent par suppléance à des institutions légitimes. Leur mentalité belliqueuse et fière a peu à peu accepté cette idée. La violence fait partie de la vie, mais les punitions sont exemplaires, les gens n'étant pas censés ignorer ce qu'il en coûte de mal agir. Et les gens croient, encore. Ils sont convaincus qu'une force supérieure guette leurs faits et gestes, et qu'un jour elle les jugera. Le vol et le meurtre sont péchés, tout ça limite l'insécurité.

L'insécurité qui préoccupe aujourd'hui nos concitoyens n'a rien à voir avec cette violence consentie. L'insécurité qui préoccupe ceux qui ont les yeux ouverts et qui finira par saisir les aveugles volontaires, n'a rien à voir avec la violence dite normale. Celle-là ne s'exprime pas contre une politique, contre la misère, ou par idéal. Elle s'exprime par le vol, l'agression verbale, sexuelle et physique, contre la société dont elle dépend. Parce qu'il est payant d'agir ainsi. On peut toujours dire, comme les bonnes âmes qui ont les moyens de vivre cachées, que tout cela n'est qu'une exagération, un bruit de fond, une bulle médiatique, un thème de campagne. Un sentiment. Un sentiment ?

Bon an, mal an, le ministère de l'Intérieur recense environ 3,5 à 4 millions de crimes et délits. Un chiffre officiel très en-deçà de la réalité, mais déjà très au-delà de toute l'histoire criminelle et délictuelle du pays. Officiellement, selon l'Office national d'observation de la délinquance et des réponses pénales (ONDRP : Observatoire national de la délinquance et de la réponse pénale), chaque jour en France, l'État recense près de 6000 atteintes aux biens, 1300 atteintes à l'intégrité physique, 1000 escroqueries économiques et infractions financières, 470 véhicules détruits ou dégradés, 330 violences physiques crapuleuses, 100 incendies volontaires de biens privés. C'est la surface du lac. A-t-on une idée de sa profondeur ?

L'histoire se passe dans une petite ville du Nord-Est de la France, dans un quartier *a priori* tranquille, situé non loin d'une cité. L'homme a peur d'ouvrir sa porte. Il ne voulait pas parler, terrorisé à l'idée d'être reconnu. Son seul ami lui a forcé la main. Sur son palier, je dois lui expliquer que ses agresseurs ne lisent probablement pas de livres.

Gilles est en fauteuil roulant. Il reste près de l'entrée pour montrer que l'entrevue ne doit pas s'éterniser. Son petit studio semble à l'abandon. Lui aussi. D'une main tremblante, il s'allume une cigarette. Son histoire est difficile à croire. « J'étais couvreur à mon compte, j'ai eu un accident. Paralysie des membres inférieurs. Il n'a pas fallu un mois à ma femme pour faire ses valises. Je me suis retrouvé coincé ici comme un con. Je touche un peu moins de 600 euros de pension. Rien de plus. J'ai des médicaments non-remboursés à prendre. Heureusement pour moi, un adjoint du maire a fait en sorte que je ne paye qu'un demi-loyer. J'ai trois marches à monter pour atteindre mon palier, c'est difficile mais bon, j'ai une maison (17 mètres carrés), il y a pire. Je n'aime pas me plaindre. Je n'étais jamais allé voir les flics avant le début de mes problèmes. »

Ses problèmes ? Un sentiment d'insécurité ? Des incivilités ? Chacun jugera. En 2009, après son accident, Gilles se retrouve assigné dans son quartier. « Quand ils m'ont vu arriver avec mon fauteuil, les deux types avec qui j'avais eu des mots pour une histoire de stationnement se sont foutus de moi. J'avais pas encore bien intégré le principe de fauteuil roulant, je les ai envoyé chier. Ils m'ont menacé et insulté, je pensais que ça en resterait là. »

Quelques jours plus tard, Gilles sort pour aller faire les courses. « Un de ces gars est arrivé par derrière, en traître. Il m'a balancé un grand coup de poing dans la gueule, sans prévenir. Ça m'a drôlement secoué. J'ai voulu me défendre mais quoi faire ? Arcade éclatée, je pissais le sang. J'ai gueulé et le gars est parti. Comme un con, je m'imaginais encore en position de me venger. J'ai mis du temps à comprendre ce qui allait m'arriver. » Quelques jours plus tard, alors qu'il rentre chez lui, Gilles est immobilisé par trois hommes dans le hall de son immeuble. « J'ai menacé d'appeler à l'aide, ils ont rigolé. J'ai pris des baffes, des coups. Ils m'ont fait comprendre que je devais la fermer. J'étais coincé. Le grand s'est amusé à me pincer les jambes, pendant que les autres me tenaient. J'ai chialé, je leur ai supplié d'arrêter. C'est ce qu'ils voulaient, ça n'a rien arrangé. Ils m'ont mis la pression, sans arrêt. Ils tapaient à la porte en pleine nuit, j'osais de moins en moins sortir. Mais comme il y en a un qui habite au-dessus et qui est là tout le temps, ils ne me rataient pas. Et je ne sais pas combien ils sont en tout, je ne vois pas toujours les mêmes. Des gitans installés, m'a dit l'ancienne voisine. Ils sont entrés chez moi une fois. Ils m'ont baffé, menacé, ils ont foutu le bordel, pendant une heure. Je ne pouvais rien faire, c'était horrible. »

À cet instant, Gilles éclate en sanglots. « J'ai raconté ça à mon ex-femme, elle s'en fout. Elle me dit de ne pas me mettre dans la merde. Aujourd'hui elle ne me répond plus. J'ai un copain, celui qui vous a contacté, il a trop peur d'avoir des ennuis. Il m'a dit que si je n'allais pas aux flics il irait. Du coup j'y suis allé. Quatre… non cinq fois. Mains courantes. Ils n'ont pas pris de plainte. Rien à dire sur l'accueil. Ils se sont même déplacés, la quatrième fois. Ils m'ont dit qu'ils ne pouvaient pas faire grand chose sans certificat médical ni preuve, que c'était ma parole contre les leurs. Ces gars ne sont pas connus pour violences.

Je pensais au moins qu'ils se calmeraient après la visite des flics. Ça a été encore pire depuis. J'ai renoncé à demander de l'aide. Je ferme ma gueule. Même quand ils me frappent je me tais. Je me dis qu'ils se lasseront, même si ça a l'air de bien les amuser. C'est toujours gratuit. Une insulte, un crachat, une baffe, un coup de pied. Ils savent que je suis une victime. J'ai pas l'impression qu'ils me feront plus mal que ça, mais on ne sait jamais. J'ai pris un gros coup de talon derrière la nuque une fois, j'étais à moitié assommé, j'ai cru que j'allais y passer. J'ai peur. C'est terrible la peur comme ça. Je ne dors plus, je suis bouffé par l'angoisse, à en vomir. Je prends des cachets pour la dépression, du coup je reste dans mon bordel, dans un état second, à rien foutre. Quand je sors faire les courses, je me démerde pour manquer de rien le plus longtemps possible. Et je reste enfermé. Je sais qu'ils ne sont pas loin, qu'ils traînent devant ma porte, apparemment ils n'ont que ça à faire. Mais je me dis qu'ils ne casseront pas les murs. En tout cas ils ne l'ont pas encore fait. L'adjoint que je connais m'a fait comprendre que personne n'avait intérêt à envenimer la situation avec des procédures… Partir ? Je ne peux pas. J'aimerais pouvoir travailler, je ne peux pas. Je perdrais ma pension, mais soi-disant, compte tenu de mes capacités, aucun travail ne peut me faire gagner plus. Donc je n'ai pas le fric pour partir. Et comment voulez-vous que je fasse, tout seul avec mon fauteuil ? Je suis allé voir une association, ils m'ont écouté, m'ont réconforté et ne m'ont jamais recontacté. Avant tout ça je m'en foutais de ces histoires d'insécurité. J'ai toujours trouvé que les gens se plaignaient pour rien. Des conneries, des vols, des dégradations, j'en ai connu comme tout le monde, ça énerve mais on se fait une raison. Là franchement je suis à bout. Vraiment. J'avais une situation, une famille, des projets, je n'ai jamais imaginé qu'un jour je pourrais me retrouver seul à ce point. Je croyais qu'en France ça n'arrivait pas. J'en ai marre d'être une cible. J'ai essayé de me procurer une arme mais c'est difficile. C'est bizarre, un type en fauteuil roulant peut monter dans un bus, il ne peut pas acheter une arme, même au noir. Pourquoi faire une arme ? Je ne sais pas. Pour eux. Ou pour moi. »

Gilles n'est pas dans les statistiques. Et peut-être bien que s'il y entre un jour, ce sera en tant que meurtrier, comme tous ces gens qui n'acceptent plus de tout accepter. C'est notre société qui presse la détente : s'ils font ce qu'on leur demande, c'est-à-dire déposer une plainte inutile, ce sera pire. Au mieux, le perturbateur se verra solennellement notifier un rappel à la loi par la justice. Si les citoyens décident de se défendre eux-mêmes, ils auront la justice contre eux, et subiront l'acharnement des voyous jusqu'à la fin de leurs jours. Autant mettre la barre très haut, en sachant que de toute façon ce sont eux qui paieront. Autant tirer dans le tas.

D'autres décident de partir seuls, d'abord pour fuir, tout en hurlant leur rage impuissante à la face d'un monde qui n'a pas su les entendre. En janvier 2012, une fillette de douze ans scolarisée près de Lens, ne supporte plus d'être continument harcelée par une bande de sales gosses. Humiliée, insultée, chahutée, battue, personne n'a entendu ses plaintes (*France Soir*, 5/01/12). À douze ans, elle s'est tirée un coup de fusil de chasse dans la tête. Les belles histoires de tolérance et de prévention, gardez-les pour ses parents. Elle non plus n'apparaîtra pas dans les statistiques. Combien d'autres ?

La criminalité réelle est trois fois supérieure aux chiffres officiels constatés par les services de police et de gendarmerie, comme l'affirmait en 2005 une enquête de l'Insee et de l'Observatoire national de la délinquance (OND).

Selon cette étude, plus de 9 millions d'atteintes aux biens ont été commises sur douze mois, et dans le même temps près de quatre millions de personnes ont déclaré avoir été victimes d'au moins une agression, soit plus de douze millions d'infractions. Les statistiques officielles, regroupant les plaintes et déclarations auprès des services de police et de gendarmerie (État 4001), avaient fait état cette année-là de 3775000 crimes et délits.

Moins de 24 % des atteintes aux biens font l'objet d'une plainte. Plus d'un vol sur deux n'est pas déclaré. En un an, 1,5 million de personnes portent plainte pour vol, quand 4,7 millions de personnes disent avoir été volées. 13000 par jour. Les enquêtes de victimisation recensent également, chaque jour, 2200 agressions physiques et 200 viols. *Chaque jour.*

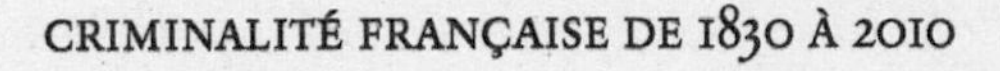

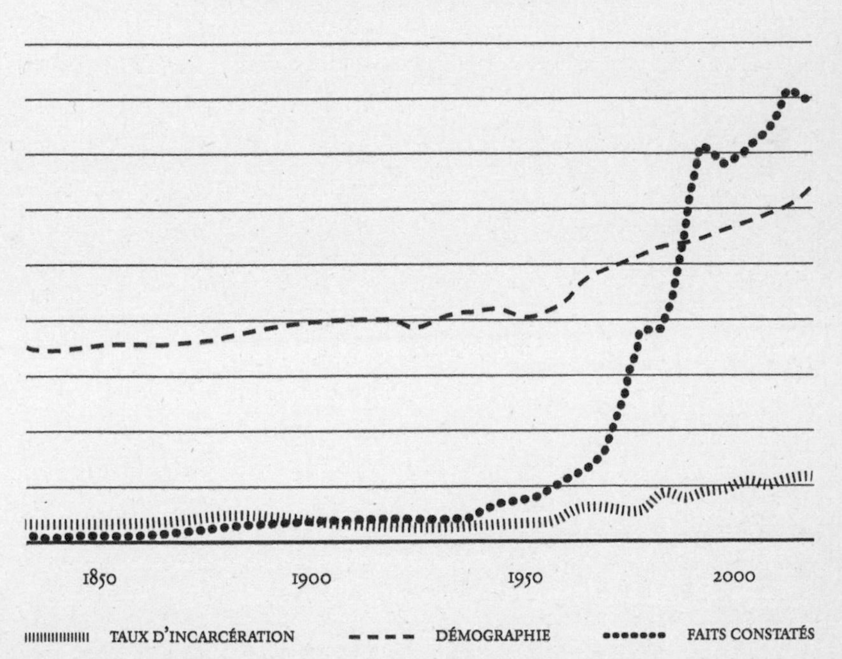

Le bilan réel de l'insécurité, probablement le plus mauvais de toute l'histoire de la République française, est d'environ 12 millions de crimes et délits par an. En 20 ans, de 1964 à 1984, le taux de criminalité *officiel* s'est multiplié par SEPT. La gauche dira que l'insécurité date de 2002, 2005 ou 2007, la droite dira qu'elle remonte à 1981, 1997 ou 2012. Pour se livrer à une analyse réelle de l'insécurité, il faut voir beaucoup plus loin que les analyses politiciennes. Sa véritable explosion remonte aux années 60, contrairement à la légende tenace qui la situe fin XIXe – début XXe.

À la lueur de sa lanterne, dissimulé sous sa cape, sifflet à la bouche, le sergent de ville remontait prudemment la rue de Belleville, le long d'une façade. Il venait de distinguer au loin des formes, chassées par sa lueur. On courait. On criait. On s'attroupait. L'agent prit peur. La semaine passée, deux de ses collègues avaient été lynchés par ces dégénérés. Les nuits parisiennes étaient devenues malsaines pour les représentants de l'ordre. Les Apaches, jeunes exubérants de quinze à vingt ans, terreurs des faubourgs armés de bâtons, de surins et de poinçons, rôdaient en groupes de Belleville à Montmartre, rossant promeneurs et gardiens de la paix qui avaient le tort d'arpenter leur territoire.

Ils étaient 30000, à en croire les journaux. Dans les années 1900, les Apaches ont occupé parlementaires et journalistes, jusqu'à alimenter les grands débats sur la peine de mort. Au final, pour quelques poignées de faits divers étalés sur plusieurs années, de 1902 à 1914.

Plus encore que la fin agitée du XIXe, la période Apache est présentée comme le summum de la violence urbaine moderne. Vraiment ?

40 000 infractions en 1830, 160 000 en 1900. Plus de 4 millions aujourd'hui...

1905, l'année terrible ? 190 000 infractions, 320 000 affaires classées sans suite et 309 homicides (Niboyet). Contre respectivement 4 millions, 5 millions et un millier en 2010 (ONDRP).

À côté des « jeunes » de notre époque, les Apaches sont des enfants de chœur. En 1905, la France compte environ 40 millions de Français. La croissance démographique qui a suivi est loin de justifier la criminalité actuelle. La criminalité de la Belle époque est officiellement 20 fois moins importante qu'aujourd'hui, pour une population seulement 1,6 fois inférieure.

Au plus fort de la Belle époque, 8 000 mineurs sont mis en cause par la police en 1898 (Niboyet). Contre 215 000 en 2009. Au niveau carcéral, on dénombre 25 000 prisonniers à la fin du XIXe siècle, 17 000 en 1906, chiffre qui ne cessera de décroître... avant de remonter brutalement dans les années 1960, jusqu'aux 70 000 détenus qui débordent de nos prisons archaïques. Depuis les années 1960, on assiste à une augmentation vertigineuse de la criminalité, le tout lié à un fort accroissement des vols avec arme, des atteintes aux mœurs et aux personnes.

Et pourtant, ces dernières décennies, le taux d'incarcération (multiplié par 4) n'a pas suivi le taux de criminalité (multiplié par 20). Parce que le XIXe siècle a inventé beaucoup de choses, mais pas Christiane Taubira, ministre de la justice, qui a notamment décidé de ne plus enfermer les mineurs.

Au maximum, 700 mineurs étaient enfermés dans les maisons d'arrêt au début du XXe siècle. Légèrement moins qu'aujourd'hui (727 en 2007). Mais la répression était à l'époque bien plus féroce, très axée sur l'enfermement puisqu'on envoyait sans hésiter les enfants au bagne, jusqu'à l'ordonnance de 1945 privilégiant la prévention, préfigurant l'ère des bisous hollando-taubiresque.

Selon le sociologue Laurent Mucchielli, trois périodes marquent la criminalité des mineurs : les années Apaches (1900-1914), les années blousons noirs (vers 1959), puis la criminalité sans précédent que nous connaissons, qui a débuté dans les années 1970, pour augmenter constamment jusqu'à nos jours. Cette criminalité actuelle présente un visage radicalement nouveau, comme l'a montré un récent rapport du Sénat, pointant en particulier la progression de la criminalité des mineurs en nombre mais également en taux, le rajeunissement de l'âge d'entrée dans la criminalité, l'aggravation des infractions, le développement d'une criminalité d'exclusion, territorialisée et accompagnée de trafics, l'explosion des incivilités.

Les combats de partis autour des chiffres officiels ? De l'enculage de mouche en plein vol. Il ne s'agit que de s'écharper à propos d'oscillations infimes d'un taux d'insécurité record, qui est loin d'évoluer sensiblement, sinon dans le mauvais sens. Ces combats politiciens ne sont pas anodins : ils conduisent le pouvoir en place, quel qu'il soit, à contrôler par tous les moyens les statistiques judiciaires pour dissimuler la réalité. Bien évidemment, c'est le citoyen qui paie l'addition.

◆◆

En dehors du mécontentement et des souffrances de la population, quelles sont les conséquences d'une telle insécurité pour la société ? *Le Figaro* a publié le 4 mai 2010 une étude sur la question, réalisée par l'économiste Jacques Bichot. Chaque année, la délinquance et la criminalité coûtent aux victimes et à l'État un total d'environ 115 milliards d'euros, hors délits routiers. Dont 29 milliards d'infractions diverses, 22 milliards de fraude fiscale, 14 milliards de fraude informatique, 6,6 milliards pour les blessures volontaires, 5,3 milliards pour la drogue, 800 millions de fraudes aux prestations sociales. Les voitures incendiées coûtent à elles seules 1,5 milliard.

Le coût total de la délinquance et de la criminalité représente 5,6 % du PIB. Comme l'a précisé l'économiste Jacques Bichot, c'est l'équivalent de deux fois le total des impôts sur le revenu. Rappelons que les retraites (selon l'État) ou l'immigration (selon Gourévitch) coûtent environ 30 milliards d'euros par an. Le déficit annuel de la France en serait-il un si l'on ramenait l'insécurité à son taux de l'après-guerre ? La réponse est claire : notre pays ne serait tout simplement pas endetté.

Bien évidemment, il n'est pas question d'excuser la gestion calamiteuse de notre administration ou des divers gouvernements de la Cinquième République. L'ignorance de l'insécurité fait d'ailleurs partie de cette gestion calamiteuse. De nombreux responsables se sont contentés de jouir de la République et de l'argent des contribuables, se prostituant à chaque échéance électorale pour cumuler prestige et train de vie, à des années lumières d'un quelconque intérêt général. Pour que cette galère vogue le plus longtemps possible, ces politiciens usent de leurs valets journalistes, et investissent dans la distraction. L'État au bord de la faillite dépense des millions d'euros en communication pour convaincre les gens qu'ils doivent urgemment et exclusivement s'inquiéter de la sécurité routière ou des violences faites aux femmes, autant de torts à redresser dont les Français seraient les seuls grands coupables. À quand une communication gouvernementale contre le vol, l'agression gratuite ou le viol ?

L'État tente d'inverser la hiérarchie de la réalité, en imposant dans le débat public des faits insignifiants, auxquels les publicitaires s'efforcent de donner de l'importance. Nous n'avons jamais autant parlé de la sécurité routière. Des sommes considérables sont allouées à la répression et à la prévention dans ce domaine. Est-ce justifié ? Il y a 4 000 morts par an sur les routes de France. Pour combien de conducteurs et pour quelle densité de circulation ? C'est 7 fois moins qu'il y a quarante ans, alors que circulent 7 fois plus de véhicules sur nos routes. Du point de vue de la sécurité, la courbe des accidents de la route est la seule qui baisse depuis les années 1970, pour atteindre un niveau quasi-irréductible aujourd'hui. Avec des dizaines de millions de conducteurs dont quelques centaines de milliers de chauffards, un taux de mortalité si bas tient du prodige.

La sécurité routière, c'est une arme de distraction massive, un argument politique de premier plan, et pas seulement la lubie d'un groupe d'oisifs associés se cherchant un étendard militant. C'est à peu près le seul bilan sur lequel personne n'a osé attaquer le Président Sarkozy en 2012. Parce que depuis l'instauration des règles (les années 70), il n'y a jamais eu si peu de morts sur les routes françaises. Ce bilan a précédé Sarkozy. Souvenez-vous, lors de sa réélection en 2002, en profitant de l'incompétence du communiste Gayssot, ministre des transports de Lionel Jospin, Jacques Chirac se lançait dans un programme de gouvernement ambitieux, dont les trois axes principaux concernaient la sécurité routière, la lutte contre le cancer, l'aide aux handicapés. Un programme de conseiller général. Chirac a été habile : avec force publicité, il a placé des faits non-critiquables, mais somme toute secondaires, au premier plan d'une politique dite d'intérêt national. Et il savait ce qu'il faisait : avec un énorme investissement de moyens humains et matériels, ces objectifs étaient à sa portée, et son bilan n'en serait que plus facile à défendre.

Bref historique : en 1971, la France dénombre 17 000 morts sur ses routes. Il faut dire qu'on peut alors rouler à 200 km/h avec un bon gramme dans le sang, sans ceinture de sécurité, sans pour autant être hors-la-loi. Après la mise en place d'une législation minimale, le décompte macabre s'infléchit sensiblement et s'établit autour des 10000. La politique Chirac ramène ce chiffre à 6000. Avec une nouvelle série de mesures (radars fixes, contrôles multipliés), Sarkozy divise quasiment ce chiffre par deux. Évidemment, la mort brutale d'un usager est un drame épouvantable pour une famille. Mais on ne meurt pas que sur les routes, loin de là. La plupart des gens meurent dans les hôpitaux. Va-t-on les interdire ? Évidemment, on peut toujours réduire le nombre de morts, en sacrifiant toujours un peu plus la liberté des usagers. La réduction des libertés réduit mécaniquement les risques. Mais la liberté n'est-elle pas un risque acceptable ? Les chiffres sont-ils si catastrophiques ?

Dans notre pays, un accident a lieu tous les 251666 km. Un conducteur est blessé tous les 5 millions de kilomètres. Un conducteur se tue tous les 126 millions de kilomètres. Il semble que ces constats nous laissent une certaine marge de manœuvre, même si vous décidez d'être dix fois plus dangereux que vos petits camarades de klaxon. Sur une période de vingt ans, tout conducteur est statistiquement assuré de subir un accident (quand il est statistiquement assuré de subir bien plus d'une unique agression), qui a 0,002/1 chances de lui coûter la vie. Soit un risque sur 500. En imaginant qu'il ne s'agisse pas d'un calcul politique, effrayer les gens pour une si improbable éventualité est tout sauf rationnel et responsable.

Tenez-vous bien, en 100 ans de conduite, vous aurez en moyenne six accidents, et un risque sur cent d'y passer. Placez cent papiers dans une urne, tirez au sort : l'un d'entre eux est votre certificat de décès dans un accident de la route. Pour une vie de centenaire, ça se tente non ? À titre de comparaison, le tabac représenterait dans notre urne dix certificats de décès. Le risque que vous vous suicidiez est trois fois plus important. Le risque que vous vous fassiez violer est dix fois plus important… Trouvez-vous que la politique du gouvernement contre le viol est suffisante ? Et n'en concluez pas que rester dans votre canapé est plus sûr que de prendre le volant : selon une étude publiée en juillet 2012 dans la revue médicale britannique *The Lancet*, une personne sur dix meurt d'inactivité physique.

Oui, les cadavres de nos routes sont devenus les pantins des politiciens : par calcul, ils criminalisent des gens qui ne le méritent pas et dépensent pour ne pas dire extorquent leur argent pour construire le faux problème de la sécurité routière. L'État garanti l'entretien du sentiment de culpabilité.

◆◆

Autre leurre médiatique, le traitement des violences faites aux femmes. Ce thème permet aux associations, médias et politiques d'incriminer essentiellement les maris et les pères de famille. Une femme meurt tous les trois jours sous les coups de son conjoint. Parallèlement, en France, deux enfants par jour succombent à des maltraitances (OMS). *Deux par jour.* En parle-t-on autant que des femmes battues ?

Selon l'observatoire national de la délinquance, environ 300 000 femmes sont victimes de « violences physiques ou sexuelles » au sein de leur ménage, contre 1,2 million hors ménage. Ce chiffre est loin d'être le plus significatif du tableau de la délinquance générale. En tenant compte du dimorphisme sexuel, on s'aperçoit que l'agressivité est plus paritaire que ce que l'on veut bien nous dire. Quant aux pressions psychologiques (agression indirecte, chantage affectif), même si elles sont difficiles à appréhender, on a pu établir que les femmes ne sont pas moins agressives, mais que leurs agressions sont moins graves, davantage verbales et psychologiques. C'est donc le plus souvent la femme qui trinque, précisément dans 86 % des cas d'homicides conjugaux (enquête BVA/*L'Express*). Comme dans le cas des suicides, les hommes passent moins souvent à l'acte mais leur violence fait beaucoup plus de dégâts. Uniquement à propos des violences conjugales, selon l'ONDRP, si 0,9 % des femmes ont été violentées au sein de leur couple en 2009, ce fut aussi le cas pour 0,4 % des hommes. Selon cette enquête, les hommes représentent le gros quart (27,2 %) des personnes violentées. Dans la rue, les femmes sont plus souvent insultées, mais plus rarement agressées physiquement que les hommes (Insee). La différence persiste dans le tribunal : les femmes s'y montrent plus dociles, et sont condamnées à des peines plus légères que les hommes (*la Croix*, 22/08/12). L'écart de violence entre les sexes semble se réduire : on a constaté une augmentation de 133 % du taux d'adolescentes mises en cause entre 1996 et 2009 (Bauer, ONDRP). Sur la même période, on note une augmentation de 97 % des coups volontaires non mortels portés par des filles sur des personnes de plus de 15 ans. Un vol à l'arrachée sur cinq est désormais le fait d'une adolescente (*Le Figaro*, 5/10/10). On ne sait pas si les féministes en sont ravi-e-s, mais la délinquance des filles progresse trois fois plus vite que celle des garçons.

Toutes ces digressions nous conduisent à une conclusion : prétendre que la route est dangereuse ou que les pères de famille sont dangereux, c'est pratiquer une généralisation abusive à partir de faits non-significatifs. Comme les gens n'ont pas la moindre notion des chiffres et ne vérifient jamais rien, l'escroquerie perdure. Ne pas généraliser bêtement, c'est se cogner mille fois la tête contre le même lustre, comme Homer Simpson. Généraliser bêtement, c'est se cogner une fois à un lustre, et avoir peur toute sa vie de tous les lustres. Il y a un juste milieu.

Ces campagnes médiatiques ont tout l'air de mignons arbustes plantés là fort opportunément pour dissimuler la gigantesque forêt de l'ultra-violence. Il est temps de tailler les arbustes et d'investir la forêt. C'est le moment de vous avertir, à la Stephen King : « Nous allons traverser bien des endroits sinistres. Mais je crois que je connais le chemin. » (*Brume*, Albin Michel, 1987) Il est encore temps de faire demi-tour.

9

L'ULTRA-VIOLENCE

Mort pour rien.

Voilà une expression à la mode. Peut-on mourir pour rien ? Mourir par hasard, on peut se faire une idée. Mais mourir pour rien ? Pour peu de choses, à la limite. Le bref plaisir d'une « bande de jeunes », voilà ce qui vous plonge aujourd'hui dans l'éternité. Ou dans un traumatisme éternel. En tout cas ça ne plonge pas le nez de la société dans l'insécurité. Ça devrait. « Encore un siècle de journalisme et tous les mots pueront », disait Nietzsche. Les mots perdent peu à peu leur signification, et personne ne juge utile de leur redonner du sens, comme si c'était finalement très bien de se contenter du flou artistique autour d'un sujet aussi brûlant que celui de l'insécurité.

On meurt pour rien, parce que personne ne veut mettre de mots sur ce rien. Quelque part, mourir pour rien, pour ce vide, pour ce tabou, c'est un acte de patriotisme. De progressisme, plus exactement. Mourir en silence, c'est mourir pour la France, cette France moderne, qui tolère jusqu'à s'effacer.

« Marie-Claude Bompard, maire de Bollène, présente au nom de la commune à la famille de Thierry Simon, assassiné ce mercredi 4 mai, ses très sincères et très émues condoléances. Le drame affreux qui les affecte est d'autant plus insupportable qu'il doit tout au hasard. Le hasard qui a fait croiser la route de la victime avec celle de trois voyous. Mais un hasard qui n'est malheureusement pas isolé, un hasard qui frappe chaque jour en France, un Français, une Française, une famille, dont le seul tort est d'être au mauvais endroit au mauvais moment, face à des bandes de cités qui ne respectent rien ni personne, sans doute faute d'avoir peur ni de la police, ni de la justice. » Ce communiqué a été publié par la mairie de Bollène le 6 mai 2011. Deux jours plus tôt, Thierry Simon, 39 ans, homme sans histoire, a été tabassé à mort par trois « jeunes ». S'ils tabassent et tuent pour « rien », en général ce rien se trouve un tas de prétextes. Un refus de cigarette, un regard. En juillet 2011, dans le XIIIe arrondissement de Paris, un homme de 19 ans refuse de donner à un enfant de 12 ans la cigarette qu'il exige. L'apprenti pâtissier est tabassé par cinq autres « jeunes », si violemment qu'il risque de perdre l'usage d'un œil (*AFP*, 13/07/11).

En juillet 2012 à Velaux, près de Marseille, Julien, 26 ans, est agressé par vingt personnes. Il reçoit une pierre « de la taille d'un écran d'ordinateur » sur l'arrière du crâne avant d'être frappé au sol par plusieurs coups de pied. Il est dans le coma. Sa femme est enceinte. Motif de l'agression ? Un regard de travers (*La Provence*, 20/07/12).

En août 2012 à Béziers, un homme est tabassé à mort. « Parce qu'il a touché la moto d'un protagoniste » (20 *minutes*, 12/08/12). Retenez bien ça : il ne faut jamais toucher la moto d'un protagoniste. Jamais. Février 2012, Laon. Un froid sibérien règne sur la Picardie. Un jeune homme se rendant en discothèque a le tort de « regarder de travers » deux fêtards. Lorsqu'il décide de rentrer chez lui, ces deux-là le suivent. Le malheureux est roué de coups puis déshabillé et abandonné à la rue. Il faisait alors -15°c dehors. L'homme devra être hospitalisé trois jours pour s'en remettre (*L'Union*, 25/02/12).

Pour Thierry Simon, ni regard ni cigarette. Ce fut « une confusion capillaire » (*Paris Match*, 4/05/11). Les trois assassins l'auraient confondu avec une fille, ce qui pour leur embryon de cervelle justifie sans doute une mise à mort. C'est vrai quoi, porter des cheveux longs, on n'a pas idée. Une provocation intolérable. Précisons qu'en juillet 2012, son meurtrier a été libéré et placé sous un simple contrôle judiciaire (*Le Dauphiné Libéré*, 27/07/12). Pourquoi parle-t-on aujourd'hui *d'agression gratuite* ? Parce que les agresseurs ne paient jamais.

On se demande parfois comment les avocats trouvent des arguments pour défendre de tels individus. Ce n'est pas si compliqué : leur défense fait appel aux mêmes mots-clés. La jeunesse, l'inconscience, la mentalité du quartier, l'enfance difficile, l'effet de groupe, la vexation, le manque d'éducation. Certains avocats justifient purement et simplement les infractions de leurs clients.

Illustration récente : en avril 2011 à Saint-Quentin, deux hommes sont mis au tapis par deux récidivistes, qui ont notamment « *shooté* » dans la tête du premier et « *sauté à pieds joints* » sur celle du second. Difficile de nier les faits alors qu'une caméra de surveillance a enregistré l'agression, déclenchée sans raison apparente (*Courrier Picard*, 11/05/11). Au culot, l'avocat des incriminés a évoqué une « provocation » des victimes, en estimant que le « niveau culturel de ces dernières a renvoyé comme une insulte au visage des agresseurs leur propre niveau social ». Moralité ? Victimes, arrangez-vous pour ne pas mettre en relief la médiocrité de vos agresseurs, ça pourrait bien leur donner une bonne raison de vous massacrer.

Faute de butin, on appelle l'agression une violence « gratuite » ou « physique non crapuleuse ». Elles ont doublé de 1996 à 2006. Parfois, bien entendu, on ne leur trouve pas plus d'explications dans la prose des journalistes que dans la bouche des agresseurs. Pourquoi avoir tabassé cet homme ? « On sait pas », répondent les prévenus, comme par exemple en janvier 2012, à Lyon, où un trentenaire a été violemment agressé par quatre « jeunes originaires de la banlieue ». Dans la lutte, l'homme tombe à terre, est tabassé jusqu'à perdre connaissance. Les agresseurs décident que ça ne suffit pas. Ils montent dans leur voiture et roulent sur le corps de leur victime, sous les yeux de sa compagne. Traumatisme crânien, hémorragies internes, l'homme rendra son dernier souffle sur son lit d'hôpital le lendemain. Les agresseurs, interpellés, « déjà connus », ont été incapables d'expliquer leurs gestes. La reconstitution judiciaire a établi que l'homme avait été délibérément écrasé à deux reprises (*Le Figaro*, *Le Progrès*, 30/01/12).

Selon les chiffres officiels, on recense un millier d'homicides par an, auxquels il faut ajouter un millier de tentatives de meurtre, 200 coups et blessures volontaires suivis de mort. Sans compter des centaines de décès à « l'intention indéterminée ». Le sociologue Laurent Mucchielli estime que le nombre d'homicides oubliés par les statistiques représente 45 % de leur total officiel. Sans compter qu'entre des coups très graves et des coups mortels, la frontière est ténue…

Dans la plupart des cas, il s'agit de « crimes passionnels ». Selon une note de la Direction centrale de la police judiciaire de juillet 2010, les départements les plus criminels sont les Bouches-du-Rhône, Paris, la Seine-Saint-Denis, le Nord, le Val-de-Marne, l'Essonne, le Val-d'Oise, la Haute-Garonne, le Rhône et les Alpes-Maritimes.

Le taux d'homicides a baissé ces dernières années, après une forte hausse dans les années 80. Si l'on excepte les violences politiques, seul un pic à la fin du XIXe viendra troubler une baisse continue... depuis la fin du Moyen-Âge. Le faible taux actuel cache cependant une réalité : sa substitution. Les meurtres de Maurice sur Didier ou de Didier sur Maurice sont en net recul, les Français ayant perdu l'habitude de se battre avec leurs tronçonneuses ou de se tuer « par accident » dans une bagarre à l'ancienne. Du reste, les armes ne sont plus en vente libre depuis Pierre Laval. Mais la nature humaine a horreur du vide, et ces meurtres classiques sont compensés par un nouveau type de criminalité ultra-violente.

Cela concerne tout d'abord le crime organisé, qui l'est d'ailleurs de moins en moins. Les petits caïds qui se cherchent une carrière passent de la délinquance au crime comme du fromage au dessert. Ces apprentis braquent n'importe qui et n'importe quoi avec une arme de guerre, parfois pour des sommes dérisoires, sans hésiter à tuer commerçants et/ou policiers. En mars 2012, deux multirécidivistes ont été condamnés par la cour d'assises des Bouches-du-Rhône pour avoir abattu un pompiste à Marseille, alors qu'ils braquaient sa recette. 90 euros de butin. La victime Éric Aullen et son épouse avaient récemment quitté les quartiers nord de Marseille, qu'ils jugeaient trop dangereux (*Nouvel Obs*, 12/03/12).

Bien décidé à ne pas s'en laisser compter, le grand banditisme a passé la vitesse supérieure. Armés jusqu'aux dents au volant de grosses cylindrées, les malfaiteurs ne se soucient plus d'être repérés. Ils ont de quoi tenir la confrontation. Face aux fusils d'assaut et à la détermination des malfaiteurs, les policiers, leur règlement et leurs 9 mm sont bien peu de choses.

En mai 2010 à Villiers-sur-Marne, la policière municipale Aurélie Fouquet et son collègue pensent se rendre sur un accident de la circulation. Dès qu'ils l'aperçoivent, des malfaiteurs lourdement équipés (armes de guerre, grenades, explosifs) ouvrent le feu sur la voiture sérigraphiée. Une trentaine d'impacts de balles seront relevés sur le véhicule. Les deux agents ainsi que plusieurs civils sont blessés. Aurélie Fouquet, 27 ans, atteinte à la tête et au thorax, ne se relèvera pas. À cran, les malfaiteurs prennent la fuite. Plus loin, ils abandonnent leur fourgon et volent deux autres voitures, avant de disparaître dans la nature. Le commando était composé d'une dizaine de personnes. Est notamment suspecté un certain Redoine Faïd, caïd condamné à 31 ans de prison pour plusieurs braquages avec prise d'otage (en 1995, 1996 et 1997), libéré en conditionnelle en 2009 et rédacteur « repenti » d'un livre sur le grand banditisme depuis.

Avez-vous entendu parler des *go fast*? Le principe : une grosse cylindrée souvent trafiquée, un équipage armé jusqu'aux dents et une cargaison de drogue. Les malfaiteurs remontent les autoroutes françaises à grande vitesse, et ne s'arrêtent pas aux contrôles routiers... Pour les piéger, les policiers rivalisent d'ingéniosité. En février 2011, le GIGN bloque l'A75 avec des épaves, pour simuler un accident et intercepter les malfaiteurs. L'un d'entre eux tente de prendre la fuite à pieds, avant d'être maîtrisé par un chien policier hélitreuillé à ses trousses (!). Résultat des courses : plus d'une tonne de cannabis saisie et tous les malfaiteurs arrêtés... (TF1, *Sud-Ouest,* 3/02/11)

La voie routière n'est pas la seule. En novembre 2010, une vedette rapide circulant à grande vitesse en Méditerranée est stoppée depuis un hélicoptère par un tir de précision (*Reuters,* 27/11/10). Quatre marocains y transportaient environ 50 millions d'euros en ballots de drogue (*La Provence*, 28/05/12).

Comme les banques ne contiennent plus autant d'argent qu'avant, les malfaiteurs ont tendance à les braquer par séries, comme les commerces, avant de se transformer en *go fast* pour prendre la fuite, si besoin en arrosant à l'arme lourde les policiers, comme ce fut le cas à Vitrolles, en novembre 2011. En pleine nuit, quatre braqueurs sont repérés dans une Audi RS4 récemment volée, après une série de cambriolages commis dans plusieurs villes. Une course-poursuite débute entre les malfaiteurs et deux véhicules de la BAC. Alors que les policiers parviennent à crever les pneus de l'Audi, les braqueurs font feu à la Kalachnikov. Un policier est gravement blessé, un malfaiteur est tué d'une balle en pleine tête (France 3, 28/11/11). Le policier touché sera enterré quelques jours plus tard. Pour faire face à la recrudescence des fusillades mortelles à l'arme de guerre, Nicolas Sarkozy en personne annonce de nouveaux équipements pour la BAC, notamment des fusils à pompe. « Face à des Kalachnikovs, ça reste symbolique », réagit le syndicat Alliance (*France Soir*, 9/12/11).

Pour ne rien arranger, l'espace Schengen a rendu un fier service aux malfaiteurs, qui peuvent se volatiliser rapidement dans les pays voisins. En septembre 2011, des malfaiteurs attaquent une société de transports de fonds à Orly-ville. Une dizaine d'hommes vêtus comme des membres du GIGN font sauter le mur de l'établissement. Un employé a les jambes arrachées par l'explosion. L'un des braqueurs l'écarte du passage en le traînant par les cheveux. L'homme ne survivra pas. Après une brève prise d'otage, ils prennent la fuite avec un butin estimé à 8 millions d'euros. Pour couvrir leur fuite, ils incendient des véhicules sur la chaussée et arrosent les policiers à la Kalachnikov (*Le Figaro*, 21/09/11). Après une minutieuse enquête la PJ décompose la logistique de la bande. Établis à Paris, les malfaiteurs disposaient d'un réseau de bases arrières en Belgique. Ils sont suspectés de plusieurs autres braquages à l'explosif (*L'Union*, 23/10/11).

Voitures béliers, prises d'otages, civils volés, convoyeurs et policiers mitraillés... On le voit, les braqueurs actuels ne s'inspirent plus des belles histoires d'Arsène Lupin.

Dans le milieu, une nouvelle « méthode » monte en puissance. Prendre en otage les commerçants directement chez eux, avec leur famille, pour les emmener dans leur commerce et s'en faire remettre la caisse. Ce fut par exemple le cas à Saint-Geniès-Bellevue, en mars 2012. Un bijoutier, sa femme et sa fille de 12 ans sont pris en otage par des individus cagoulés, sous la menace d'armes lourdes. Dans une BMW volée, l'homme est convoyé avec sa famille sur son lieu de travail, où il doit ouvrir ses coffres. Environ 200 000 euros y sont dérobés. Le véhicule des braqueurs sera retrouvé dans un canal (*La Dépêche*, 18/03/12).

Compte tenu de l'armement des malfrats, un cambriolage a tôt fait de tourner à la scène de guerre. Ce fut le cas à Raismes, en juin 2012, quand un couple de sexagénaires décide de se défendre contre les trois hommes cagoulés et armés qui se sont annoncés à leur domicile en arrosant la porte au fusil-mitrailleur. Alors que les malfaiteurs prennent la fuite avec le contenu du coffre-fort familial, non sans avoir frappé le propriétaire au passage, ce dernier s'empare de son fusil de chasse et fait feu. Les malfrats ripostent. Une soixantaine de balles sont échangées, deux malfaiteurs sont blessés. Ils tentent de mettre le feu à la maison et à la voiture du couple, avant de prendre la fuite. Ils seront retrouvés dans un hôpital belge, où ils tentaient de faire croire au personnel qu'ils avaient eux-mêmes été victimes d'un braquage. Bien entendu, les trois oiseaux étaient « déjà connus des services de police »... (*Le Parisien*, 29/06/12).

Mais l'ultra-violence, et c'est essentiel, n'est plus le monopole du crime organisé. Plus du tout.

Fin juin 2010, sur la route des vacances, un cortège familial de trois voitures remonte l'A13. En pleine nuit, à Chapet dans les Yvelines, l'un des véhicules s'accroche légèrement avec celui d'une jeune femme, qui refuse d'établir un constat. « Un constat ? C'est pour les Français » (*Le Parisien*, 28/06/10). Le ton monte. La jeune femme appelle des copains de la cité toute proche des Mureaux. Une dizaine de « jeunes » débarquent alors et se jettent sur les occupants des trois voitures. « On va vous tuer devant votre mère. » Mohamed est battu à mort devant sa mère, sa femme, sa famille. « Une vraie boucherie », lâche un enquêteur. Interpellés, les assaillants disent « n'avoir rien fait » et affirment avoir eux-mêmes « pris des coups » (*La Dépêche*, 1/07/10).

Le mois précédent, une famille du Pas-de-Calais s'offrait une journée de détente au Parc Astérix. Dans la file d'attente d'une attraction, ils sont dépassés par quatre « jeunes ». Un membre de la famille a le tort de faire une remarque. Les « jeunes » lui proposent de se battre. Il refuse. Après l'attraction, la famille se rend sur le parking pour déjeuner. Une « vingtaine de jeunes » débarque et tabasse deux des vacanciers. La mère est blessée en tentant de s'interposer. Pour la route, plusieurs voitures sont vandalisées. Les victimes seront hospitalisées (*Le Parisien*, 24/05/10). Deux mois plus tard, une gigantesque bagarre opposait « deux bandes » en plein parc. Encore une fois, un resquillage dans la file d'attente était à l'origine de l'affrontement. À notre époque, on se retrouve à l'hôpital parce que certains sont pressés de faire des loopings... Deux mois plus tard, Disneyland fut le théâtre d'un événement similaire. Deux hommes et une femme ont été tabassés dans leur véhicule, alors qu'ils quittaient le parc. Des gens du voyage qui circulaient derrière eux trouvaient qu'ils n'avançaient pas assez vite. La femme est giflée, les deux hommes sont tabassés, la voiture est vandalisée. Les témoins sont nombreux, aucun n'intervient. « Ils ont tué tonton », hurlait l'enfant de cinq ans présent dans le véhicule en voyant son oncle couvert de sang. Tous ont été hospitalisés. « Par peur des représailles », la famille n'a pas déposé plainte (*Le Parisien,* 25/08/10).

Pour se changer les idées, la racaille s'est habituée à faire des raids dans les parcs d'attractions, quand ce n'est pas dans les stations balnéaires. Ces razzias sont bien entendu organisées aux frais des contribuables. Par divers biais, les « jeunes issus des quartiers difficiles » bénéficient de la gratuité des transports et des entrées, quand leurs séjours ne sont pas carrément organisés par l'État. Histoire de répartir plus équitablement la criminalité sur le territoire, au moins pendant la période estivale, de nombreux plans d'aides ont été mis en place depuis les années 1990. En 1997, *Le Figaro* notait déjà que 72,6 millions de francs étaient dépensés par l'État dans l'opération « Ville-vie-vacances », plus récemment, Fadela Amara et Michel Gaudin lançaient l'opération « Des vacances, moi aussi ! », dans le cadre du plan « Espoir banlieue ». En 2009, 500 jeunes de 12 à 16 ans ont pu profiter d'une journée à Disneyland et 350 000 autres sont partis en vacances d'été. En 2010, ces départs concernaient 800 000 jeunes de 11 à 25 ans. Coût officiel de l'opération pour le contribuable : 6,8 millions d'euros en 2009, 10,5 millions en 2010. On ne va pas chipoter sur la note, Disneyland est devenu un droit de l'Homme, c'est l'essentiel. « Ça nous empêche de faire des bêtises », confiait Awa, 14 ans, au *Figaro* (29/06/09).

◆◆

En France, l'horreur est quotidienne. On nous cache tout ? Il faut lire la presse. Attention, pas la presse nationale, pas celle qui explique que rien ne se passe ou finalement que ça se passe mais que ce n'est pas ce qu'on croit. Il faut lire la presse locale, qui recense du mieux qu'elle le peut les faits divers. Exhaustive ? Beaucoup de faits lui échappent : ceux qui échappent aussi aux autorités (selon l'ONDRP, il y a quatre fois plus de victimes réelles que de victimes officielles), ceux que les autorités dissimulent pour diverses raisons (enquête, souhait des victimes, etc.), enfin ceux que les journalistes eux-mêmes manquent ou dissimulent, pour des raisons techniques ou idéologiques. Malgré tout, rien qu'en lisant la presse, on peut dresser un bilan aussi fragmentaire qu'édifiant d'une journée d'insécurité ordinaire. Tous les faits divers ci-dessous concernent *la seule et unique journée* du 19 janvier 2012. Liste fatalement non-exhaustive...

- Ville-en-Tardenois : quatre hommes sont arrêtés pour cambriolages après une course poursuite. Ils sont d'abord pris en chasse par un artisan, qui tente de les maîtriser avec son fils. Ces derniers essuient un coup de matraque et un coup de feu, avant l'arrivée des gendarmes et l'interpellation des malfaiteurs (*L'Union*).
- Juigné-sur-Sarthe : une voiture volée est retrouvée immergée dans la Sarthe (*Le Maine libre*).
- Chambéry : appel à témoins lancé suite à l'agression d'un adolescent par un coup de couteau (*Mannecy.fr*).
- Ploubazlanec : la maison de Liliane Bettencourt est cambriolée (*Le Parisien*).
- Montpellier : un homme fiché au grand banditisme est gravement blessé par balles, à la tête et au bas-ventre (20 *minutes*).
- Sète : les policiers découvrent 82 grammes de cocaïne et des faux billets chez un homme de 73 ans (*Midi Libre*).
- Antibes : un couple vend 100 000 euros de fausses pubs à plusieurs entreprises (Europe 1).

- Vertaizon : un jeune est frappé et séquestré par deux adolescents. Ils sont mis en examen pour violences aggravées (*La Montagne*).
- Rambouillet : un couple d'une vingtaine d'années est mis en examen pour avoir infligé de graves sévices (morsures, piqures, coupures) à un bébé de trois mois (*Le Parisien*).
- Moulins-Yzeure : le directeur de la prison locale est agressé à coups de poings et de pieds par un détenu libérable en 2023 (*La Montagne*).
- Westhalten : disparition inquiétante d'une jeune femme (*Dernières Nouvelles d'Alsace*).
- Fleurville : une femme est agressée à son domicile par deux hommes cagoulés et armés d'un fusil. Ils repartent avec son véhicule (*Le JSL*).
- Autun : un homme se rend aux gendarmes après avoir blessé une vendeuse d'un coup de carabine (*Le JSL*).
- Colmar : un corps sans vie est retrouvé le long de l'autoroute (*DNA*).
- Cenon : un homme tire sur trois ouvriers travaillant sur un pylône ERDF, à plusieurs reprises et avec un fusil de gros calibre, avant de quitter les lieux. Un des ouvriers est blessé (*Sud Ouest*).
- Cugnaux : des gens du voyage sont poursuivis par des policiers. Les fuyards reçoivent l'aide musclée d'une quinzaine de leurs compères : deux policiers sont roués de coups, l'un d'entre eux a dû être hospitalisé (*La Dépêche*).
- Fegersheim : un appel à témoin est lancé dans le cadre de l'agression d'une jeune femme (*DNA*).
- Chigné : 181 animaux sont saisis dans un élevage où l'on suspecte des maltraitances. Tumeurs et pathologies non soignées, excréments non évacués, absence d'eau, de nourriture et de

soins. L'éleveur, récidiviste, destinait ses animaux à la vente aux particuliers (*Metro*).
- Carcassonne : un ouvrier est violemment agressé par « six à huit jeunes du quartier » (*l'Indépendant*).
- Pommiers : deux hommes sont interpellés pour avoir cambriolé douze cabanons de pêcheurs (*L'Union*).
- Clacy-et-Thierret : Trois véhicules, d'une valeur de 45 000 euros, sont dérobés à une société (*L'Union*).
- Pontarlier : deux jeunes filles alcoolisées attaquent les voisins du dessous. Elles griffent un jeune homme, bousculent un handicapé et blessent au visage une sexagénaire (*Est Républicain*).
- Vesoul : un homme de 19 ans, qui manie un sabre de combat dans la cour de son immeuble, est interpellé (*Est Républicain*).
- Rosières-en-Haye : quatre cambrioleurs armés d'un tournevis s'introduisent dans le domicile d'un octogénaire, le frappent et le ligotent, puis fouillent sa demeure et quittent les lieux avec un butin de 40 euros (*Est Républicain*).
- Bavilliers : un homme armé braque la Poste et emporte quelques liquidités (*Est Républicain*).
- Verdun-sur-le-Doubs : trois voleurs pris en flagrant délit sont arrêtés par les gendarmes (*Le JSL*).
- Bordeaux : un homme est interpellé pour avoir menacé de mort François Hollande (*Le JSL*).
- Torcy : des voleurs cambriolent un restaurant et repartent avec une centaine de grands crus, d'une valeur de plusieurs milliers d'euros (*Le JSL*).
- Précieux : un chauffard tue un cycliste avec son fourgon et prend la fuite (*Le Progrès*).
- Arinthod : un jeune homme est retrouvé mort à son domicile (*Le Progrès*).

- Vaulx-en-Velin : huit véhicules sont détruits par les flammes (*Mlyon.fr*).
- Sainte-Foy-lès-Lyon : un commerce est braqué par un malfaiteur sous la menace d'une arme d'épaule (*Mlyon.fr*).
- Oullins : un homme attaque son voisin avec un sabre. L'individu est mis en examen pour violences avec armes, outrage et rébellion (*Mlyon.fr*).
- Isère : deux corps retrouvés gelés à l'intérieur d'un véhicule immergé dans le lac du Sautet ont été victimes d'un double homicide (*DNA*).
- Le Pradet : un septuagénaire armé d'un fusil de chasse est tué dans un échange de tirs avec des policiers venus l'interpeller. Un policier a été blessé (France 3).
- Paris : un rabbin est mis en examen pour agression sexuelle sur mineure (*Le Figaro*).

Voilà pour la partie émergée de l'iceberg. Multipliez ça par 200 et vous obtiendrez un tableau assez proche de notre réalité quotidienne.

Il ne faut pas oublier ce qui se passe dans les tribunaux. Toujours le 19 janvier :

- Carcassonne : perpétuité requise contre un Gitan et un Marocain accusés d'avoir assassiné un couple de retraités. L'homme avait reçu douze balles avant d'avoir le crâne enfoncé par un rocher de 15 kilos. Son épouse a pratiquement été décapitée d'un coup de pelle, avant d'être achevée par balle (*Est Républicain*).
- Carcassonne encore, tribunal toujours : les dealers Fayed, Karim, Aissam, Bryan, Kévin et Sofiane, sont condamnés à de la prison ferme (*Midi Libre*).

- Evry : le docteur Samir Rafik Said est condamné à trois ans de prison pour avoir pratiqué en moyenne 147 consultations par jour pendant trois ans. Son chiffre d'affaires annuel dépassait le million d'euros (*Le Parisien*).
- Saint-Jean-d'Illac : Hedi, Dali et Nino comparaissent aux assises pour vol à main armée et séquestration (*Sud Ouest*).
- Poitiers : Noredinne, un récidiviste, comparait pour avoir frappé sa compagne en pleine rue avant d'insulter et de blesser les policiers venus l'interpeller. Sa copine témoigne en sa faveur. Condamné à deux ans, il repart en insultant le tribunal (*la Nouvelle République*).
- Saint-Avertin : un boxeur azerbaïdjanais demandeur d'asile est condamné à du sursis pour vol de bijoux. À l'issue du verdict, le boxeur, « pas francophone, a fait le baisemain à son avocate puis a filé » (*la Nouvelle République*).
- Toulouse : Idriss est condamné à un an et demi de prison pour avoir battu le bébé de sa compagne à plusieurs reprises. Le nourrisson de 18 mois a eu plusieurs côtes brisées. Le jour du verdict, Idriss, ne s'y jugeant sans doute pas indispensable, est absent de l'audience (*La Dépêche*).
- Châteauroux : quatre roumains sont condamnés à de la prison pour fraude à la carte bancaire (*la Nouvelle République*).
- Lorient : un homme qui traquait les filles dans les gymnases est condamné à six mois de prison avec sursis. Malgré des avances à connotation sexuelle faites à une fillette de 9 ans, le tribunal estime qu'il n'a pas le profil d'un prédateur sexuel (*Le Télégramme*).
- Belfort : Metin Yucelbak se défend du meurtre de son épouse devant la cour d'assises. Metin concède des coups, mais nie l'étranglement de sa femme qu'il avait avoué précédemment avec force détails (*Est Républicain*).

– Châlons-en-Champagne : un braqueur à main armée est condamné par contumace à trois ans de prison (*L'Union*).
– Printzheim : 9 mois de prison ferme pour un voleur de bijoux et d'objets divers chez son voisin.
– Troyes : Lucas est condamné à six mois de prison ferme pour avoir menacé de mort des policiers qui tentaient de séparer deux bandes rivales (*L'Est éclair*).
– Lille : Geoffrey est écroué pour le meurtre de Simon, avec qui il était en « affaire » autour d'une plantation de cannabis. La victime a été frappée à coups de masse, étranglée avec une écharpe et égorgée par un cutter (*Nord Éclair*).
– Étain : Kevin est jugé pour avoir tué un homme d'une bande rivale d'un coup de couteau. « La lame de 8 cm s'est entièrement enfoncée entre deux côtes et a touché le cœur » (*Est Républicain*).

Certes, pour les détails, on repassera. Cette presse n'est pas *le Nouveau Détective*. Dans *le Nouveau Détective*, contrairement à ce que prétendent ceux qui font mine de ne pas y toucher, toutes les informations publiées sont réelles et vérifiées, ce qui n'empêche pas les journalistes de les raconter d'une manière un tantinet « racoleuse ». Racoleuse ou incorrecte ?

Le recul « institutionnel » de la presse classique est pervers. L'emploi d'un vocabulaire unique, compartimenté et froid, amène le lecteur à oublier la réalité qui se cache derrière les mots. Au bout d'années de répétition, la suggestion ne suggère plus rien. Un petit bréviaire du fait divers s'impose.

D'abord, il faut être juste : il y a des évolutions. Notamment une anglicisation de certains forfaits. *Car-jacking*, *home-jacking*, *happy-slapping*... *Car-jacking*, c'est se faire voler sa voiture « avec violences et menaces » (cela concerne près de la moitié des vols de véhicules). Par exemple, à Haguenau en décembre 2011, un conducteur est abattu par un homme qui tentait de lui voler sa voiture (RTL, 17/12/11). *Home-jacking*, c'est se faire cambrioler « avec violences et menaces ». À Charleville-Mézières en janvier 2012, un pratiquant de la chose est écroué pour une vingtaine de forfaits de ce genre. Il tentait ensuite de revendre voitures et bijoux. Il était en outre recherché pour « filouterie de carburant » (*L'Union*, 14/01/12), c'est-à-dire pleins impayés.

Happy-slapping, c'est tabasser tout en filmant. Comme le nom de la chose ne l'indique pas, ça peut se terminer par un viol ou la mort, c'est selon. En mai 2010, un habitant de Bobigny a posté sur Facebook une vidéo, sur laquelle un jeune frappe une fille d'un violent coup de poing au visage, avant qu'un autre ne la pousse au sol. Sous la vidéo, on lit ceci : « Sa cés pour les meufs qui veulent pas pasé leur 06 qui veul pas coperé voilà ski ce passe sa par tro viite mdrrr ! ! » L'orthographe, ou plutôt son absence, est d'origine. Évidemment, la vidéo a fait le tour du Net. Aux dernières nouvelles, son auteur n'a jamais été inquiété (*le Post*, 30/05/10).

◆◆

Revenons au vocabulaire classique. Qu'est-ce qu'une *atteinte à l'intégrité physique* ?

En janvier 2011, le tribunal de Bobigny juge un Maghrébin accusé d'avoir massacré une nonagénaire, d'abord à coups de poing, puis de 62 coups de couteau, ni plus ni moins. En outre, il est accusé de vols et de viol (*20 minutes*, 24/01/11).

Qu'est-ce qu'une *rixe* ? C'est Mourad, un SDF jugé à Soissons pour « coups mortels ». À son actif, un palmarès honorable de douze condamnations, auxquelles il faut ajouter trois agressions en prison. Sa victime est tabassée jusqu'à avoir un « gros trou au front », « une cavité creusée à coups de poing et de pied ». « C'est un accident », explique l'accusé, avant d'être condamné à 14 ans de prison (*L'Union*, 12/04/12).

Qu'est-ce qu'un viol *avec violences* ? C'est par exemple le procès de Norredine Dif, violeur récidiviste de 41 ans, condamné en décembre 2011 à la perpétuité assortie d'une peine de 18 ans de sûreté pour le viol de deux vieilles dames de 81 et 86 ans, commis à une heure d'intervalle. Pour sa défense, il a accusé la justice et les médias, adressé un doigt d'honneur à l'avocat général, mis en avant son « micro-pénis » et a expliqué qu'il était là « à cause » d'une de ses victimes. L'individu, motivé par « sa répulsion pour les grands-mères », a notamment enfoncé son poing dans l'anus d'une victime avant de la tabasser et de lui « fracasser la tête contre le mur ». Norredine, qui a fait appel de sa condamnation, avait déjà été acquitté de deux viols sur des retraitées de 64 et 82 ans, au motif que son sexe était « trop minuscule » selon les experts (?) pour lui permettre de pratiquer une pénétration (*L'Union*, 10/12/11). Ont-ils aussi expertisé son poing ?

Que sont des *actes de torture et de barbarie* ? En septembre 2011, trois « jeunes gens » de bonne famille sont condamnés pour tortures et viols sur des victimes choisies au hasard afin de leur soutirer leurs codes de cartes bancaires. On apprend que quatre victimes ont été « malmenées ». À savoir : un homme a été roué de coups, contraint d'ingérer alcool, eau de javel et excréments, avant d'être violé avec un goulot de bouteille. Une étudiante sera quant à elle violée avec une bougie. Un autre homme victime du trio, dépressif depuis son agression, s'est suicidé (AFP, 15/09/11). Le « gang des barbares orléanais » a été condamné à des peines allant de 10 à 25 ans de prison (*Le Parisien*, 22/09/11).

Si l'on veut être précis, il faut aussi définir les actes de torture et de barbarie *sur personne vulnérable.* Illustration en octobre 2011. Nabil et Karl sont condamnés à 30 ans de prison pour tortures sur Domenika, handicapée, invalide à 80 %. Violée avec différents objets, frappée à coups de ciseaux, de couteau et de manche à balai. Oreille entaillée, orteil coupé, crâne rasé, visage brûlé par une plaque électrique chauffée au rouge. Elle doit boire de l'eau de javel, de l'urine et avaler cinq clés d'appartement. « Elle a vomi je lui ai fait ravaler », fait remarquer Karl. On recense une centaine de blessures sur son corps. « C'est la première victime vivante que je voyais avec autant de blessures », note un médecin légiste. Les deux bourreaux ne s'arrêtent que parce qu'ils sont « fatigués », a expliqué Karl en souriant. « Elle a pissé le sang, j'ai essayé de stopper comme j'ai pu, avec de la mie de pain, explique-t-il. Nabil lui donnait des coups de pied pour qu'elle pisse le sang et qu'elle meure. » À mesure qu'il expose son œuvre, le tortionnaire se souvient de « détails » : « Ah oui j'ai aussi entré une bouteille de parfum dans le vagin. » « Ah oui le mardi je voulais lui faire manger la merde, euh les excréments. » (*La Provence,* 6/10/11) Détail croustillant : la maman d'un des prévenus explique à l'audience qu'elle a tenté de le « perdre » lors de sa grossesse, sans succès : « on m'avait dit que le pastis faisait perdre les bébés » (*Midi Libre,* 4/10/11).

Qu'est-ce qu'un *incident qui prend des proportions dramatiques* ? C'est ainsi qu'Europe 1 (4/07/12) explique l'agression sauvage dont ont été victimes deux familles réunies autour d'un barbecue, à Neuilly-sur-Marne, en juillet 2012, d'abord par « une dizaine d'ados » que des adultes ont eu le mauvais goût de sermonner – les gosses les menaçaient avec un Taser –, puis par des « jeunes d'une vingtaine d'années munis de battes de baseball » qui hurlaient « on va vous tuer » et qui se sont acharnés durant une dizaine de minutes sur un homme à terre. Bilan de la réunion familiale : sept blessés dont un grave.

Qu'est-ce qu'un *différend familial* ? Pour *Le Progrès* (2/07/12), c'est par exemple un adolescent de 14 ans écrasé volontairement par une voiture à Dole, en juillet 2012, dans le tristement célèbre quartier des Mesnils Pasteur. Pour le quotidien, il s'agit d'une « simple dispute familiale qui aurait dégénéré en course poursuite ». Bien entendu. Qui n'a jamais poursuivi son fils pour l'écraser ?

Qu'est-ce qu'une *fugue qui tourne mal* ? C'est celle de Julie, 14 ans, qui a eu le malheur, en août 2009, de croiser Selcuk, Selman et Ishak, trois Kurdes de 37, 24 et 22 ans, qui se sont « prêtés » la malheureuse en la violant pendant quatre jours, près d'un camping des Pyrénées-Orientales. Ils ont été condamnés à des peines allant de 15 à 8 ans de prison (LCI, 21/05/12).

On peut carrément faire ça en famille. En famille « recomposée », même. Qu'est-ce qu'une famille *connue pour ses comportements limites* ? *Mlyon* (10/07/12) nous l'explique : en juillet 2012, un couple lyonnais a été écroué pour avoir bousillé la vie d'un gosse de 12 ans, placé en famille d'accueil, mais que ses « parents » gardaient un samedi par mois. Assez longtemps pour que le malheureux subisse des viols par son père, son frère, sa mère et sa sœur. L'enfant, traumatisé, devait en outre assister à des actes zoophiles sous la contrainte. Cette charmante famille, qui vivait d'allocations – essentiellement dépensées en matériel pornographique –, était connue « depuis deux décennies pour ses comportements limites », et trois des cinq enfants du couple avaient été placés hors du foyer... Le sacro-saint droit de visite n'a pas rendu service au petit dernier.

Qu'est-ce que le *proxénétisme aggravé* ? En février 2012, la cour d'assises de Bobigny condamne deux proxénètes à 30 ans de prison pour tortures. Il s'agit de deux serbes qui dirigeaient un vaste réseau agissant à Paris, Nice et Toulouse. Les deux hommes sont accusés d'avoir torturé et séquestré plusieurs prostituées. Olga, prostituée de force, a eu une phalange coupée à la hache. Khadidja affirme avoir été torturée plusieurs mois, notamment par des aiguilles fichées sous les ongles. Les proxénètes lui ont planté des clous dans les doigts avec un marteau. Une troisième prostituée, Vesna, est morte après avoir été torturée (*Le Figaro*, 14/02/12). Chaque fille rapportait 3000 à 4000 euros par jour au réseau (RFI, 17/02/12).

Qu'est-ce qu'un violeur *qui connait bien le fonctionnement de la justice* ? Alassane Koundio était recherché pour trois viols en région parisienne, il a été retrouvé en Belgique en mars 2012, où il était enfermé pour une autre affaire (cambriolage et agression). Alassane a commis son premier viol à l'âge de 16 ans, sous la menace d'un pistolet. À sa sortie de prison trois ans plus tard, il est condamné à nouveaux pour vols et violences. Il est alors expulsé vers le Sénégal, ce qui ne l'empêche pas de revenir en France quelques années plus tard. Pour fêter ça, il viole une femme à Paris en menaçant de tuer toute sa famille si elle parle. Quelques heures plus tard, il agresse une autre femme, toujours à Paris. Cette fois, Alassane lui donne 19 coups de couteau avant de la violer et de lui voler sa carte bancaire. Cinq jours plus tard dans l'Essonne, l'homme viole une adolescente de 15 ans et lui assène deux coups de couteau. Il est suspecté d'autres crimes (*le Courrier Picard*, 18/03/12).

Puisqu'on parle de violeur, savez-vous ce qu'est *un troussage de bonne* ? Ce n'est pas un commentaire de JFK sur l'affaire DSK, ça se passe en France, donc bien à l'abri des grands médias, à Roquebrune-Cap-Martin, en juin 2012. Un journaliste égyptien, dans la région pour assister à des courses hippiques, se croyant sans doute place Tahrir, agresse sexuellement la femme de chambre d'un hôtel. En comparution immédiate, l'homme a écopé de... 8 mois avec sursis (*Nice matin*, 28/06/12). Oui oui, pour une agression sexuelle. C'est ce qu'on appelle de la diplomatie.

Qu'est-ce qu'un acte de torture *ayant entrainé une infirmité permanente*? En octobre 2006, Olivier Toussat, 28 ans, est condamné à vingt ans de prison pour avoir tranché le sexe d'un enfant de quatre ans dans les toilettes du *McDonald* de Cergy. Le sexe a été sectionné au ras du pubis. Olivier Toussat ne connaissait pas sa victime. Il a été rattrapé par des vigiles, qui lui ont évité un lynchage. Dans sa poche, le sexe tranché de l'enfant, enveloppé dans un mouchoir. Dans sa voiture, les enquêteurs ont retrouvé le dessin d'un sexe dans une assiette. « Je ne veux plus rester dans ce monde pourri », a lancé la nourrice qui accompagnait l'enfant le soir de l'agression. La mère a quant à elle sombré dans l'alcool « pour oublier ». Deux jurés, pris de malaises, ont été remplacés durant l'audience. Selon les experts, qu'il faudrait songer à enfermer aussi, il s'agit « d'un fantasme de castration » réalisé par procuration « pour nier ses propres pulsions sexuelles perverses » (*Le Parisien*, 14/10/06).

Qu'est-ce qu'un *conflit de voisinage*? En avril 2009 à Vaise, Youcef Dellouli, 29 ans, est « pris d'une subite envie de tuer ». Ce sera le voisin du douzième. À 2h30 du matin, muni d'un couteau, il se rend chez cet homme de 62 ans. Youcef le frappe si violemment que la lame se brise sur son cou. À l'aide d'un second couteau trouvé dans la cuisine, il décapite le vieil homme. Puis il redescend chez lui avec la tête, dans l'optique de la « montrer à son père », mais ce dernier dort profondément. Pas drôle. Du coup, Youcef jette la tête dans le vide-ordures avant d'aller dormir. Il sera interpellé rapidement, mais il n'y aura pas de procès : Youcef se pendra en prison. Enfant, il racontait avoir décapité un chien, « pour voir ce qu'il y a à l'intérieur » (*Le Progrès*, 27/04/09).

Qu'est-ce qu'un *jeune* ? C'est simple : à en croire nos médias, ils se regroupent pour, au choix, insulter, tabasser, rouer de coups, massacrer. Vous avez le choix du complément d'objet direct : un chauffeur de bus, un passant, un policier, un contrôleur, un instituteur, un agent de la RATP, un autre jeune, un membre d'une bande rivale… Variantes : « jeunes gens », « jeunes hommes », « jeunes individus », « bande de jeunes ». Comme le progrès ne s'arrête jamais, la régression sémantique de ces éternels enfants peut en faire des « garçons d'une vingtaine d'années », comme ces Marseillais qui ont braqué à la kalachnikov une bijouterie de Thonon-les-Bains en avril 2012 (*Libé Marseille*, 8/04/12) ou même carrément des « gamins agresseurs » de 16 et 17 ans, comme ceux qui ont tabassé un retraité de 87 ans au Blanc-Mesnil en décembre 1996 (*Libération*, 25/12/96). À quand les garnements violeurs et les nourrissons égorgeurs ?

Pour les journalistes, la marginalité toute entière est une sorte de fontaine de Jouvence. En juillet 2012, on peut lire partout ce titre : « Deux jeunes SDF tués par un TGV » (RTL, *Le Parisien*, *Métro France*, *Nouvel Obs*…). Ces mêmes médias précisent tous dans leur article que les deux « jeunes » sont âgés de 39 et 44 ans.

En janvier 2012 à Niort, un adolescent de 13 ans est mis en examen pour agressions sexuelles aggravées sur onze élèves, âgées de 11 à 13 ans. L'adolescent a agi durant plusieurs mois, en classe et dans la cour de l'école. Il a reconnu une partie des faits, en disant avoir « vu des films pornos sur les téléphones portables d'élèves plus âgés » (*Le Figaro*, 12/01/12).

En novembre 2011 à Versailles, avec l'aide de sa sœur de 12 ans, un garçon de 11 ans est accusé d'avoir violé sa voisine de 6 ans.

Pour couvrir ses enfants, la mère a détruit des preuves et intimé le silence à la victime. Le viol a été confirmé par un examen gynécologique. Le violeur risque des mesures éducatives (*Le Figaro*, 25/11/11).

Plus jeune encore ? C'est possible. En juillet 2012, deux policiers interviennent pour un banal conflit entre propriétaires et locataires, à Nantes. Ils sont alors agressés par un enfant de 8 ans muni d'une bombe lacrymogène et d'un marteau. Un policer souffre d'une fracture ouverte au doigt, son collègue écope de 3 jours d'ITT. Compte tenu du très jeune âge du garçon, « aucune suite judiciaire ne sera donnée à l'affaire » (*Le Figaro*, 26/07/12). Durant l'agression, le père a armé l'enfant d'une matraque télescopique. La mère a justifié la violence de son fils, arguant qu'il a simplement voulu la défendre face aux policiers (*Europe* 1, 26/07/12).

Le record a été battu en septembre 2012 dans une pouponnière parisienne, lorsqu'un enfant de 3 ans a mordu, frappé et jeté au sol un nourrisson d'un mois, qui n'y survivra pas (RTL, 16/09/12).

Parfois, c'est un adolescent qui vole et viole une octogénaire, comme en juin 2012, dans le centre-ville de Marseille (*20 minutes*, 16/06/12). Une autre fois c'est un septuagénaire, à Lessard-le-National le même mois, qui séquestre, filme et viole une jeune femme (*le Journal de Saône-et-Loire*, 30/06/12). Ne stigmatisons donc pas : il y en a pour tous les âges… Les très vieux comme les très jeunes ne sont d'ailleurs pas à l'abri. En août 2012, alors qu'un Avignonnais de 98 ans était roué de coups et laissé pour mort par « un jeune qui cherchait à lui voler sa voiture » (*La Provence*, 6/08/12), un jeune père de famille était mis en examen à Nîmes, pour avoir tué son bébé de huit mois en le « jetant contre le sol à deux reprises », « suite à une dispute ». Il faut dire que la mère, en toute impudence, voulait mettre de la crème solaire à son bébé… En garde à vue, l'homme expliquait son geste par « une série d'oppositions avec la mère [...], le port du bob, l'alimentation par des petits pots [...], une série de petites choses dont la crème solaire fait partie » (20 *minutes*, 12/08/12). En novembre 2012, un homme est jugé pour avoir tué sa femme enceinte, à Saint-Nazaire. Il voulait appeler le bébé « Yanis », elle préférait « Gianni ». 33 coups de couteau (*Ouest-France*, 9/11/12).

Parfois, les voyous en culotte courte (ou plutôt en pantalon bas) s'organisent. En mai 2011, le « Ghetto Youth », un gang de jeunes filles se prend pour Jack l'éventreur. « Arrête le Ghetto youth si tu peux. » La police a relevé le défi : la plus âgée du gang a 15 ans, la plus jeune 12 ans. L'équipe est accusée d'au moins 24 agressions, parfois filmées et diffusées sur Internet. L'une d'entre elles raconte : « Je lui ai mis que des pastèques, comme si je frappais un sac de boxe. Je lui ai tiré les cheveux. Elle est tombée. Je lui ai écrasé la tête, je lui ai mis des shoots dedans. J'avais envie... sans avoir envie. Ça me fait mal au cœur parfois, mais il faut que je frappe ! D'autres font ça pour voler ; moi, c'est juste pour la violence » (*Nice matin*, 18/05/11).

Bien entendu, nous nous inclinons à 180° devant le principe d'égalité des sexes : les jeunes filles aussi ont le droit de s'amuser et tout doit être mis en œuvre pour que la parité progresse aussi dans ce domaine.

En février 2010 à Grenoble, un handicapé est séquestré et torturé par trois filles de 14, 15 et 17 ans. Une adolescente est persuadée que cet homme de 55 ans a touché un héritage. Elle se rend chez lui avec un ami, l'entraîne dans une chambre, se déshabille et se fait prendre en photo avec lui. Elle le menace ensuite de diffuser les clichés s'il ne leur remet pas 2000 euros. Le quinquagénaire en retire 1000. Ça ne suffit pas à l'adolescente, qui repasse avec deux amies. « Elles voulaient ma carte bleue avec le code pour retirer de l'argent. J'ai refusé. Elles ont fermé les volets, ont commencé par tout casser dans la maison. Ensuite, elles m'ont déshabillé, m'ont mis un manche à balai dans le derrière, m'ont donné des coups de marteau, des coups de couteau, de fourchette, m'ont brûlé avec des cigarettes, m'ont versé de l'eau chaude sur les jambes. Toute la nuit, elles m'ont torturé. [...] Si je ne leur avais pas donné le code, je serais mort aujourd'hui, j'en suis sûr. [...] Je ne sais pas pourquoi elles ont fait ça. J'ai toujours été gentil avec elles. Je leur ouvrais toujours la porte, je leur donnais des cigarettes, un peu d'argent. » Ayant finalement obtenu le code de la carte bancaire, les jeunes filles partent faire du shopping. L'homme parvient à se libérer et s'échapper. Les gendarmes interpelleront les trois jeunes filles « déscolarisées » (*Le Parisien*, 14/02/10).

Cette criminalité des mineurs est très loin d'être appréhendée dans sa globalité. Le sociologue Sébastien Roché estime qu'entre « 80 et 85 % des jeunes auteurs de délits n'ont jamais été confrontés » à un policier ou à un magistrat (rapport du Sénat). On ne peut reprocher à certains de ménager leurs efforts pour se faire rapidement connaître des services de police. Qu'est-ce qu'un individu « connu des services de police » ? L'homme connu des services, c'est celui dont les policiers se demandent en le relâchant s'ils vont le revoir après-demain ou dans deux jours. Comme cet homme qui vient de fêter sa cinquantième interpellation, en janvier 2012, pour trafic de stupéfiants et blanchiment à Saint-Ouen (*France Soir*, 29/01/12). Les policiers savent qui ils vont revoir. Mais ça gâche l'effet, le meilleur c'est la surprise. Tenez, savez-vous ce qu'est *une relation tarifée* ? À Meaux, en février 2011, une lycéenne de 16 ans qui jouait à « action ou vérité » a perdu. Elle a choisi « action » et a donc dû administrer une fellation (par deux fois) à son surveillant, dans un bus scolaire, devant ses petits camarades en délire, alors que le groupe se rendait au théâtre de l'Odéon. Le surveillant avait payé deux bouteilles de Champagne (!) à son petit groupe d'élèves, avant de lancer l'idée du jeu. Manque de chance : un élève a cafté. Le pion a été arrêté et condamné à un an de prison. La jeune fille, consentante, a obtenu 1 000 euros de dommages et intérêts (20 *minutes* & *France soir*, 1/02/11). Soit 500 euros la pipe.

◆◆

Les faits divers ont-ils lieu partout en France, avec la même fréquence et la même intensité ? Non. Il y a des zones à risque, dites « sensibles », « difficiles » ou « défavorisées ». Marseille, par exemple est une ville *très* sensible.

En août 2010, des adolescents « chahutent sur la plage » des Catalans. Une fille de 17 ans est violée. La plage, jadis payante et bien fréquentée, est depuis quelques mois ouverte à tous, ce qui pose de nombreux problèmes de sécurité, en dépit d'un « dispositif plage ». « Ça aurait pu se passer n'importe où, il ne faut pas stigmatiser la plage des Catalans », a réagi le maire PS du premier secteur de Marseille (*Le Monde*, 1/08/10). Moins d'une semaine plus tôt, un exhibitionniste étranger en situation irrégulière était interpellé sur la même plage, pour s'être donné en spectacle devant une fillette de 12 ans (*La Provence*, 1/08/10). Un an plus tard, une adolescente de 13 ans était violée en pleine rue par trois hommes, en plein jour, non loin du centre-ville. Des examens ont mis en évidence « des violences sexuelles très importantes ». Interpellé, l'un des trois hommes a évoqué une relation consentie (*Le Figaro*, 11/08/11). Rappelons qu'en 2006, une élève de 13 ans avait été victime de viols filmés pendant deux mois par des adolescents de 13 à 15 ans (*Le Parisien*, 21/01/11). En deux mois et demi (mai à mi-juillet 2012), la sécurité publique des Bouches-du-Rhône a recensé 232 interpellations pour vols avec violences à Marseille, qui se sont soldées par l'incarcération de 47 individus. Ça donne une idée du nombre de voleurs violents qui y échappent. Et du nombre de victimes qui n'y échappent pas.

De janvier 2010 à mars 2012, on recensait à Marseille 40 « règlements de compte » (*La Provence*). Les fusillades à la Kalachnikov y sont devenues habituelles, si bien que la campagne publicitaire du film *Underworld* 4 a été censurée début 2012 parce que les affiches mettaient en scène des armes automatiques « jugées trop agressives » par la régie des transports marseillais (*20 minutes*, 3/02/12). Il faut dire que certains phocéens ont la gâchette facile. En mars 2012, deux jeunes se disputent « pour savoir lequel est le meilleur à la Playstation ». L'un d'entre eux tire quatre coup de feu sur son camarade (*Le Parisien*, 10/03/12). Lors de certains mariages, il n'est pas rare que les rues soient bloquées – parfois les autoroutes ! – par les « organisateurs ». L'occasion de tirer quelques coups de feu en l'air. Le maire de Nice a dû se résoudre en mai 2012 à encadrer les « mariages bruyants », où l'on affichait notamment des « drapeaux étrangers », quand on ne tirait pas carrément en l'air à l'arme automatique, comme en juillet 2012 (*Midi Libre*, 9/07/12).

À Marseille, le banditisme a changé de visage. « À la grande époque, une poignée de parrains faisait régner l'ordre, aujourd'hui ils sont 25 à tirer les ficelles, des Corses, des Algériens, des Gitans et plus récemment des Tchétchènes », confie un policier de la ville (*Le JDD*, 17/09/11). Quand ce n'est pas le président PS du conseil général qui trempe dans des affaires louches, ce sont « les jeunes des quartiers » qui servent d'exécuteurs. En juillet 2011, dans les quartiers Nord, devant une cité « sensible », un TER est stoppé par un tas d'objets jetés sur les voies, notamment des poutres métalliques. Un train de marchandises doit s'immobiliser à son tour derrière le TER. Des individus cagoulés et armés de barres de fer surgissent et investissent les wagons, pour y dérober plusieurs cartons (*Le Parisien*, 8/07/11). Toute ressemblance avec le Far West est-elle fortuite ? Le mois précédent, un camion de la banque alimentaire chargé de livrer du lait à une association de femmes en difficulté est bloqué dans une cité des quartiers Est par des poubelles remplies de sable. Ce checkpoint improvisé permet à une bande de malfrats de « vérifier le chargement » en s'assurant qu'il n'y a pas de policiers à l'intérieur (*Le Parisien*, 29/06/11). Encore plus délirant, en août 2011, les voyous marseillais dérobent... un parking. Ils en font d'abord fuir le gestionnaire avant d'organiser eux-mêmes les paiements. Le prix unique (5 euros) est inscrit au feutre sur une borne. Les jeunes actionnent les barrières. La société Vinci Park jugeait ce parking « trop dangereux » et personne n'avait jusque-là décidé d'en reprendre le contrôle. Après cette révélation du quotidien *La Provence*, une compagnie de CRS a été affectée à la sécurisation de la Porte d'Aix. « Pour l'instant, ils se sont juste déplacés, mais dès que les flics tourneront le dos ils reviendront », se désole un riverain (*La Provence*, 3/08/11).

Les CRS eux-mêmes ne semblent pas à l'abri : en mai 2012, la CRS 53, basée dans les quartiers Nord, se fait voler du matériel (tenues, gilets pare-balles, etc.), sans doute par des malfaiteurs locaux (*France soir*, 19/05/12). Le mois précédent, toujours dans les quartiers Nord, deux vols de véhicules ont été commis dans un garage de la Sgap (Secrétariat général pour l'administration de la police). Plusieurs motos, voitures et même un fourgon ont été dérobés (*Le Figaro*, 17/04/12).

Après le camion, le parking, le train, voici l'avion ! À Marignane en août 2012, en pleine nuit, cinq hommes lourdement armés ont enfoncé le grillage de l'aéroport pour braquer un avion en provenance de Paris, et voler les sacs de voyage des pilotes (*La Provence*, 9/08/12).

Quand les « incivilités » deviennent si grossières, la presse nationale elle-même se sent obligée d'en parler. En septembre 2011, une équipe du JDD raconte sa visite à Marseille. Tout d'abord, le maire Jean-Claude Gaudin demande au Préfet combien il a connu de morts violentes depuis son arrivée. 17, indique l'intéressé. Gaudin répond en riant qu'il est sur le départ, puisque le Préfet précédent a été débarqué à 19. Et effectivement, le Préfet a dû faire ses valises suite à l'affaire du parking.

Dans l'intimité de son bureau, monsieur Gaudin ne fait plus d'effets de manche en vantant le « creuset multiculturel » qu'est Marseille : l'élu est à deux doigts de pleurer lorsqu'il parle du terrain. Dans la berline noire d'un adjoint, les journalistes se rendent dans les quartiers. Leur véhicule est inspecté par un jeune en scooter. Une femme leur demande qui ils sont. « Un gamin, entre 13 et 14 ans, débarque. Il fixe la cocarde avec arrogance. "Vous cherchez quoi, ici ? Vous voulez quoi ?" Le ton est menaçant. C'est son terrain. » Les numéros minéralogiques des voitures de la BAC sont inscrits dans les halls d'immeubles pour permettre aux gamins de garde de les repérer. Un employé de la ville raconte que ses collègues sont fouillés lorsqu'ils viennent faire des travaux ici. Si le nombre de voitures brûlées n'est pas publié à Marseille, le directeur de l'office HLM visité affirme qu'il doit faire enlever 25 épaves par jour. Pour ne pas « provoquer », la berline fait demi-tour (*Le JDD*, 17/09/11).

La République va partout, mais jamais sans ses cars de CRS. Et les journalistes feraient bien d'en faire autant. En mars 2011, un reporter de M6 en train de tourner un reportage dans une cité de Pierrefitte, en Seine-Saint-Denis, est emmené dans un appartement désaffecté par plusieurs mineurs. Il est malmené, dépouillé et frappé avec un bâton. Les malfaiteurs exigent de lui qu'il ne remette plus les pieds dans cette cité (*Le Figaro*, 31/03/11).

Marseille n'a évidemment pas le monopole de l'insécurité. C'est le lot de toutes les grandes et moyennes agglomérations. Qu'est-ce qu'un *logement insalubre* ? Certaines barres d'immeubles délabrées sont de véritables Cours des miracles, à l'hygiène d'un autre siècle, où l'on peut encore attraper la gale et la tuberculose. La plupart des quartiers sont tenus par les trafiquants et leurs arpètes rétribués pour surveiller les alentours. Les commerçants, menacés, attaqués ou incendiés, sont allés commercer ailleurs. Et comme les journalistes n'osent plus s'y rendre, il faut attendre que l'information soit suffisamment grosse pour qu'elle en sorte toute seule.

Qu'est-ce qu'un *crime d'honneur* ?

En janvier 2010, Mohamed est jugé en appel pour avoir énucléé son épouse à mains nues, dans un quartier de Nîmes, parce qu'elle lui refusait une relation sexuelle. « Il commence par l'œil gauche, plonge aussi l'index, s'en sert comme d'un crochet et tire. Si fort qu'avec le globe, il arrache le nerf optique de la boîte crânienne », dira l'expert en médecine légale (*La Provence*, 1/02/10). Pour Mohamed, persuadé que sa femme l'avait trompé, c'est un crime d'honneur. « La douleur était épouvantable, mes yeux tombaient, je ne voyais plus, je ne sentais plus mes veines, ma tête. » L'homme a été condamné à vingt ans de prison (*20 minutes*, 25/01/10).

À Villemomble (Seine-Saint-Denis), en avril 2012, une jeune femme de 17 ans est retrouvée carbonisée dans un pavillon. Pas moins de 17 Pakistanais sont interpellés sur place. Le tort de la jeune femme ? Avoir voulu se séparer d'un compagnon violent (*Le Figaro*, 23/04/12).

Le pompon est décroché par un père de famille de 29 ans, à Mantes-la-Jolie en juillet 2012. Sa femme lui révèle qu'elle a été violée. Estimant qu'elle est désormais impure, son époux la frappe à l'aide d'une ceinture, « avant de l'achever en lui défonçant le crâne », sous les yeux de ses quatre enfants (*Le Point*, 24/07/12).

À Aix en septembre 2012, Samir, en situation irrégulière, est jugé pour avoir tabassé « pendant quinze minutes » sa compagne Islam, 18 ans, au motif qu'elle l'aurait trompé. « Sur les terribles photos du visage détruit, on observe la trace des semelles de chaussures de Samir. » Un mois de coma pour la « salope », dont Samir assure que « si elle s'en sort », il s'en occupera « personnellement » (*La Provence*, 11/09/12).

Qu'est-ce qu'une *susceptibilité religieuse* ?

En mars 2012 à Lyon, deux hommes sont condamnés à cinq et trois ans de prison pour l'agression d'un homme dérogeant au ramadan. Le Sénégalais a été surpris par ses agresseurs dans un restaurant, en train de fumer. Frappé à coups de pieds dans la tête, le malheureux restera lourdement handicapé mental (*20 minutes*, 19/03/12).

Le ramadan n'adoucit pas toujours les mœurs. Les échauffourées de fin de jeûne ne sont pas rares. Ainsi, en 2009 au Pontet, des affrontements entre Turcs et Maghrébins font un mort et quatre blessés. Un Capverdien, qui tentait de s'interposer, a été tué d'un coup de couteau. Selon le maire, « le ton est monté, c'est le ramadan, il fait chaud, ils se sont énervés » (*Nord Éclair*, 7/09/09). À Montluçon en août 2011, des « jeunes » affrontent la police pendant deux heures. Petit chantage à la violence en prime : « C'est le ramadan. Tous les soirs c'est festif et on fait un peu de bruit. Si on avait une salle pour se réunir en soirée, il n'y aurait pas ces problèmes » (*La Montagne*, 24/08/11).

Autre coutume, l'excision. En juin 2012, des parents guinéens étaient jugés dans la Nièvre pour l'excision de leurs quatre filles. Pour de telles mutilations, ils risquaient 15 ans de prison. Le procureur en a requis 8, le couple a finalement été condamné à 4 ans, dont 2 avec sursis, c'est-à-dire à un 1 an avec les remises de peine (*Le Figaro*, 1/06/12). Donc à rien du tout puisque sous le seuil de 2 ans de prison ferme, comme nous le verrons, les peines sont aménagées.

Le port du voile représente lui aussi une nouveauté. En novembre 2012 à Roubaix, une jeune femme qui refusait d'enlever sa burqa, qui a agressé des policiers, qui n'a pas pris d'avocat, qui a boudé son audience, a été condamnée à 6 mois de sursis et 100 euros d'amende. Si vous êtes flashé à 51 km/h dans un village, sans burqa ni contestation, vous vous en tirez pour 10 euros de moins. En outre, les policiers sont ravis d'apprendre que leur agression a été évaluée à 1 euro de dommages et intérêts... 90 fois moins qu'un km/h de trop (France Info, 30/10/12).

À Marseille en juillet 2012, le contrôle d'identité d'une femme vêtue d'un voile intégral a « mal tourné ». La contrevenante se met à hurler pour rameuter des curieux. Certains d'entre eux s'en prennent aux forces de l'ordre. Deux policiers sont blessés, un troisième est mordu à la main par la femme voilée. Quatre personnes seront interpellées. Les autorités les ont relâchées « car elles redoutent des troubles manifestes à l'ordre public », explique un policier (*Le Point*, 25/07/12). Diplomatie toujours... Nuls Muiznieks, Commissaire aux droits de l'Homme du Conseil de l'Europe, a récemment demandé aux États de « renoncer aux lois et mesures visant spécialement les musulmans » parce qu'elles « renforcent leur exclusion sociale » (*Le Figaro,* 24/07/12). Ce qui ne saurait être le cas du voile intégral.

Savez-vous ce qu'est un *trafic exotique* ?

« Plusieurs centaines de kilos de viande d'antilope, de pangolin, de singe ou de crocodile ont été découverts dans les valises de passagers arrivant d'Afrique par un vol matinal. » « L'opération de la douane a duré quatre heures, dans un climat tendu qui a nécessité l'intervention de la police. D'après les premiers éléments de l'enquête, ces viandes de brousse, cachées au fond des sacs et des valises de certains passagers, étaient notamment destinées au marché africain du quartier Château-Rouge à Paris » (*Le Parisien*, 23/10/12). En mai 2011, près de deux tonnes d'aliments exotiques étaient saisies par les policiers dans les bagages de neuf personnes (AFP, 25/05/11). En 2009, selon une équipe de chercheurs français, cambodgiens et britanniques, la viande de brousse transitant illégalement par le seul aéroport Paris-Charles De Gaulle, notamment des trompes d'éléphants fumées, était estimée à 5 tonnes par semaine (*BBC*, 17/06/10).

Plus classique, la *séance vaudou qui dégénère.*

En octobre 2010, dans les Yvelines, onze personnes se défenestrent du deuxième étage de leur immeuble. Treize individus se trouvaient dans l'apparemment. Dans la nuit, un enfant se met à pleurer. Un homme nu se lève pour le nourrir. En le voyant, sa femme hurle « c'est le diable ! ». La belle-sœur blesse alors « le diable » avec un couteau. L'homme est expulsé de l'appartement. Il tente alors de revenir, alimentant le délire mystique général : « Doux Jésus, Agnès, ne les écoute pas ! Je t'en supplie ! Ils sont en train de te tromper ! » hurle-t-il en tentant de rentrer. En proie à la panique, le groupe se rue par la fenêtre pour le fuir. Les secours relèvent sept adultes, trois enfants et un bébé de quatre mois, qui ne survivra pas. « Outre l'homme qui a été confondu avec le diable, âgé de 30 ans, un deuxième homme a été interpellé. Il se serait défenestré avec une fillette de deux ans dans les bras avant de se réfugier dans un buisson à deux pâtés de maison pendant plusieurs heures. Selon une policière, il hurlait : « Je devais me défendre, je devais me défendre ! » Les policiers, qui ont fouillé le logement, n'ont pas découvert de substances hallucinogènes » (*Le Figaro*, 23/10/10).

En septembre 2012 à Grenoble, un homme de 71 ans, accusé de séquestration et de viol, explique au tribunal qu'il ne peut pas être coupable parce que son ex l'avait ensorcelé pour le rendre impuissant, et que de toute façon Allah est au courant (*Le Dauphiné Libéré*, 12/09/12).

À Avignon en juin 2012, un certain Zaher a été condamné à 15 mois de prison ferme pour avoir attaqué et blessé (estafilade de 20 centimètres) un homme à coups de machette (*La Provence*, 13/07/12). Avec le même ustensile, un individu a fait très fort, en août 2012 à Melesse. Il tue sa compagne, blesse gravement un couple de voisins, incendie deux maisons, prend sa voiture et provoque un accident mortel. Encore à coups de machette, il blesse gravement deux agriculteurs qui venaient à son secours, avant de fuir en voiture et de provoquer un nouvel accident. Il est finalement interpellé et hospitalisé (*Ouest-France*, 3/08/12).

Qu'est-ce qu'un *quartier défavorisé* ? C'est, un peu comme les gens « connus des services », un lieu qui fait de grands efforts pour le devenir. À Saint-Denis, tout le monde connait Mahmed Abderrahmen, le courageux gérant d'un commerce du quartier du Franc-Moison. En 2007 et 2008, Mahmed fait les gros titres, suite à deux violentes agressions filmées par ses caméras de vidéo-surveillance, notamment à coups de batte de baseball. Frappé et blessé par une vingtaine de « jeunes » parce qu'il refuse de céder au racket, c'est-à-dire de distribuer ses provisions à ceux qui l'exigent. Le magasin est cambriolé en juin 2010, le braqueur libéré la semaine suivante. « La police a fait beaucoup d'efforts, mais la justice est trop gentille. Les voyous n'ont aucun respect pour la France. On n'est pas en France, on est chez eux. » En septembre 2010, devant les ruines incendiées de son supermarché, Mahmed rend les armes : « Les voyous ont gagné. On a tout perdu. Maintenant c'est fini. Le magasin n'ouvrira plus. C'est dommage pour la population et les gens honnêtes. Je n'ai pas voulu baisser les bras... » (Europe 1, 8/09/10).

Les bus, les écoles, les services, les commissariats de quartier, les commerces quels qu'ils soient sont les proies des dégradations et des incendies. Souvent, ce sont aussi les immeubles, parfois après la propagation d'un traditionnel feu de poubelles. Forcément, de nombreux immeubles sont vétustes : les propriétaires ne sont pas là pour payer indéfiniment les dégâts de Messieurs les défavorisés. Ce ne sont pas des mécènes du logement, pas plus que les commerçants ne sont des casques bleus. Dans ces conditions, respecter la loi est quasiment impossible. Résultat : les collectivités gèrent elles-mêmes l'habitat, de plus en plus. Ce qui ne résout rien : ces dernières années, des dizaines d'incendies volontaires ont causé des centaines de décès, particulièrement dans les banlieues « sensibles ». En novembre 2010, un foyer de migrants s'embrase à Dijon. Sept morts et plus de 130 blessés. En janvier 2011, deux incendies criminels font quatre morts à Paris. Quelques mois plus tard, alors que se tient un procès pour un incendie criminel dans un immeuble abritant 30 adultes et 100 enfants, ayant causé la mort de 17 personnes dont 14 enfants (49 morts en quatre mois en 2005), un violent incendie se déclenche dans l'immeuble sur-occupé d'une cité du XXe. cinq morts, 57 blessés. Une semaine plus tard, deux personnes périssent dans un incendie à Saint-Ouen en Seine-Saint-Denis. En septembre 2011, à Pantin, un squat s'embrase : six personnes parmi les 30 migrants qui y vivent meurent asphyxiées.

Bien évidemment, si certaines grandes entreprises y trouvent leur main-d'œuvre, la plupart des commerçants fuient. Quand ils s'efforcent de rester, ils sont persécutés, et pas seulement par les voyous. En février 2011, une femme dépose plainte pour discrimination contre le Super-U de Mesnil-le-Roi dans les Yvelines. Le magasin refusait les chèques en provenance des zones sensibles. Le directeur affirme avoir perdu des milliers d'euros en chèques impayés (*Le Parisien*, 2/02/11). L'homme, qui sera poursuivi, n'a plus qu'à interdire les chèques pour tout le monde.

Nous reviendrons plus longuement sur le cas des banlieues. Pour l'heure, terminons notre glossaire. Après les émeutes d'Amiens en août 2012, les médias affirment comme un seul homme que la ville est « sous le choc ». À en croire les journalistes, tout le monde est tout le temps sous le choc, le choc d'une réalité inadmissible. Les Japonais après un tsunami, les riverains après un incendie, les amis de DSK après le Sofitel… Cette dévaluation sémantique de tout et n'importe quoi n'est pas anodine. Elle permet de mélanger catastrophes naturelles et violences ordinaires, dans l'intention de nous convaincre que les unes sont aussi inéluctables et hasardeuses que les autres.

Qu'est-ce qu'un *trouble-fête* ? Ça va de l'aviné qui fait du bruit sous vos fenêtres, à ceux qui découpent des Vélibs à la scie à métaux, qui font flamber des Auto-lib (six d'un coup à Créteil en avril 2012, selon *Le Parisien* du 6/04/12), quand ils ne pourrissent pas les rassemblements festifs en distribuant des grands coups de vivre-ensemble à cinq doigts. Pour les Auto-lib, on ne sait pas, mais en ce qui concerne le tapage nocturne, la mairie de Paris a choisi la réponse forte, en mandatant des mimes et des clowns (si, si) pour « attirer poétiquement les fêtards dans un univers silencieux » (20 *minutes*, 26/03/12). Ce sera ensuite aux urgentistes de ramener les clowns dans l'univers moins poétique de la réalité.

En attendant les clowns, ce sont les « correspondants de nuits » (« médiateurs » de proximité) qui goûtent à l'humour citoyen des « jeunes ». En juin 2012 à Paris, deux d'entre eux sont sauvagement agressés par des « jeunes » qui vaquaient à leurs occupations, c'est-à-dire se battaient à propos d'une partie de football. Bilan de la médiation : nez cassé et côtes fracturées (*Le Parisien*, 1/07/12).

Parmi les faits divers, il y a aussi l'inexplicable, qui peut intervenir absolument partout en France. Le *coup de folie*. En pleine tuerie de Toulouse, en mars 2012, un homme massacre une adolescente d'une quarantaine de coups de couteau, dans des toilettes publiques près de Nantes. Elle est retrouvée quelques instants plus tard dans une mare de sang, dénudée, le corps désarticulé, le crâne fracassé sur la cuvette des toilettes. Marion avait 14 ans. Un peu plus tard, le tueur poignarde un promeneur au cou. Ce dernier est dans un état critique. Enfin, il pénètre chez un retraité et tente de l'étrangler, avant d'être surpris par un voisin. L'homme tient alors des propos incohérents, évoquant Jésus et expliquant qu'il doit « partir tout à l'heure ». L'individu est finalement interpellé, géolocalisé grâce au téléphone qu'il avait dérobé à sa première victime (*Le Parisien*). Cet Angolais, réfugié politique depuis 2005, était sous le coup d'un mandat d'arrêt pour s'être « débarrassé de son bracelet de surveillance électronique ». Il avait été condamné en 2009 à huit mois de prison avec sursis et en 2010 à cinq mois de prison ferme. Il portait son bracelet de surveillance, visiblement à toute épreuve, depuis février 2011 (*Ouest-France*, 20/03/12).

L'ultra-violence ne s'arrête pas aux êtres humains. Qu'est-ce qu'un *acte de cruauté envers un animal domestique* ? En juin 2010, un homme de 22 ans, domicilié à Guise, est condamné à six mois de prison pour avoir attaché son dalmatien à la boule d'attelage de son véhicule, avant de le trainer sur plusieurs kilomètres d'une route départementale, jusqu'à ce que mort s'ensuive (*L'Union*, 16/06/10).

En mars 2012, un homme est condamné à 2 ans de prison à Arras, pour avoir torturé et égorgé son Jack Russell. L'individu avait jeté le chiot contre un mur, lui brisant la patte. Il a ensuite conduit l'animal chez le vétérinaire, mais la facture s'avérant trop salée, il l'a ramené chez lui pour l'égorger dans la baignoire, sans oublier de récupérer sa puce d'identification. Suite à quoi il a chargé sa femme de se débarrasser du cadavre, sur un parking de supermarché. En outre, l'homme était poursuivi pour violences, notamment envers sa concubine et ses trois enfants (*Nord Éclair*, 6/03/12). Lorsque les animaux étaient identifiés par un tatouage dans l'oreille, il n'était pas rare de retrouver des chiens abandonnés à l'oreille sectionnée.

Mais ces actes restent marginaux, comparés aux violences entre humains. Chez toutes les espèces vivantes, l'agression interne, dirigée contre d'autres membres de la même espèce, est de loin la plus répandue. Certains des nôtres ne vivent que pour ça, en particulier sous l'effet exaltant du groupe. Qu'est-ce qu'un *affrontement mettant aux prises des communautés* ?

Mars 2012 à Vaulx-en-Velin, la présence de Roms près d'une cité déclenche des violences. Après divers vols commis chez les riverains, des « jeunes de type maghrébin » attaquent le squat de Roms. « On reviendra vous brûler demain », lance l'un d'eux. Le lendemain, les Roms s'arment de barres de fer. Les agresseurs jettent des cocktails Molotov et des pierres. La police a dû mettre en place un dispositif pour sécuriser le squat (*Lyon Capitale*, 12/03/12).

En 2005 à Perpignan, le meurtre de Mohamed par des Gitans déclenche de violents affrontements communautaires. La crise s'aggrave lorsque Driss, un autre maghrébin, est assassiné par balles. Les protagonistes « armés jusqu'aux dents » (*Libération*, 25/05/05) offrent des images de guerre civile. Chaque camp dénombre plusieurs blessés à l'arme blanche et par balles. Les Maghrébins accusent notamment le maire de favoriser les Gitans pour des motifs électoraux. Béziers, Montbéliard, Sedan, Hellemmes, Tarbes, Audincourt... Les affrontements mettant aux prises les gens du voyage à d'autres groupes ne sont pas rares. En septembre 2011 à Mulhouse, des Tchétchènes et des « jeunes » s'affrontent, en plein centre-ville. Coups de couteaux, coups de feu, on dénombre dix blessés, dont sept policiers (*Le Parisien*, 10/09/11). En octobre 2011, ce sont cette fois des Turcs et des Kurdes qui en décousent, suite à une manifestation ayant « dégénéré » place de la Bastille (*Le Parisien*, 30/10/11).

Parfois, on a affaire à des clans improbables. Ainsi, à Quimper, ce sont les Outlaws et les Hells Angels, deux gangs de bikers, qui se sont affrontés avec de nombreuses armes en mars 2012 (*Le Télégramme*, 14/03/12). Les prétextes aux affrontements peuvent être sportifs. En juin 2012 à Roubaix, un Portugais de 42 ans a été tabassé à mort, alors qu'il célébrait la victoire de son équipe, en plein Euro de football (*Nord Éclair*, 26/06/12). On peut aussi s'affronter sur le terrain. Un exemple parmi cent autres : en novembre 2010, l'équipe des « Marocains de Châlons » reçoit celle de Rocroi. Suite à une faute, les joueurs de Rocroi sont agressés par l'équipe adverse et par de nombreux spectateurs. Les Ardennais, violemment tabassés, doivent se réfugier dans leurs vestiaires. Un supporter venu en béquilles est jeté au sol. « Ils lui ont sauté sur les genoux », explique l'entraineur. La plupart des ardennais s'en tirent avec des fractures et des hématomes. Sept d'entre eux ont dû être hospitalisés (*L'Union,* 30/11/10). Qu'est-ce qu'une « embrouille sans conséquences » ? Selon *Le Dauphiné Libéré* (14/08/12), ce sont ces footballeurs qui s'affrontent, en août 2012, à coups de « battes de baseball, de poings américains et de machettes ». Une équipe de joueurs camerounais contre une équipe de joueurs angolais. À Grenoble. En France, il me semble.

Bien entendu, tout ceci est très spontané. Pourtant, la plupart des affrontements massifs qui ont lieu entre quartiers, sur les boulevards, dans les gares, les métros, sont le fait de *bandes rivales* organisées, qui se donnent rendez-vous pour en découdre. Dans l'indifférence médiatique et politique, chaque mois recèle son lot de guérilla urbaine.

- Janvier 2011, Villeneuve-sur-Lot. Un affrontement de plusieurs heures entre bandes, à coups de barres de fer, de battes de baseball et d'armes blanches, se solde par la mort d'un jeune de 19 ans, touché par plusieurs coups de couteau. Deux autres individus sont blessés (*Sud Ouest,* 29/01/11).
- Février 2011, Audincourt. Après un match de football local, une centaine d'individus armés de battes de baseball, de barres de fer et de haches s'affrontent. Violemment tabassé, un jeune perd son œil. La ville de 15000 habitants, pourtant habituée à ces bagarres, est, selon la formule consacrée, *sous le choc* (*Le Parisien,* 8/02/11). Le même mois, deux personnes sont blessées par balles lors d'un affrontement entre bandes rivales à Salon-de-Provence (*Le Dauphiné Libéré,* 4/02/11).
- Mars 2011, à Gennevilliers et Asnières, après la mort d'un adolescent, les affrontements entre bandes rivales se multiplient. Un jeune a notamment été poignardé à coups de tournevis. Certains portent des armes blanches et des armes à feu. 200 policiers sont déployés, un couvre-feu a été instauré par

les mairies. Pour expliquer ces événements, l'UNSA police regrette un « manque de dialogue » et parle d'une guerre de territoire dans le cadre du trafic de stupéfiants (*L'Express*, 17/03/11). Le même mois à Évry, 27 personnes sont interpellées suite à une violente rixe entre bandes rivales des Tarterêts, des Épinettes et des Pyramides (*Le Parisien*, 9/03/11).

- Avril 2011, toujours à Évry. Une bagarre oppose deux bandes de quartiers rivaux en plein commissariat. Les jeunes des Pyramides venaient déposer plainte pour vol de vélo quand ils sont tombés nez-à-nez avec ceux des Tarterêts. Des renforts policiers ont été appelés de tout le département pour les séparer (*Le Parisien*, 27/04/11).
- Mai 2011. Deux bandes s'affrontent à Nogent-l'Artaud avec des manches de pioches et des battes de baseball. Un jeune est sauvé de la noyade de justesse par l'intervention d'un gendarme. Il s'était jeté dans la Marne pour échapper à ses agresseurs (*L'Union*, 2/05/11). Le même mois à Angers, trente à quarante « jeunes » investissent une boîte de nuit. Au cours de la violente bagarre qui s'en suit, un jeune angevin est volontairement percuté par une voiture, à deux reprises (*Ouest-France*, 22/05/11). Toujours en mai, une violente bagarre oppose deux bandes à Mulhouse. Un homme est blessé par un coup de feu (*DNA*, 25/05/11).
- Juin 2011. Sainte-Geneviève-des-Bois. Quarante jeunes s'affrontent, faisant deux blessés. Un policier a été frappé. On parle cependant de « légères échauffourées » (*Le Parisien*, 6/06/11).
- Juillet 2011. Castres. La caserne du 8e RPIMA est attaquée par une trentaine de personnes, armées de pistolet à grenailles, de gaz lacrymogène et de matraques (*La Dépêche*, 1/07/11). À l'occasion de la fête nationale, 545 individus sont interpellés dans Paris et sa petite couronne. Dans le XIXe, des

affrontements ont opposé « jeunes » et CRS pendant trois heures (*Nouvel Obs*, 15/07/11).
- Août 2011. Orléans. Trois jeunes sont blessés, dont deux par des coups de fusil de chasse, lors d'affrontements entre bandes rivales, dans un quartier « plutôt calme » (*AFP*, 30/08/11). Etc.

Une fois encore, la couverture de la presse est très loin d'être exhaustive. En janvier et février 2011, les forces de l'ordre ont comptabilisé 77 affrontements de ce genre entre bandes rivales. En 2010, l'ONDRP a recensé 397 faits de ce genre, en hausse de 15 % par rapport à 2009.

L'évitement par la population « classique » de certains quartiers est de notoriété publique. Les habitués parlent de zones qui « craignent » comme d'une fatalité, en trouvant ça parfaitement normal que des pans entiers du territoire soient mis en coupe réglée par des trafiquants et criminels. Devant cette explosion de l'ultra-violence, les tueurs en série français, qui se sont multipliés dans les années 80 et 90, passent désormais au second plan, alors même qu'on estime qu'ils sont quelques dizaines « en activité » en particulier dans le nord-est de la France (Vézard). Aujourd'hui, on parle essentiellement de groupes ou de *bandes*. Qu'est-ce qu'une *bande* ? Selon les analystes, dont le métier est essentiellement d'élaborer la novlangue, une bande « est un groupe d'au minimum trois personnes dont la structure peut varier, qui comprend au moins un noyau stable de membres qui se considèrent ou sont considérés par les membres occasionnels comme étant une bande ». Officiellement, les autorités en dénombrent 313 en 2011 (607 en 2010), pour 331 affrontements violents recensés, la plupart du temps sur la voie publique et avec des armes. Qui compose ces bandes ? Des jeunes. Qui sont ces jeunes ? Des membres des bandes. Les bandes sont un *phénomène*, comme il y a un phénomène des marées. Comprenez, un fait inéluctable. Et ça a toujours existé et ce n'est pas la peine de chercher à le comprendre. Ou alors, si vous y tenez vraiment, dites-vous qu'elles sont le produit de l'exclusion. Jusqu'où peuvent-elles aller ? En juin 2012, pas moins de 200 individus ont assiégé le commissariat de Digne-les-Bains. Les policiers ont eu la drôle d'idée d'interpeller des « jeunes » qui leur jetaient des bouteilles. Retranchés dans le bâtiment en tenues anti-émeutes, les fonctionnaires ont usé de grenades lacrymogènes pour se dégager. Deux d'entre eux ont été blessés (*Le Figaro*, 22/06/12). L'exclusion, ça creuse.

Sans parler de la banlieue, Paris intra-muros est le théâtre de nombreux affrontements. 65 bandes y sont recensées en 2009 (*Le Figaro*, 17/10/09). D'abord cantonnés au nord parisien, les champs de bataille ne manquent pas : Gare du Nord, la Défense, rue du Commerce, Châtelet-les-Halles et bien sûr les métros et les abords des écoles... En avril 2009, à proximité de la gare de Lyon, une « rencontre fortuite » entre bandes rivales fait un mort et deux blessés graves à coups de couteaux (*Libération*, 14/04/09). Chaque événement devient prétexte à des tabassages et des rixes (manifestations, festivités, techno parade, feu d'artifice, match de football, etc.). En 2011, l'Île-de-France concentrait plus de 70 % des violences opposant des bandes, selon l'ONDRP. Lors des manifestations contre la réforme du CPE en 2006, les « petits blancs » qui organisent des « happenings pacifistes » et des « performances culturelles » sont malmenés par des bandes de « jeunes », en particulier sur l'Esplanade des Invalides, où une parisienne a été frappée et traînée au sol par des voyous encapuchonnés. De nombreux autres passants furent la cible des bandes. Les clichés de ces violences, publiés dans Paris Match, ont fait frissonner jusqu'aux socialistes. Quelque 175 « casseurs » ont été interpellés.

Lors de la techno parade 2010, placée sous le signe du « mieux vivre-ensemble », « des hordes d'individus encapuchonnés dont beaucoup de grands ados d'origine africaine » se mêlent à la foule. 200 « individus à risque » sont dénombrés par les policiers. Plusieurs participants sont volés et tabassés. Devant la foule, une horde de « jeunes » arrache les vêtements d'une jeune femme et l'agresse sexuellement. 38 interpellations (*Le Figaro,* 26/09/10). Il faut aller sur Internet pour voir ces images. Officiellement, la fête s'est déroulée « sans aucun incident » (Préfecture de police). À l'exception notable du Figaro, c'est aussi la version de tous les médias. En 2009, la thématique de la techno parade était « la diversité et la mixité sociale ». L'événement a été « violemment perturbé par des bandes organisées », à tel point qu'il a été écourté d'une heure (*Le Monde,* 25/09/09). Déjà, le quotidien parlait d'une « grande discrétion autour de ces incidents ». Le magasine Electrocult, dont les journalistes étaient sur place, ne s'embarrasse pas d'euphémisme et évoque carrément des « émeutes ».

En juin 2011, comme un avertissement solennel, plus de 20000 chinois ont manifesté à Paris pour protester contre l'insécurité croissante (*France Soir,* 19/06/11). Du jamais vu en France. Le fait que cette communauté discrète exige une réaction des pouvoirs publics pour la protéger des nombreuses exactions dont elle est l'objet est loin d'être anodin. Le syndicat de police Alliance a reconnu une « importante augmentation des violences contre des personnes appartenant à la communauté chinoise », une brigade spéciale ayant même été créée pour la sécuriser à Belleville (France 24, 20/06/11). Le soir même de la manifestation, six passants dont cinq chinois ont été agressés dans les environs (vols et violences). Le 29 mai, un employé de restaurant était lynché pour avoir filmé une agression dont il fut témoin. L'homme a été plongé dans le coma, sous assistance respiratoire (*Metro,* 19/06/11).

En juin 2010, une manifestation plus improvisée avait réuni 8500 chinois à Belleville. Elle a été marquée par de violents incidents, ce qui est, encore une fois, rarissime de la part de cette communauté ; qui n'est du reste jamais défendue par les antiracistes professionnels. Durant les défilés, les Chinois dénoncent le laxisme judiciaire et mettent clairement en cause « les Arabes et les Noirs » (*Libération,* 21/06/11).

Un mot enfin sur la violence psychologique, profondément destructrice elle aussi, et rarement condamnée à sa juste mesure. Celle qui consiste à s'en prendre aux gens par le biais de leurs animaux de compagnie, par exemple, ou de tout ce qui leur est cher. Début mars 2012, Roger Brioult, un collectionneur de 95 ans, se fait voler la toute dernière 2CV sortie des usines Citroën, en 1988. Un véhicule inestimable. On pense alors à un collectionneur zélé. Quelques jours plus tard, la 2CV est retrouvée incendiée. Le passionné Roger Brioult, « abasourdi par ce vol », ne s'en remettra pas : il meurt le 24 mars (*Ouest-France,* 28/04/12).

Voilà quelques éléments très partiels de l'insécurité qui tenaille notre pays. Ces quelques mots sont loin de retranscrire la situation dans toute sa hideur. Détourner le regard ne suffit plus, les gens veulent des réponses. Et de plus en plus d'élus veulent savoir ce qu'il est possible de faire au juste pour endiguer ces phénomènes ultraviolents, à tel point que le maire de Sevran (EELV) demandait en juin 2011 l'aide des casques bleus pour lutter contre les gangs qui tiennent sa ville (*Le Figaro,* 2/06/11), avant d'entamer un an plus tard une grève de la faim devant l'Assemblée nationale (*Le Figaro,* 10/11/12), à tel point que le maire (PS) des 15e et 16e arrondissements de Marseille demandait en août 2012 le concours de l'armée pour combattre les trafiquants et les meurtriers (*Le Point*, 30/08/12).

Le refus idéologique de comprendre la violence condamne les sociologues aux anxiolytiques, réduits qu'ils sont à enchaîner les aberrations théoriques pour justifier ce dérangeant *décalage* entre ce qu'ils croient et ce qu'ils voient.

8

AUX SOURCES DU MAL

Pourquoi ne faut-il pas frapper les femmes ? La réponse est aussi catégorique qu'énigmatique : *parce que ce n'est pas bien.* Cette évidence n'en est pas une pour tout le monde, puisqu'elle est régulièrement rappelée par les médias et par la loi. Pour la simple raison que les concepts de bien et de mal, d'utile et de nuisible, de permis et d'interdit, sont loin d'être aussi clairs chez l'homme que chez le loup, par exemple. Un loup ne s'en prend pas aux louves : c'est une règle intangible. « Ne pas frapper les femmes », ce n'est pas une décision consciente, l'aboutissement d'une réflexion philosophique ou religieuse. C'est une inhibition biologique commune à de nombreuses espèces, que nous nommons « morale ». Pourquoi ne pas les frapper ? Tout simplement parce que ce sont les femelles qui choisissent les mâles (sélection sexuelle) dans l'intérêt évolutif de l'espèce toute entière. Les mâles doivent faire en sorte d'être choisis sur des critères biologiquement rassurants (leur force, leur beauté, leur santé, leur pouvoir, leurs ressources, leur aptitude à séduire, etc.). L'option « taper sur la femelle » n'est pas évolutivement stable. Donc elle n'existe pas.

Aucun instinct n'est infaillible, il suffit de voir les femmes que choisissent certains pour s'en convaincre. L'interdiction biologique de frapper les femmes – y compris les moches – n'est pas infaillible, elle non plus. Et pour cause, comme les grands singes, l'homme est tribal depuis des millions d'années. Le mode de vie tribal ne permet pas à un original de forcer la main à une femelle et de la tabasser discrètement, sans s'attirer les foudres du groupe. En revanche, l'anonymat de la société et sa garantie territoriale individuelle (la vie privée), en particulier dans une grande ville, le permet. Notre programme biologique n'a pas anticipé l'anonymat de la grande ville. On appelle ça un « mismatch ». Aujourd'hui, à peu près tout le monde convient – du moins publiquement – que frapper une femme est un acte déshonorant et odieux. À moins bien sûr, selon les cultures, que ladite femelle ne se soit rendue coupable d'on ne sait quelle odieuse faute grave, comme adresser la parole à quelqu'un.

La violence est-elle fondamentalement mauvaise ? Assimiler la violence de l'homme qui bat sa femme à l'agressivité naturelle des individus est une erreur. Décréter qu'une civilisation est mauvaise parce que violente en est une autre. Notre civilisation a été violente, et a même battu des records en la matière, en raison de sa démographie et de sa technologie. Encore un mismatch.

Toutes les civilisations sont violentes, et tous les animaux sont violents, y compris les bonobos, que l'on présente encore sous les traits mythiques d'une espèce pacifiste résolvant tous ses conflits par le sexe. D'abord, est-ce vraiment ce que l'on souhaite, même si l'on est un pacifiste bas de plafond ? Tripoter le sexe de son patron quand une réunion tourne mal ? Éviter des contraventions en proposant une fellation à l'agent ? Transformer un débat animé en partouze obligatoire ? Ça ne va pas arranger le dégoût des Français pour les élections… Ensuite, le mythe ne résiste pas à l'étude : les bonobos sont violents, comme toutes les espèces vivantes. Et l'être humain n'est pas le dernier. Il faut être bien mal renseigné et bien peu observateur pour penser qu'il devrait en être autrement, simplement parce que « nous sommes en France au XXIe siècle ».

Nous sommes violents parce que nos gènes sont programmés pour se défendre et s'imposer. Ils ont été sélectionnés pour ça par l'évolution. Sans cette « compétitivité », nous n'existerions pas. Un homme qui refuse de séduire et qui se désintéresse de ses enfants risque de voir ses gènes disparaître. Il doit se battre pour défendre son environnement, ses attributs de séduction, ses conquêtes, ses enfants, assurant ainsi à ses gènes les meilleures chances de survie. L'évolution a donc sélectionné les hommes aimants et agressifs.

Comme l'a montré le biologiste Dawkins, ce sont nos gènes égoïstes qui commandent, et qui nous manipulent selon leurs intérêts. Nous ne sommes que leurs véhicules. « La poule n'est que le moyen qu'un œuf a trouvé pour faire un autre œuf », disait Samuel Butler. Nous ne sommes que le moyen que nos gènes ont trouvé pour faire d'autres gènes. Or, nos proches portent partiellement les mêmes gènes que nous, d'où l'existence d'un puissant altruisme familial, corrélé au degré de parentèle (on défendra d'abord nos parents et nos enfants, puis nos cousins, etc.). De plus, c'est avec des gens « génomiquement » proches qu'un accouplement nous sera le plus favorable, car nos gènes réplicateurs luttent d'abord pour leur stabilité. Statistiquement, les femmes rejettent les partenaires trop proches (dépression consanguine) et trop éloignés (dépression hybride).

Tout cela explique que les hommes se battent entre eux, pour un tas de raisons, presque toutes liées au pouvoir. Par exemple, les femmes, un terrain, des concepts. Mais imaginez que les hommes soient trop agressifs, et que chaque affrontement se solde par la mort d'un des protagonistes. Voilà qui mettrait en danger la survie de notre espèce, donc de nos gènes égoïstes. Il fallait donc brider la machine, trouver un point d'équilibre. La morale, ce n'est pas autre chose que la rétention de l'agressivité, pour éviter de massacrer les siens, ce qui ne serait évolutivement pas pertinent.

La violence entre rivaux n'est donc *normalement* pas mortelle, chez toutes les espèces animales, y compris la nôtre. C'est encore le cas chez les animaux, parce qu'ils n'ont pas de Kalachnikovs. La technologie est un magnifique mismatch. On peut tuer des tas de gens sans se salir les mains, donc en passant outre notre inhibition morale.

Il a donc fallu s'adapter, et devenir raisonnable. Réprimer le meurtre, par exemple, en édictant des règles. Ce qui a permis de détourner l'agressivité collective contre ceux qui ne les respectaient pas.

Le mal est un concept partagé par toutes les ethnies de la terre. Pendant des millions d'années, le mal n'avait rien à voir avec la violence. Et c'est encore le cas pour beaucoup de peuples. Le mal, c'est un danger. Un prédateur, le froid, l'inconnu, le feu... Comme les gènes, le mal dépasse l'individu. Pour un homme, le mal est aussi ce qui nuit à sa famille (sa parentèle) puis à son groupe élargi, qui représente des intérêts communs avec sa parentèle (Hamilton & Price).

Si quelqu'un nuit à la société, alors la société dira qu'il est mauvais. De son côté, le « mauvais » estimera sans doute que c'est la société qui est mauvaise. Personne n'a raison. Ou plutôt tout le monde a raison, car les intérêts particuliers et ceux de la société s'opposent. Les gènes sont égoïstes, la société se veut altruiste. Mais théoriquement, grâce à ce trésor nommé intelligence, même les individus égoïstes sont aptes à comprendre leur intérêt à s'investir dans une société altruiste. Ces intérêts se nomment par exemple sécurité, santé, justice : tout ce qui touche au principe de subsidiarité... Les gens plus intelligents le comprennent, et collaborent plus que les autres (Jones, 2008). En revanche, les particuliers bornés, qui ne comprennent pas le sens de l'intérêt général, ne sont pas adaptés à leur société, ils la parasitent.

Tant que le mal était lié à une réalité biologique, tout allait très bien. Par exemple, un tueur en série, c'est mal, tout le monde est d'accord : ça nous menace, ça menace nos proches, ça menace la cohésion sociale. Le problème, c'est que le concept de mal est devenu une morale *indépendante* de la réalité. Aujourd'hui, certains prétendent que la compétition est une « mauvaise » chose, alors qu'elle est la base de notre programme biologique.

D'où vient cette morale hors-sol ?

Les premières morales sont cohérentes avec nos interdictions biologiques. L'interdiction de tuer son prochain, est la formulation d'une inhibition biologique. Il était à l'époque parfaitement admis que l'on pouvait tuer un criminel, ou un ennemi. En revanche, au sein du groupe, les humains n'ont pas attendu Moïse pour respecter ses commandements.

Et puis, des idées nouvelles ont émergé. Les hommes seraient égaux. Les puissants seraient donc des coupables, les faibles des victimes. C'est la morale des faibles, dont parlait Nietzsche, qui a renversé la morale biologique. Cette nouvelle morale étant basée sur l'envie, elle n'a pas manqué de partisans...

Les possédants sont devenus mauvais, coupables de renforcer les inégalités. La seule bonne morale est égalitaire. Le seul mal est d'y être opposé. En 1939-45, le mal s'est même fait un nom.

Hitler est devenu l'épouvantail officiel de la morale dominante. Si vous n'êtes pas d'accord, vous êtes un nazi.

Le bien est l'exact inverse du mal. En Occident, c'est aujourd'hui l'idéal égalitaire, progressiste, socialiste, ses droits de l'Homme, sa démocratie, sa république, son pacifisme, son humanisme, son humanitarisme, son aide aux personnes, sa compréhension, son ouverture à l'autre, sa tolérance.

L'affranchissement de la réalité par la morale bouleverse toute analyse sérieuse de la violence. Après son massacre, on s'est par exemple demandé si Breivik, le tueur de masse Norvégien, « l'incarnation du mal », était responsable ou non de ses actes. Et on a d'abord décidé que non. On l'a décidé tout simplement parce que sa morale était trop éloignée de la norme actuelle. Il ne pouvait donc pas être « normal ». En réalité, Breivik ne souffre d'aucun trouble mental, il est pleinement responsable de ses actes. Son cerveau n'est sans doute pas différent de nos cerveaux. Une contre-expertise l'a d'ailleurs « guéri », en le déclarant pleinement responsable. Le procureur a requis l'enfermement psychiatrique, le tribunal l'a finalement déclaré sain d'esprit et envoyé en prison pour 21 ans, peine théoriquement maximale, qui pourra être prolongée à loisir. La France n'a pas l'apanage du manque de clarté judiciaire : en Norvège, on prétend que la perpétuité n'existe pas alors qu'elle existe. En France, on prétend qu'elle existe alors qu'elle n'existe pas. Comprenne qui pourra.

Les atermoiements autour du cas Breivik illustrent à merveille les difficultés auxquelles se heurte la morale hors-sol, qui a décidé que la violence ne devait pas faire partie de la vie et que seuls les sociologues agréés par le CSA avaient le droit de l'expliquer.

Comment est-il possible de nous écarter à ce point de notre route ?

Parce que la société exigeait de nous des efforts *culturels*. Bien se tenir à table. Ne pas tuer son voisin. À partir du moment où des efforts culturels peuvent infléchir un programme biologique, tout est permis. Tout ? Non. Si vous décidez de ne pas tuer votre voisin et que lui n'en fait pas autant, vous serez rapidement ennuyé. La morale égalitaire, elle, étale les ennuis dans le temps. Ils ne se manifestent pas tout de suite.

Nous sommes dans une large mesure programmés pour agir. Pour survivre, par exemple. Mais nous avons aussi notre libre-arbitre, qui nous permet de nous opposer à notre programme, de nous inventer une morale, ou de nous suicider.

Pour les progressistes, la violence est mauvaise parce qu'elle empêche les gens de se faire des bisous tous ensemble. En revanche, la violence des malheureux n'est pas mauvaise : elle n'est que le cri d'une injustice. Ils sont exclus, victimes des inégalités, donc ils ont raison d'être en colère. On peut le comprendre. Ce que les progressistes ne comprennent pas, entre autres choses, c'est que s'il est bon de tempérer son agressivité, il est dangereux de la supprimer, ou de la réserver aux parasites.

En 1977, l'éthologue et prix Nobel Konrad Lorenz formalise la théorie de l'agression. De la bactérie à l'homme, toute forme de vie est agressive, puisqu'elle doit s'imposer sur son environnement. Nous dépendons de notre environnement : il nous faut de l'air, de l'eau, de la nourriture. Nous devons les acquérir, les maîtriser et les défendre. Les meilleurs à ce jeu-là transmettent leurs gènes de meilleurs. Les faibles sont éliminés.

L'agressivité n'est pas une option : si trop d'individus se partagent un territoire et ses ressources, le groupe doit rejeter certains d'entre eux (les faibles), pour retrouver un équilibre viable. Quand il est question de survie, prouver son utilité ou sa gentillesse ne suffit jamais, il faut savoir se défendre. Pour s'offrir le luxe d'être pacifiste ou tolérant, il faut être certain d'avoir le meilleur arsenal.

L'agressivité est une clé de l'évolution, parce qu'elle pousse à la *séparation d'entités semblables.* Il y a quelques millions d'années, les ours bruns les plus forts ont repoussé certains des leurs vers les régions peu hospitalières du grand nord. Ceux-là s'y sont adaptés, ou ont péri. Les survivants ont évolué séparément et sont devenus des ours blancs, une nouvelle espèce. Toutes les espèces naissent de cette manière, plus ou moins rapidement et incidemment.

À l'intérieur des espèces, le comportement des individus et des groupes s'équilibre entre un programme attractif (nécessité reproductive et nécessité de groupe – on n'existe pas sans lui –) et un programme répulsif (agressivité).

Sans l'agressivité et la compétition, l'évolution de la bactérie vers quantité d'espèces complexes n'aurait pu avoir lieu. D'où l'invraisemblable diversité des espèces végétales et animales.

Toute famille, groupe, clan, horde, tribu, tend à repousser les individus jugés inadaptés ou dangereux. Les individus chassés peuvent être les mâles vaincus, les blessés, faibles, ou rejetés pour des raisons qui nous échappent. Les rejetés forment ou rejoignent à leur tour un nouveau clan. Et ainsi de suite. Les clans les plus forts (les mieux adaptés à leur environnement) triomphent et repoussent les autres à l'extérieur de leur territoire, ce qui enclenche un processus d'évolution séparée, puis de spéciation : les deux groupes deviennent deux espèces, et finissent par ne plus pouvoir s'hybrider. C'est ainsi que des mammifères sont devenus des dauphins quand d'autres devenaient des primates, ou restaient des rongeurs.

Pour créer cette *diversité*, l'agressivité *entre membres d'une même espèce* est nécessaire. Pour que se poursuive ce processus qui maximise les chances de la vie, la sélection naturelle privilégie les caractéristiques agressives, territoriales et conquérantes des espèces. L'homme n'échappe pas à cette règle. Quoiqu'en disent les moralistes, l'agressivité est normale. Essentielle.

Comme l'écrivait Kaczynski, la haine est moralement condamnable, pourtant nous en éprouvons tous régulièrement à l'encontre de certains de nos semblables. Les prétextes culturels que se donnent les hommes pour justifier leurs guerres (religion, distraction, paix, droits de l'Homme...) n'ont aucune importance, l'important est de constater et d'admettre que l'homme est fait pour se battre. Sa violence n'est pas un choix, elle est un impératif.

Selon Lorenz, pour permettre la construction d'une société, l'agressivité doit être mise en commun, et détournée vers l'extérieur. Par exemple, contre un autre couple, une autre famille, un autre groupe, une autre tribu, une autre communauté, une autre ville, une autre nation, une autre société, une autre équipe de football.

Savez-vous ce qu'est un bouc émissaire ? Ce n'est pas uniquement un prétexte pour culpabiliser les Occidentaux, lorsqu'ils sont électoralement de mauvaise humeur. Le bouc émissaire est essentiel à la construction identitaire. Nous avons tous un bouc émissaire, voire plusieurs. Les groupes de bonobos aussi ont toujours un bouc émissaire, un souffre-douleur, qui, tel un paratonnerre, concentre l'agressivité du groupe et participe de sa cohésion. Le bouc émissaire est le premier pas vers la naissance d'un autre groupe, l'autre groupe est le premier pas vers la naissance d'une autre espèce.

À la lecture de tels propos, vous pensez peut-être que la délinquance et la criminalité se justifient. Pourtant, l'agressivité dont nous venons de parler n'a rien à voir avec la délinquance. Il s'agit d'une violence normale, bénéfique au groupe et à la société, car une forme de vie *gentille* n'a pas d'avenir. Il y a la violence sociale, celle qui s'en prend aux nuisibles, et la violence antisociale, celle des nuisibles. Le nuisible, c'est celui qui ne respecte pas les règles auxquelles tout le monde s'astreint.

Si la morale dominante décrète que la violence sociale est fasciste et qu'il faut la réserver aux nuisibles, comme pour compenser leur malheur, alors l'agressivité devient dangereuse.

Une société telle que la nation française est un groupe stable, compétitif, un équilibre subtil entre la trop petite tribu et l'impossible universalisme. Son morcellement serait fatal, elle doit donc veiller à ne pas laisser la délinquance et le crime proliférer, puisqu'ils sont annonciateurs de communautarisation, et pas forcément ethnique. Maintenir la cohésion nationale est un combat de tous les instants. Rien n'est jamais acquis.

La délinquance et le crime sont inévitables. Ce qui est évitable, c'est de les laisser devenir payants et non-risqués, donc de les laisser se développer au point de menacer la société toute entière.

Qui sont les malfaiteurs ? Sont-ils des gens prédisposés ?

À titre individuel, les taux élevés de testostérone et bas de sérotonine sont héritables et corrélés à la violence. L'influence des taux de testostérone élevés sur les violeurs violents ou récidivistes a été pointée par plusieurs études (Rada, Laws & Kellner, 1976 ; Giltay & Gooren, 2009) que n'ont pas lues nos juges, qui relâchent des individus dangereux sans traitement approprié. Certains individus naissent avec moins d'empathie que la moyenne. Normalement, ils tempèrent leur agressivité par nécessité sociale, ou par peur des sanctions. Avant d'être pris en main par les adultes, les enfants sont agressifs et peu empathiques. Ils se soumettront aux règles sociales. De force, pour les plus teigneux. Laissez des enfants se partager un gâteau sans parts découpées, vous comprendrez.

L'agressivité est innée, et n'a pas besoin d'élément déclencheur. Pour les moralistes, l'exclusion conduirait à l'agressivité. Reposant sur le fameux principe de *table rase*, cette croyance qui justifie tous les comportements inappropriés a été érigée en principe d'éducation : dans un environnement sans violence, sans règles, sans privation, sans autorité, les enfants ne devaient jamais développer le moindre mécanisme d'agressivité. Échec : ils devinrent spontanément très agressifs envers leurs parents, leurs congénères et leurs professeurs. Cette agressivité perdurera tant que les idéologues impliqués refuseront de revenir sur le postulat qui en est à l'origine. Si elle ne rencontre pas son maître, l'agressivité n'a pas de limites. « L'enfant est une sorte de nain vicieux, d'une cruauté innée, chez qui se retrouvent immédiatement les pires traits de l'espèce, et dont les animaux domestiques se détournent avec une sage prudence », écrivait Houellebecq. Il en est ainsi, tout simplement parce que la société n'a pas encore dévié leur agressivité naturelle. La « méchanceté » des enfants, à l'encontre de leurs congénères ou des animaux, plus ou moins élaborée, est aisément observable, dans les cours de récréation, lorsqu'ils jouent entre eux ou encore en fouillant dans nos propres souvenirs.

Les malfaiteurs sont, pour beaucoup, des adultes sans éducation. Leur agressivité n'est pas construite par l'éducation : cette dernière ne peut que la tempérer. L'alcool en revanche la décuple, parce qu'il inhibe l'appréhension des conséquences de nos actes. Les meurtres impliquant l'alcool sont nombreux (69 %, selon Mathé, 2008). L'alcool représente en outre plus de la moitié des accidents mortels. Pour bien comprendre son potentiel désinhibant sur des imbéciles ordinaires, rien de tel qu'un bon exemple. En novembre 2009 à Cambrai, un quinquagénaire est retrouvé mort dans son appartement. Un couple avec lequel il passait la soirée est interpellé. La victime présente de si atroces mutilations que les enquêteurs pensent d'abord que le rottweiler de ses « amis » y est pour quelque chose. En réalité, ce n'est pas le cas. Didier a eu le sexe tranché, posé sur la table. Son ventre est ouvert de bas en haut, des organes ont été sortis du corps. Son visage est mutilé, ses yeux sont arrachés. Il a été égorgé et scalpé. Durant son supplice, *Didier était encore en vie.* Selon l'autopsie, il est mort de ses hémorragies.

Les voisins étaient sous l'emprise de l'alcool, tout comme la victime et le meurtrier, qui dit ne se souvenir de rien. Sa compagne a assisté aux faits, sans réagir. L'enquête montrera que les protagonistes avaient acheté force bouteilles pour fêter la réception de leur RSA, une habitude bien connue des personnels hospitaliers et des policiers. « Tout le monde était fortement alcoolisé, même les témoins et les voisins, ce qui n'a pas facilité les débuts de l'enquête », a expliqué un policier à la presse. Le rottweiler, seul élément sobre de l'affaire, a été mis hors de cause (*Nord Éclair*, 7/11/09). Soyons clairs : l'alcool n'est que le fortifiant du criminel. Un individu normalement constitué, même alcoolisé, ne coupe pas le sexe de ses amis.

◆◆

La criminalité *collective* nous intéresse tout particulièrement, puisqu'elle est l'essentiel de l'insécurité. Cette criminalité obéit à une logique de groupe. Mais ce groupe n'est pas la société. Pourquoi ? Parce qu'il n'a pas le même degré d'adaptation et de socialisation. Mais il n'est pas question de processus de séparation, parce que la République est une et indivisible.

Donc ce groupe est prié de rentrer dans le rang. Mais ce n'est pas chose aisée. Bien au-delà d'une simple incompréhension résorbable, les membres de ce groupe ont une morale différente de celle des autres membres de la société. Pour les uns, le vol est normal, pour les autres il est anormal.

La dualité morale séparant le groupe de la société est semblable à celle qui oppose deux tribus adverses. « Tu ne tueras pas les membres de ta bande, mais tu peux tuer tous les autres », résumait l'anthropologue Margaret Mead. Notons au passage que tous les groupes ayant refusé la violence ont disparu. Nous sommes le produit de millénaires de violence triomphante.

Revenons à notre groupe violent. Quel est-il ? Comment se forme-t-il au sein d'une société « domestiquée », c'est-à-dire ayant appris à dévier ou canaliser sa violence ? Les individus violents ne sont pas forcément des violents prédisposés : ce sont d'abord des asociaux prédisposés.

Dans les tribus animales et primitives, la violence créé une hiérarchie. Le patron, c'est le plus fort. Dans les sociétés développées, la hiérarchie a évolué vers une domination différente. Le pouvoir est devenu l'autorité, la réussite, la compétition, la rhétorique, le statut, ou quantité d'autres choses. Le pouvoir se recherche désormais par de nombreuses activités de substitution. Les gens normalement socialisés font carrière, s'investissent dans des associations, construisent des maquettes, ou encore écrivent des livres.

Seulement voilà, tout le monde ne joue pas le jeu. C'est le cas des groupes ou des individus qui ne s'adaptent pas à la société, pour une raison ou pour une autre, et qui cultivent la violence antisociale. Cette violence est une forme de hiérarchie. Les sous-socialisés sont dans la compétition violente, ne voient pas et ne veulent pas voir – c'est aussi leur identité – d'autres moyens d'imposer leur domination. La violence moderne résulte essentiellement de l'agressivité territoriale qu'éprouvent certains parce qu'ils se pensent sur leur territoire. C'est une domination animale : « baisse les yeux, donne ceci, fais cela. » C'est une tribu primitive au sein d'une société développée. Certains essayent bien de mettre les primitifs aux maquettes ou à la littérature, mais ça ne prend pas.

Précisons que ces groupes sous-socialisés, d'où proviennent la plupart des malfaiteurs, sont aussi ceux qui abritent la plupart des victimes. Mais les citoyens normalement adaptés et socialisés font aussi les frais des comportements violents. Or, pour des raisons morales – égalitaires –, la société – l'institution légitime – ne fait pas ce qu'il faut pour les en préserver, et par-dessus le marché les prive de tout moyen de défense, en les criminalisant et en les culpabilisant. Au fil du temps, la morale publique a confisqué la violence naturelle des citoyens, mais pas celle des groupes violents. Les gens n'ont plus le droit de se défendre, et ils ne le font pas, parce ce que ce n'est pas bien, et parce qu'ils sont légalistes. Domestiqués.

La situation donne une illusion de toute puissance aux asociaux. En revanche, l'impuissance des citoyens « normaux » est bien réelle. Ils sont au bas de la hiérarchie violente imposée par les malfaiteurs, nourrie par le laxisme, cette hiérarchie de la soumission et du « respect », qui offre un statut enviable à ceux qui s'illustrent par leurs infractions, c'est-à-dire dans une forme de compétition antisociale. Le « respect » et la « tolérance » que l'on exige des citoyens ou des policiers ne sont rien moins que l'acte de soumission illégitime des gens honnêtes envers les voyous. Or, la soumission statutaire est spontanée et se mérite ; ce sont les règles de notre société. Mais ces règles sont-elles encore défendues par la morale publique ?

7

ÊTES-VOUS NORMALEMENT SOCIALISÉ ?

Prenez-vous souvent le métro ? En général, les usagers ont l'air de se rendre à un enterrement. C'est de la concentration. Avec une telle promiscuité, ils font des efforts considérables pour ne pas s'entre-massacrer. Bonder des ascenseurs ou des rames de métro, c'est l'aboutissement de la civilisation. Les usagers sont parfaitement socialisés, ou domestiqués si vous préférez. Tous ? Non. Si vous êtes un usager occasionnel, vous l'aurez remarqué. Il n'est pas rare, dans le métro, de tomber sur des groupes de rhinocéros bruyants et agités, qui imposent leur musique présumée et qui frappent ceux qui les regardent ou qui n'ont pas de cigarette.

Les rhinocéros sont des gens sous-socialisés. Ils ne sont pas dans la même logique morale que nous. Leur groupe à eux, ce n'est pas la société. C'est le troupeau de rhinocéros. Les rhinocéros ne conçoivent pas la société comme un tout dont ils font partie. La société leur doit éventuellement des choses, parce qu'ils croient les mériter, ou parce qu'ils croient être les plus forts. Mais eux ne doivent rien à la société. Ils n'ont de comptes à rendre qu'à à leur groupe de rhinocéros hiérarchisé par la violence.

Le groupe de rhinocéros n'a ni la même morale, ni le même degré de civilisation que notre société. De son point de vue, les « autres », hippopotames ou zèbres, n'ont aucune utilité, en dehors de celle de faciliter le plan de carrière des rhinocéros à l'intérieur de leur groupe. Parce que frapper ou voler un hippopotame, pour un rhinocéros, offre un statut.

Les sous-socialisés ont intégré la notion de bénéfice que la société procure, mais refusent la *réciprocité* qu'elle exige. Le terme « parasite » est approprié : ils prolifèrent au détriment de la société, et n'ont d'avantage éventuel que celui de constituer un groupe bouc émissaire, contre lequel les « normaux » dévieront leur agressivité et renforceront leur cohésion. Théoriquement, les sociétés s'efforcent de combattre et de limiter les sous-socialisés. Ce n'est pas le cas des sociétés progressistes, qui, pour une sombre affaire de morale hors-sol, préfèrent culpabiliser la société que responsabiliser les sous-socialisés.

De cette morale découlent assistanat et culture de l'excuse. On leur donne tout, ils ne doivent rien. Des personnes normalement socialisées seraient gênées par un tel traitement de faveur : les rhinocéros se précipitent avidement sur tout ce qu'on leur donne.

Bien entendu, les gens peuvent être sous-socialisés sans pour autant devenir des rhinocéros. Disons que les rhinocéros ne se multiplient qu'en contexte de sous-socialisation importante. Un rhinocéros n'éprouve aucune gêne à vivre aux crochets d'un autre groupe, ni à commettre des actes délictueux contre ce dernier. Son empathie, il la garde pour les siens. Comme leur taux de natalité est fort et qu'on les bombarde d'aides sociales, ces groupes s'accroissent mécaniquement. Notre société est devenue une machine à fabriquer des rhinocéros, puisque les pauvres « honnêtes » perdent l'avantage de leur honnêteté.

L'honnêteté n'apporte rien, et même moins que rien : elle est méprisée par les rhinocéros... et par les hippopotames moralistes.

Du fait de leur accroissement, les sous-socialisés deviennent politiquement incontournables, parce qu'ils votent massivement, pour leur père Noël, ou plutôt pour leur mère État, mère État qui va les gaver davantage, pour qu'ils la réélisent à nouveau... Et ainsi de suite.

Notre civilisation tient à peu de choses. Il suffit d'une poignée de sous-socialisés sans aucun sens des convenances pour mettre une rame de métro sens dessus dessous.

◆◆

Pour subsister, une société doit réguler sa violence, par des lois. La violence trouve donc refuge dans la clandestinité, n'attendant qu'un relâchement des autorités pour éclater. Loubards, apaches, blousons noirs, jeunes, tous sont des rhinocéros. Il y a plusieurs espèces. Ce qui les différencie ? Leur nombre, leur constituant et leur imagination. Leur violence diffère avec le contexte. Si certains sont plus violents que d'autres, c'est parce que cette violence leur rapporte plus qu'elle ne leur coûte.

Quel est l'acte le plus fondamentalement sous-social ? Le vol. Le vol est le baromètre de la violence. En 1950, on en recense officiellement 187 500. En 1975, 1 233 000. En 1985, on en dénombre 2 302 000 (Roché). Le vol prolifère pour les mêmes raisons que la violence : il s'agit de conquérir un pouvoir statutaire (de caïd) aux dépens de victimes qui sont issues d'un autre groupe (les hippopotames ou les zèbres). Mais contrairement à la violence brute, le vol a aussi pour finalité le pouvoir matériel. Un voleur gagne à la fois le respect de ses pairs *et* le produit de son vol.

Tout se paye et rien n'est gratuit. C'est un principe fondamental de la physique, et accessoirement de la vie en société. L'obtention d'un bien, d'un statut, d'une propriété ou même d'un ami, relève d'une volonté fondamentale de possession, comme l'animal veut posséder son territoire et éventuellement sa ou ses femelles. Pour éviter des affrontements continus, la société a imposé des règles, et canalise le désir de possession en le rendant multiple et artificiel. Par exemple, de nombreuses personnes éprouvent une gratification – démesurée – en entrant en possession d'un téléphone.

La finalité de la possession est reproductive, puisque les femmes sélectionnent les hommes de pouvoir (donc les mieux adaptés à leur environnement). Le pouvoir offre le consentement d'un grand nombre de femmes de premier choix, auxquelles l'homme de pouvoir associe son patrimoine génétique. Et tout le monde est content : la femme, l'homme et leurs gènes égoïstes.

Tous les hommes de pouvoir s'assurent donc les faveurs de belles femmes (la beauté est corrélée à l'intelligence et au « bon état général » du génome), tant qu'à faire en grand nombre : ils ont des harems, une cour, des maîtresses. Les chefs de guerre réduisaient les femmes de leurs ennemis en esclaves sexuelles, en se réservant au passage les plus désirables. Le viol de guerre est un moyen de transmission massive du capital génétique. Ainsi, on estime que 0,5 % du total mondial des hommes (8 % d'une partie de l'Asie) descend de Gengis Khan (Zerjal, 2003). Le viol de conquête est très différent du viol « classique ». On prétend souvent que nos ancêtres sont le fruit d'un métissage radieux : il serait plus approprié de parler de viol de masse. Les plus forts (donc les plus adaptés) gagnent les guerres. En prenant les femmes des tribus conquises, ils répandent leurs gènes parmi les autres groupes. Et donc leur génome favorable. Les loosers disparaissent gènes et âmes.

Au sein d'une tribu, le viol est rarissime : les femmes choisissent les mâles. Mais elles choisissent aussi les mâles de pouvoir. Sans une telle sélection, le patrimoine génétique des plus adaptés ne se répandrait pas. Le groupe n'évoluerait pas, donc ne s'adapterait pas, ne gagnerait pas les guerres et immanquablement disparaitrait. Nous reviendrons sur la question du viol. Retenons pour l'instant que les hommes doivent, 1. être les meilleurs, 2. gagner les guerres.

◆◆

Être le meilleur, c'est avoir le pouvoir. Compte tenu de l'importance de l'enjeu, les règles régissant la possession sont quasi-sacrées, qu'elles soient territoriales (propriété), maritales (fidélité) ou entrepreneuriales (liberté). Pour *obtenir* quelque chose, il faut payer. Donc travailler, accomplir un processus. La notion de mérite est essentielle. Un homme qui vole commet un « court-circuit ». Un acte de délinquance est une « gratification non-méritée », pour reprendre les termes de l'éthologue Gérard Zwang.

Pour combattre les tricheurs, il n'y a qu'un moyen : les faire payer. Le vol est universellement combattu. Il résulte d'un simple calcul ; si le risque encouru est négligeable par rapport à son bénéfice potentiel, le rhinocéros n'hésitera pas. En revanche, s'il est certain d'être pris et puni durement pour un insignifiant écart, le rhinocéros hésitera. Et, s'il est suffisamment persécuté, il finira peut-être par se dire que son statut de rhinocéros, finalement, n'est pas si bénéfique que ça. Et il se coupera la corne et rentrera dans le rang des hippopotames.

La caractéristique principale des rhinocéros est leur incapacité à appréhender les conséquences de leurs actes. Céder à la tentation du court-circuit, c'est leur spécialité. Ignorant la nécessité du désir dans le processus de gratification, ils misent tout sur le plaisir immédiat, ce qui les conduit à augmenter les doses (c'est ce que le biologiste Dawkins nommait les « idées virus ») : consommation de drogue, alcoolisme, boulimie, vol, viol, meurtres en série, etc.

Le vol est un moyen lucratif de passer outre son absence de mérite. Loi salique, code Justinien, code des délits et des peines, code Napoléon, Code pénal… tous les textes de lois condamnent le vol et en fixent le prix. Il ne s'agit pas de *réparer*, mais bien de *punir*, pour marquer le tricheur, pour lui rendre la triche préjudiciable, pour l'extraire de cette société dans laquelle il se cache. Le tricheur est désigné et rejeté. Oui, on *stigmatisait* à l'époque.

Le Code pénal actuel, rédigé en 1992, a durci les peines prévues pour les délits et les crimes. Et pourtant, leur application n'a jamais été aussi laxiste. Un viol est théoriquement sanctionné par cinq ans de prison. C'est-à-dire deux ans et demi avec les remises de peine, en réalité quelques mois une fois la peine « aménagée ». Ça dissuade. Ça dissuade surtout les victimes de porter plainte.

L'homme qui a violé cinq fillettes dans plusieurs campings ardéchois en août 2012 avait déjà été condamné pour agression sexuelle à un an de prison avec sursis en 2000. Il s'était déshabillé, avait jeté une fille au sol et lui avait arraché ses vêtements, avant d'être dérangé et de prendre la fuite (LCI, 12/08/12). Il avait été condamné à *un an de prison avec sursis.*

Comment la société en est-elle arrivée à défendre ses ennemis contre elle-même ?

À l'opposé des sous-socialisés, les sur-socialisés mènent une véritable compétition morale : c'est à qui ira le plus loin dans l'excuse des premiers. Certains hippopotames hauts placés sont en effet les premiers défenseurs des rhinocéros. Parce que ces hippopotames, qui vivent dans les beaux quartiers avec des revenus confortables, pensent qu'il faut que les riches (pas eux, ceux d'au-dessus) partagent leurs richesses, leurs possessions, leurs maisons et éventuellement leurs femmes avec les rhinocéros.

Dans le chapitre précédent, nous expliquions que le pouvoir se recherchait par des activités de substitution. Comment ça marche ? Il s'agit d'un système de désir-gratification. Par exemple : le désir de manger une trompe d'éléphant fumée, puis le plaisir de la manger. C'est inné et spontané. L'appétence devenue critique déclenche l'action. À un certain seuil de faim, on se décide à manger. Il peut s'agir d'une appétence sexuelle, ou d'une volonté de pouvoir. Dans ce dernier cas, l'homme civilisé ne cherche plus à dominer par la violence brute. Pourtant, ses désirs de domination demeurent. Comment les satisfaire ? En se créant des objectifs de substitution plus ou moins complexes comme réussir sa carrière, réaliser une performance sportive ou écrire un livre.

L'individu sait qu'il tirera une gratification de l'achèvement du processus, mais aussi du processus lui-même. Les chasseurs chassent d'abord pour le plaisir de chasser, pas pour le plaisir de tuer. Une gratification se ressent physiquement et mentalement (motivation, bien-être ou satiété). Il s'agit d'accomplir une mission. La notion de mérite (importance des efforts déployés) est cruciale dans la volonté de puissance : plus le mérite est grand, plus la satisfaction est grande. Les désirs et les gratifications sont les gardiens du temple génétique, puisqu'ils nous interdisent d'oublier notre nature et notre programme :

nous nourrir, nous défendre, nous reproduire, nous imposer… En outre, nous leur devons tout sentiment de plaisir.

L'homme doit d'abord survivre. Puis il doit se reproduire. Ces deux activités étant liées au pouvoir, dont la recherche est le principal moteur de l'homme.

C'est ici que notre morale hors-sol revient au grand galop. Rappelons que tout ce qui se fait sur terre sans sa bénédiction est d'inspiration hitlérienne. Toute recherche de pouvoir qui ne ferait pas allégeance à la morale est donc assimilable au mal absolu. Mieux : la morale en soi est une activité de substitution. Combien de personnes ne doivent leur statut qu'à leur morale égalitaire ? Combien d'associatifs, de militants, de journalistes ?

La compétition morale est la seule quête de pouvoir autorisée. Avoir du pouvoir, c'est avoir une bonne morale. BHL a davantage de pouvoir qu'un ministre de l'Intérieur. Si vous ne faites pas allégeance à la morale dominante, vous êtes exclu du groupe et mis à l'écart de toute compétition statutaire. Cette sélection sociale a remplacé la sélection naturelle.

Il vaut mieux posséder une bonne morale que n'importe quoi d'autre. Depuis la guerre, toute autre forme de compétition est rejetée. Nous devons être humanistes, pacifistes. Nous devons renoncer à la puissance, parce que nous sommes petits. À peine « 1 % de la population mondiale », comme disait Giscard, en oubliant que ce 1 %, ce fut aussi Athènes. La morale est devenue l'enjeu d'une compétition interne à notre groupe. Les Français se battent entre eux pour en faire plus, toujours plus. Il faut aimer les faibles, mais aussi détester les forts. Celui qui a une bonne morale hait tout symbole de réussite. Il hait son patrimoine, il hait son pays, il se hait lui-même. Il est *coupable*, et une vie de dévouement consacrée à l'Autre ne lui suffira pas pour expier sa honte d'exister.

Cette compétition se traduit par la volonté pathologique des dominants actuels (médias, juges, enseignants, universitaires, artistes, politiques...) de briser toute hiérarchie non-morale, d'organiser une immigration massive – l'Autre étant le carburant essentiel de leur compétition morale – de criminaliser la méfiance et l'agressivité, de se livrer à un activisme humanitaire et pacifiste, de se lancer dès que possible dans de grands plaidoyers pour la tolérance tout en menaçant ceux qui pensent autrement.

C'est au nom de la compétition morale moderne que l'on encense les rhinocéros, qui concourent eux dans une compétition violente, archaïque. C'est leur moyen d'accéder au pouvoir. Ils n'ont aucune raison de s'en détourner, sauf répression sévère. Mais la répression des malheureux rhinocéros, ce n'est pas une solution, disent nos ministres hippopotames, en l'occurrence éléphants.

L'hippopotame qui ira le plus loin dans la lutte contre sa nature et sa société sera le plus applaudi par les hiérarques moraux. Les pacifistes à la John Lennon le sont par compétition morale. Ils feignent de rejeter un commandement biologique (l'agression) en le substituant par son frère jumeau plus présentable (la compétition morale) alors que la finalité est la même : il s'agit de conquérir le pouvoir en s'imposant aux foules. Les pacifistes haïssent les bellicistes, parce qu'ils sont leurs concurrents, et même leurs ennemis puisqu'ils s'opposent à leur dogme moral. Peu de gens sont aussi haineux et intolérants que ceux qui jurent déborder d'amour et de tolérance, comme les islamistes, ou les gauchistes.

Les actions présentées comme « désintéressées » sont un miroir aux alouettes. L'altruisme au-delà du degré de parentèle est un égoïsme déguisé. Il est une expression de la compétition morale : je suis bon, j'aide les autres, on reconnaît que je suis bon, j'en tire un statut enviable, donc du pouvoir.

◆◆

Tout cela n'est pas sans poser un problème évolutif crucial, soulevé par Darwin en son temps : la sélection interne au groupe, sans rapport avec le milieu extérieur, peut nous mener à des voies évolutives sans issues. Les chiens domestiques ont été sélectionnés pour leur obéissance aveugle. Ils dépendent des humains et n'ont aucune chance de leur survivre.

Il est bien possible que nous n'ayons aucune chance de survivre à notre morale hors-sol. Celle-ci nous pousse à évoluer contre la réalité. À lutter contre les plus adaptés, contre la compétition, contre la société, contre le pouvoir, contre la hiérarchie, et à promouvoir les moins adaptés, au nom d'une égalité qui n'existe pas. L'évolution favorise la survie des mieux adaptés, la morale travaille à leur disparition. Est-ce une bonne idée ?

En contrée progressiste, la réussite est pour l'incapable une provocation. Qu'un riche soit dérobé par des « malheureux » est presque un juste retour des choses. Même chose pour le viol : cette femme était provocante. Elle l'a cherché. C'est une « chienne ». C'est ce que disent les jeunes, qui n'ont « pas conscience de leurs actes ». Pardonnez-leur, ils ne savent pas ce qu'ils font. En revanche, le salaud qui ose se défendre n'est pas censé ignorer ce qui l'attend. La défense de ses biens est interdite. René Galinier, retraité héraultais coupable d'avoir abattu sa cambrioleuse en 2010 n'a pas bénéficié de la *Castle doctrine*, en usage aux États-Unis. Mais c'est bien connu : les Américains sont des imbéciles. Quand on a une bonne morale à la Française, on ne se défend pas, Môssieur. On encense son bourreau.

En France, une femme qui résiste à son violeur est priée de ne pas le blesser, tout en se défendant quand même. La femme qui a l'outrecuidance de ne pas résister correctement, sous prétexte de paralysie émotionnelle, peut basculer du statut de victime à celui de trainée. Une certaine femme de chambre new-yorkaise en sait quelque chose.

Juillet 2011. À Avignon se tient le procès d'une trentaine d'individus âgés de 16 à 22 ans. Ils sont accusés de séquestration et de viol en réunion sur une mineure de moins de 14 ans. Le « cauchemar » de la victime, qui est exhibée, filmée et prostituée, dure un mois. Pour le psy, le viol est un « rite initiatique » de jeunes qui ne sont pas « armés pour anticiper la relation avec cette jeune fille ». Ils n'ont donc par perçu « la contrainte situationnelle ». La *contrainte situationnelle.* Ravalez votre vomi, ce n'est pas le meilleur : toujours selon le psy, la jeune fille a ressenti pendant son calvaire « une forme de plaisir affectif ». Elle a *aimé ça.*

Les violeurs ? Ils ne « présentent aucun risque de récidive ». Que demande le peuple ?

La destruction de la victime n'est pas terminée. Un avocat ira jusqu'à dire qu'elle « s'exprime avec son cul ». Une femme violée par une meute *s'exprime avec son cul.* A-t-on entendu à ce sujet la moindre réaction des féministes ? Cette affaire a-t-elle fait l'ouverture des journaux télévisés ? Personne n'en a entendu parler. Personne. Parce que la compétition morale a ses petites priorités. On a beau défendre les femmes, on défend d'abord les moins égaux. Les violeurs sont beaucoup moins égaux que les autres. Entendre la détresse des victimes n'intéresse personne. Dans la compétition morale, ça ne rapporte pas de points. Le verdict ? « Mesuré ». Comprenez, trois ans de prison au maximum, entre les sursis, les aménagements et les remises de peine (*Valeurs Actuelles*, 31/08/11).

Notre société se divise en deux catégories : ceux qui ne présentent aucun risque de récidive, et celles qui s'expriment avec leur cul. Il fut un temps où l'on parlait de coupables et de victimes. Le viol, c'est aussi un court-circuit. Le violeur ne respecte pas la règle de séduction, une des plus sacrées. Il ne « passe pas à la caisse » (Zwang). Ça n'implique pas de simples biens matériels, mais la possession d'un être humain. La négation de son pouvoir de sélection, de sa valeur. Au-delà de la sous-socialisation, le viol révèle une absence totale d'empathie envers la victime. « Ne pas avoir conscience » de ce qu'elle pense, c'est typique des comportements sous-adaptés. On ne sait pas ce qu'elles pensent et on s'en moque. Ce ne sont que des salopes d'hippopotames. Il ne faut pas s'étonner du fait qu'un seul violeur en réunion sur treize reconnaisse avoir « contraint » sa victime (Huerre). Il ne faut pas s'étonner que des individus rient de l'agonie de celle qu'ils percutent avec leur véhicule, en la regardant rendre son dernier souffle sur le trottoir, sans oublier d'insulter ceux qui tentent de lui venir en aide. Ce qui s'est passé à Paris en janvier 2010 (*Le Figaro*, 17/02/11). Pour de tels faits, Jean-Mécène Mathurin a pris quatre ans de prison.

Sans doute ne présentait-il aucun risque de récidive.

Seule la contrainte peut convertir de tels rhinocéros à notre mode de vie. Si nous persistons dans notre course à la morale, il nous restera trois solutions : nous convertir à leur mode de vie, nous séparer d'eux, ou croire avec les progressistes que tout se passera bien et contempler l'explosion de notre société, en tâchant de nous convaincre que nous assistons à quelque chose de moralement superbe.

Le vol, le viol et les violences ont toujours existé. « Le but est de maintenir le couvercle sur le crime », comme nous l'explique le criminologue Xavier Raufer. Qui maintient le couvercle ? La police. Mais nos policiers ont fort à faire, pris dans le feu croisé des rhinocéros et des hippopotames modernes qui tentent avec eux d'arracher le couvercle. Sans oublier les hippopotames vieux jeu qui en ont marre de toutes ces conneries.

6

ASSASSINS DE LA POLICE

Les policiers font-ils un travail de primate ? En quelque sorte. Selon une récente étude (Von Rohr et al.), la plupart des grands singes et certains macaques « feraient la police ». Concrètement, ils prennent des risques pour interrompre les bagarres de leurs congénères, la plupart du temps en s'interposant physiquement entre les protagonistes. Policier, le plus vieux métier du monde ? Ce comportement de stabilisation sociale s'est révélé si bénéfique que les premiers « policiers » ont été dispensés d'assurer d'autres fonctions essentielles, comme la chasse. On a entretenu et développé la police pour permettre l'essor de sociétés basées sur l'altruisme réciproque et la loi.

Article XII : « La garantie des droits de l'Homme et du Citoyen nécessite une force publique. » Les citoyens concèdent à la police des pouvoirs, et même un usage encadré de la violence, pour faire respecter à tous les mêmes règles du jeu. Plaît-il ? Des pouvoirs spéciaux ? Le monopole de la violence ? Tout ça sent le fascisme à plein nez. Comme il est entendu que nous vivons dans une société raciste et injuste, les flics sont forcément un peu – sinon beaucoup – responsables des dérapages criminogènes du « vivre-ensemble ».

Dimanche 27 novembre 2007, aux alentours de 17h. Sans casque, sur leur moto non-homologuée (trafiquée, sans freins ni éclairage) lancée à plein régime dans les rues de Villiers-le-Bel, Mohsin et Laramy connaissent l'ivresse de la vitesse. La seconde suivante, ils coupent une priorité à une voiture de police. Les deux adolescents sont tués par le choc.

Aussitôt, un attroupement se forme. Les « jeunes » s'en prennent aux policiers. Avec la candeur d'un aspirant casque bleu, un commissaire s'avance sans arme au devant de la foule hostile. Le fameux « dialogue » passe mal ; le commissaire est lynché comme un vulgaire caporal par une trentaine d'agresseurs, à coups de barres de fer. Côtes cassées, poumon perforé, nez brisé, arcade éclatée. « Il faut que des flics meurent ce soir ! » hurle un agresseur. Débutent de violentes émeutes, à Villiers-le-Bel, mais aussi à Sarcelles, Gonesse, Garges-lès-Gonesse, Cergy, Ermont et Goussainville. 81 tirs à l'arme à feu contre la police sont dénombrés. Sur le terrain, les fonctionnaires exposés aux tirs reçoivent l'ordre ministériel de ne pas répliquer, sacrifiant ainsi le principe de légitime défense, abandonnant à la rue le monopole de la violence. Au total, 150 policiers sont blessés, parfois par balles. Deux millions d'euros de dégâts pour les commerçants. Un colossal déploiement de forces évite aux événements de se prolonger, et surtout empêche leur contagion à d'autres départements.

L'enquête de l'IGPN, confirmée par une enquête judiciaire « indépendante », révélera que le véhicule de police circulait à 64 km/h, et celui des adolescents à 66 km/h. N'importe quel drame de ce type se produisant ailleurs que dans un « quartier sensible » (très émotif, Villiers-le-Bel) conduirait-il à une telle débauche de moyens publics (coût des dégâts, des interventions et des enquêtes) et à de si violents affrontements ?

Quelques mois plus tôt, un homme sans titre de transport était contrôlé par des agents de la RATP, à la Gare du Nord. Il s'avère que l'individu est un clandestin, dont le casier judiciaire affiche 22 délits. Comme souvent en pareil cas, l'homme résiste, hurle et rameute les curieux. En quelques minutes, un attroupement se forme. Vite menacés, les contrôleurs demandent des renforts. Des violences éclatent : contre les passants, le mobilier urbain, puis les policiers. Environ 200 individus présentés par la presse tantôt comme « marginaux » tantôt comme « jeunes » se déchaînent. Neuf d'entre eux sont interpellés. En pleine campagne présidentielle, les candidats ne peuvent échapper à ce fait divers. Les élections se sont jouées ce jour-là : Ségolène Royal (PS) estimant que « quelque chose s'est cassé entre la police et les citoyens », Nicolas Sarkozy (UMP), ministre de l'Intérieur de 2002 à 2004, puis de 2005 à 2007, mettant les événements sur le compte de « l'idéologie post soixante-huitarde » qui « tolère l'intolérable ». Un tel cas de figure ne se reproduira plus, puisque quelques mois après les faits, grâce au bienveillant Bertrand Delanoë, la gratuité du métro parisien a été assurée aux clandestins.

Le 27 octobre 2005, Zyed et Bouna, deux adolescents, tentent d'échapper à la police, comme ils l'ont vu faire tant de fois. Ils se réfugient dans un transformateur EDF et y sont mortellement électrocutés. Leur ville de Clichy-sous-Bois s'embrase. Les émeutes essaiment dans la plupart des banlieues françaises. Pendant trois semaines, jours et nuits, un énorme dispositif policier lutte contre un sentiment d'insécurité particulièrement virulent. Tirs à balles réelles, jets de cocktails Molotov. 10 000 véhicules sont incendiés, comme 300 bâtiments publics, écoles, locaux associatifs, autobus, etc. 200 millions d'euros de dégâts. Près de 3 000 émeutiers sont interpellés, 121 policiers et gendarmes sont blessés, et surtout, deux hommes sont tabassés à mort par les émeutiers.

Jean-Jacques le Chenadec et Jean-Claude Irvoas ont été tués par des *incivilités*, enterrés par l'oubli. Jean-Jacques le Chenadec a été frappé à la tête de plusieurs coups de pieds. Son agresseur, condamné à cinq ans de prison, est libre comme l'air. Sa veuve est terrorisée par les « jeunes ». Jean-Claude Irvoas a été roué de coups par quatre hommes devant sa femme et sa fille. Par peur des représailles, ces dernières seront reçues en secret par le Président de la République. Plutôt que de parler de ces victimes « collatérales », les médias français raillent les approximations géographiques de CNN ou glosent sur la misère des émeutiers. Durant les événements, l'état d'urgence a été décrété. Le gouvernement a même un temps envisagé d'instaurer la loi martiale.

Voilà trois exemples d'affaires d'une banalité à toute épreuve, qui dégénèrent dans des proportions invraisemblables pendant quelques heures, quelques jours ou quelques semaines. Des zones entières du territoire ont été ravagées, pillées, incendiées, placées sous la coupe de bandes armées, suffisamment organisées pour mener la vie dure aux forces de l'ordre, pourtant bien équipées, efficacement dirigées et très largement déployées.

Est-ce une nouveauté ? Non. Des émeutes urbaines ont éclaté dans plusieurs villes du Rhône en 1981. Puis à Vaulx-en-Velin en 1990, à Rouen en 1994, à Dammarie-les-Lys en 1997, à Thonon-les-Bains et à Vitry-sur-Seine en 2001. De tels « incidents » ont eu lieu partout en Europe, il n'y a qu'en France qu'ils sont si violents et réguliers. De nombreux observateurs, médiateurs, policiers, sociologues, avaient prédit de tels événements. Nombreux sont ceux qui les prédisent encore. En 2008, Vitry-le-François est à nouveau le théâtre de violences. Puis Firminy en 2009, Woippy et Grenoble en 2010, Grigny en 2011, Barbès, Neuilly-sur-Marne, Amiens et Toulouse en 2012. Mais on en parle le moins possible, parce que même si le pays brûle, il ne faut pas faire le jeu du Front national.

En août 2012 à Barbès, deux voleurs à la tire sont interpellés. Ils hurlent et rameutent les voyous des environs. De cinquante à cent personnes se regroupent et attaquent violemment les policiers à coups de manche de pioche, de bouteilles, de tables. Trois d'entre eux sont blessés. Leur voiture reçoit des « haltères et des pavés » (*Le Parisien*, 3/08/12). Le même mois, à Aix-en-Provence, un policier de la BAC a le visage fracturé par une bouteille de Champagne. Suite à quoi le syndicat Alliance affirmera officiellement que « les policiers craignent les agressions » (*Le Figaro*, 13/08/12).

La « France apaisée » de Hollande aura tenu un mois. En août 2012, les journaux télévisés font la Une sur de nouvelles émeutes, à Amiens. Suite à un contrôle policier, comme toujours, une centaine d'individus attaquent les fonctionnaires à l'arme à feu et même au mortier. Plusieurs bâtiments (dont une école et un gymnase) sont détruits par les flammes. 17 policiers sont blessés, aucun émeutier n'est blessé ni interpellé. Comme toujours, les journalistes n'y voient pas de quoi fouetter un chat. « Nuit agitée » pour *le Journal de Ham*, « Échauffourées » pour *Le Parisien*. « Heurts » pour BFM. Qui sont les émeutiers ? Des « jeunes gens, des riverains, des habitants du quartier ». Des « jeunes » ? Ce qualificatif unique devient comique, sous la plume de gens qui se vantent à longueur de colonnes de tout expliquer et de faire tomber tous les tabous.

L'origine des événements ? « La police nous provoque », affirme un délinquant au Point. Elle a visiblement tout à y gagner : à Amiens, les policiers se sont fait tirer dessus, ont relevé 17 blessés et n'ont interpellé personne.

Gouverner, c'est prévoir. Nos gouvernants ont-ils tout prévu ? Ont-ils imaginé une contagion avec complications dans nos 700 quartiers sensibles ? Acheter 95 millions de vaccins, c'est à la portée de nos gouvernants, mais lutter contre 2 millions d'émeutiers ? Le tout à doses homéopathiques, puisque François Hollande sera prêt à tout pour ne pas faire « moins bien » que Sarkozy, c'est-à-dire zéro bavure.

Mais ne prêchons pas le pire, pour l'instant, tout va bien : les émeutes sont localisées. Pendant les « incidents » d'Amiens, d'autres affrontements opposaient plusieurs « bandes de jeunes » du quartier du Mirail à Toulouse, avec échanges de coups de feu au programme. « Des tensions mais pas de psychoses », pour *La Dépêche* (14/08/12). Tout va bien, qu'on vous dit.

Selon le sociologue Didier Laperyonnie, « La police est perçue comme un corps étranger » (*Marianne*, 15/08/12). De *qui* les policiers sont-ils les étrangers ? On ne sait pas. On ne veut pas savoir. Circulez !

Parfois, même pas besoin de policier dans les parages pour que les choses dégénèrent. En mai 2012 à Massy, des échauffourées éclatent après la mort accidentelle de Mohamed, qui circulait sur une moto volée, sans permis, avec 1,08g d'alcool dans le sang. Ça ne peut pas être la faute de Mohamed, donc c'est forcément celle de la police. Elle n'était pas là, on va la faire venir. Guet-apens, mobilier urbain détruit, véhicules vandalisés... (*Le Parisien*, 25/05/12). En juin 2012, tragique de répétition : deux « jeunes » s'emplâtrent à nouveau dans un véhicule de la BAC, à Villiers-le-Bel. Panique. Le premier flic de France Manuel Valls s'empresse de se rendre au chevet d'un délinquant blessé, avant d'aller faire des courbettes républicaines devant sa famille. Les « jeunes » se montreront magnanimes : pas d'émeute pour cette fois. Pour l'anecdote, le rappeur local visité par Valls était recherché pour un vol avec violences commis la veille (*Le Figaro*, 10/06/12).

C'est passionnant, le métier de ministre de l'Intérieur. Si des convoyeurs de fonds sont attaqués, il faut aller voir l'amicale des convoyeurs de fonds. Si des Juifs sont attaqués, on va voir les Juifs. Si un délinquant a un accident de travail, on file prendre des nouvelles. Chirac serait fier. Quand une fusillade fait deux morts à Lille, deux simples civils, qui ont le malheur de n'appartenir ni à une corporation, ni à une association, ni à une religion bien défendue, ni même à la grande communauté des malfaiteurs, pas de Manuel Valls en vue. De qui est-il le ministre ? Ne soyons pas taquins, il a sans doute mieux à faire. En juin 2012, il a dû, à la demande expresse d'un camarade socialiste, rencontrer trois policiers pour leur demander des comptes à propos de leur méthode de travail. Le camarade de Valls les accusait de l'avoir « bousculé de manière disproportionnée » lors d'une manifestation (*Le Point*, 23/07/12). No pasaran ! Au pays des bisous, on ne bouscule pas les manifestants. Surtout s'ils sont socialistes.

◆◆

Les individus les plus prompts à fustiger les « amalgames » et la « logique de bouc-émissaire », politiciens, sociologues, experts, militants et caïds, n'hésitent pas à mettre tous ces « incidents » sur le dos de la police, puisqu'elle en est toujours partie prenante. Dans tous les cas, le point de départ des violences est la mort – souvent accidentelle – d'un « jeune », aussitôt vengé par sa cité. La police dérange tout le monde : elle trouble l'ordre des banlieues et, un comble, oblige les journalistes à en informer les citoyens.

Moult associations ou collectifs accusent la police de vexations, de provocations, de racisme. Évitons de parler de ce qui s'est passé à Grenoble en 2010, quand les cités se montrèrent violemment solidaires d'un truand abattu alors qu'il tirait sur la police à l'arme de guerre. L'État, si étiqueté « répressif » qu'il soit, fait tout pour apaiser la colère des « jeunes », quitte à la légitimer. Même le gouvernement de droite ne se contentait pas de suspecter la police : pour « faire toute la lumière » sur l'origine des incidents, des enquêtes impitoyables étaient diligentées par différents organismes (IGPN, parquet, police...), le but étant de montrer aux émeutiers qu'ils ont droit à infiniment plus d'égards que ces cons de citoyens ordinaires.

Il est intéressant d'observer que les familles des fauteurs de troubles font toujours bloc derrière eux, contre la police, avec l'appui des « jeunes » du quartier qui n'étaient pas là mais qui ont tout vu. Le quartier accuse, comme un seul homme : « c'est la police ».

En mai 2002, Samir, Ben Younès et Radil circulent à grande vitesse à bord d'une Porsche, dans les rues de Vitry-sur-Seine. Alors que la berline roule à une vitesse estimée entre 130 et 150 km/h, Samir en perd le contrôle. Le bolide pulvérise un abribus sous lequel patientaient huit usagers. Trois membres d'une même famille y trouvent la mort : Jenny Canaldo, « probablement enceinte », et ses deux fillettes de trois et cinq ans. Quatre autres personnes sont blessées. Les trois individus prennent la fuite, sans se soucier de l'état de leurs victimes. Leur interpellation entraîne un « trouble persistant à l'ordre public », puisque les amis de circonstance des mis en cause accusent la police, comme toujours, et expriment leur désappointement par des dégradations et des provocations.

L'enquête révèlera que Samir avait emprunté la Porsche à son pote Moaad, qui la tenait lui-même de son pote Abdallah. L'argent ? Il venait de la drogue. Samir risque 10 ans. Il sera condamné à quatre ans de prison ferme et trois ans d'annulation de permis. C'est-à-dire que deux ans après ce verdict, du fait des remises de peine, Monsieur sera libre et pourra à nouveau passer son permis. Une question nous tarabuste : va-t-il attendre son petit papier rose pour s'autoriser à remettre ça ? Oh, quant aux deux passagers de Samir, ils n'ont écopé que de sursis (*Libération*, 29/05/02).

Quand des imbéciles en Porsche massacrent une famille, pas question de s'excuser ou de reconnaitre quoi que ce soit : c'est la police. Villiers-le-Bel : on n'était pas là, les gamins roulaient sans casque sur une moto interdite, mais c'est sûr, c'est la police. Grenoble : un braqueur mitraille les fonctionnaires à l'arme de guerre, mais ça ne fait pas l'ombre d'un doute : c'est la police. Le policier est toujours coupable d'être là et de faire son travail. Son devoir ? Encaisser. Sur le terrain, les forces de l'ordre se heurtent à cette solidarité des malfaiteurs, contre la police, contre l'institution, contre l'État, quel que soit le contexte. En juin 2011, lors d'affrontements entre « jeunes » et policiers aux Tarterêts, une fillette de neuf ans est grièvement blessée à la tête par un projectile. Première réaction des parents ? Accuser la police. Police qui, il est vrai, venait honteusement secourir les pompiers, pris dans un guet-apens sans doute justifié, en venant éteindre des poubelles facétieusement incendiées (*Le Monde*, 6/06/11).

Cette cité emblématique de Corbeil-Essonnes a souvent fait parler d'elle. Les habitants « au bout du rouleau » ont reçu, entre autres projectiles, les promesses de Nicolas Sarkozy et la visite de Claude Guéant. 21 policiers y ont été blessés durant le premier semestre 2011. « Il y a une volonté de tuer », se désole l'un d'eux à ce propos (*Rue*89, 10/06/11). « On est dans une logique guerrière », renchérit un élu communiste. Le policer poursuit : « Quand on tutoie un môme qui nous insulte pour qu'il se calme, quand on lui dit "calme toi", c'est du harcèlement ? Et lui, il répond quoi ? "Tu me tutoies pas, tu me respectes !" Non, mais ça va quoi ! Pour eux, rien que notre tenue, c'est de la provocation. Au mieux, on nous dit "poulets, poulets" ou "enculés" [...] On n'a jamais été aussi légalistes qu'aujourd'hui et paradoxalement, ça nous a désacralisés. On n'a jamais été si peu respectés. On est de plus en plus amenés à se justifier pour tout ». Le fonctionnaire raconte

« une dizaine d'histoires témoignant de l'ultra-violence », comme « la tentative d'homicide d'un collègue en mai, les coups reçus par une jeune policière, la nécessité de mettre des casques sur la tête d'interpellés qui essayent de s'éclater la tête contre les murs, des policiers maghrébins et africains traités de traîtres »...

Heureusement, il y a la justice.

En août 2010, quatre hommes « déjà connus » sont jugés pour avoir agressé des policiers, à coups de marteaux et de parpaings. Cinq fonctionnaires ont été blessés. « Ils voulaient nous massacrer », témoigne l'un d'eux, effondré. Verdict : sept à trois mois de prison ferme (*AFP*, 13/08/10). Suite à quoi un élu communiste explique aux policiers qu'ils doivent « reprendre le parti de la jeunesse ». Il ne manque plus que le smiley rigolard.

Normalement, tout est prévu pour briser le travail des policiers. Devant la justice, les prévenus nient farouchement toute évidence et conservent cette attitude jusqu'au tribunal, où l'avocat commis d'office accusera les policiers de « pressions », voire de brutalités, clamera que son client est victime de l'exclusion et du racisme, si bien sûr il ne dégotte pas d'emblée un vice de procédure susceptible de le remettre dehors illico. Pendant ce temps, on s'efforce de rendre la vie administrative des policiers de plus en plus dure. N'ayant rien à y gagner, ils n'ont pas intérêt à faire du zèle. Personne n'a envie de servir de défouloir aux « jeunes » et aux journalistes, tout en passant son temps libre à remplir de la paperasse.

Les politiciens feignent de se préoccuper de leur sort, à peu près tous les cinq ans. La gauche découvre l'insécurité avec le regard d'un lapereau pris dans les phares. À peine remise de ses émotions, elle embraye aussitôt sur la culture de l'excuse. Les pauvres « jeunes » sont les victimes. Colonisation, vexation, chômage, exclusion... En dernier lieu, la police est toujours plus ou moins responsable. La *proximité* et le *dialogue* seraient insuffisants.

Vous, à la campagne, vous dialoguez en permanence avec les gendarmes, quand vous ne tapez pas le carton avec eux. Si ce n'est pas le cas, c'est de votre faute. Parce que si votre fils a un accident avec une moto volée, c'est à lui que vous vous en prendrez. Et peut-être même à vous, car l'échec de votre fils est aussi et d'abord le vôtre. En tout cas, vous vous ferez discret, et l'idée de vous en prendre aux gendarmes ne vous traversera même pas l'esprit. Donc c'est votre faute. Même si vous êtes au chômage, vous êtes quelqu'un de responsable. On n'a pas idée.

La droite, quant à elle, doit se défendre d'un bilan catastrophique long comme le Costa Concordia, et endosse avec force rodomontades la culture sécuritaire qu'on lui prête. Ça se traduit par une série d'annonces et de mesures remarquablement inefficaces. Derrière son menton levé, la droite est terrorisée, paralysée par la compétition morale. Elle a peur des accusations de la gauche, la gauche a peur de la réalité, et chacun décide de camper sur ses positions.

Les policiers sont comme les militaires : ils n'ont pas le droit de se plaindre. On assiste donc à une diminution sévère de leurs effectifs ces dernières années, histoire d'équilibrer les budgets des ministères qui se plaignent le plus, à l'instar de l'éducation nationale. Les policiers finissent par n'être là que pour éviter de nouvelles explosions, par exemple en ne poursuivant pas les contrevenants pris en flagrant délit de rodéo urbain, surtout si ceux-ci circulent à moto et sans casque. Sinon les jeunes se fâcheraient, et les policiers dérouilleraient.

Rien d'étonnant à ce qu'un lucratif chantage à l'émeute ait vu le jour : les déplacements officiels sont nombreux, les investissements sont massifs. Rappelons qu'après 2005, le gouvernement à décidé un plan banlieue parfaitement inutile de 45 milliard d'euros… Après avoir réglé la facture de centaines de millions d'euros de dégâts. Casser plus pour gagner plus.

Dans ces guerres urbaines, le rôle des médias est fondamental. Cette situation qu'ils ne connaissent pas, ils prétendent la comprendre et l'expliquer, avec leur grille de lecture à eux. Ce sont les médias qui imposent les débats sur la prévention, sur la police de proximité, sur la médiation, l'exclusion et le dialogue. Pour éteindre les incendies, on envoie les sociologues avant les pompiers.

Après les émeutes de Villiers-le-Bel, alors que les sondages montrent qu'une majorité des Français approuve l'action du gouvernement (63 %) et les mesures les plus fermes à l'encontre des émeutiers (75 %), les médias s'arrangent pour faire porter toute discussion sur le tutoiement des policiers et le mal-être des banlieues. Si les immeubles sont insalubres, si les voitures prennent feu, si les jeunes trafiquent un peu, c'est la faute des policiers. Si quoi que ce soit de pas très vivre-ensemble arrive, ce sera d'abord leur très grande faute. Les médecins sont responsables des maladies.

Et ils sont d'autant plus responsables qu'ils sont efficaces : le taux d'élucidation de notre police est aussi élevé pour les affaires graves qu'il est bas pour les affaires moins graves (*Le Figaro*, 12/05/09). Tout est d'abord question de volonté politique.

◆◆

Les policiers sont les arbitres d'un terrain de football. Ils sont essentiels à l'existence même du jeu, et c'est toujours à eux qu'on s'en prend. Si un arbitre siffle davantage contre une équipe, à qui la faute ? Certains accuseront systématiquement l'arbitre, jamais les joueurs. Et leur rêve ultime semble être de voir l'arbitre perdre le monopole de l'arbitrage, sans comprendre qu'alors tout jeu deviendrait impossible. En attendant, on discute argent, caméra, sanctions, prévention, communication… « L'outrage et rébellion est ainsi un outil de contrôle social particulièrement fort, puisqu'il permet de renverser la question des violences », croit savoir l'anthropologue Didier Fassin. En réalité, les procédures d'outrage mènent rarement à quelque chose, si bien que les fonctionnaires évitent d'y perdre leur temps. Les voyous le savent, et en profitent. Rendez-vous dans n'importe quel commissariat et observez le quotidien des policiers. Si vous croyez encore qu'ils sont « respectés », vous tomberez de haut.

Leur travail, c'est celui des Danaïdes. Remplir de voyous la passoire judiciaire, qui ne fait que les filtrer. Le taux d'élucidation n'est qu'une satisfaction morale, puisque rien ne suit. Ils sont comme des apiculteurs dont on jetterait le miel. En leur crachant dessus au passage.

Après tout, certains s'en contenteraient : en contrée socialiste, beaucoup de métiers ne servent à rien. Ils sont payés, de quoi se plaignent-ils ? Mais la police n'est pas un *service*. Elle est essentielle à la société. Sans policiers, pas de société. C'est sans doute l'objectif de certains. Alors que les policiers sont encore massivement soutenus par la population (en 2011, 74 % des Français ont confiance en leur police, 85 % en leur gendarmerie), les médias préfèrent dire que « le climat de défiance » vis-à-vis des policiers ne cesse de grandir, tout en trouvant que les chansons de rap appelant à tuer du flic sont formidables de richesse artistique.

En février 2012, des sites d'information publient « une vidéo embarrassante » de « brutalités policières ». Selon les médias, deux policiers municipaux auraient tabassé un homme sans raison. Ce dernier est noir et explique qu'il s'agit d'un acte raciste. Monsieur oublie de dire qu'après s'être battu avec deux personnes, il a frappé violemment une policière à l'œil. Si c'est une raciste, voyez-vous, l'homme devient un héros. Les médias, qui n'attendent que leur Rodney King à la française, ne rateront pas une occasion de justifier la violence de la rue. Les voyous savent qu'une pression énorme pèse sur les policiers. Ils en profitent. Tout le monde en profite. Les policiers sont devenus les défouloirs officiels des « jeunes », des manifestants, des médias, des politiques. Des commissariats sont attaqués, des fonctionnaires sont insultés, s'ils essuient des coups ou des tirs, ils se contenteront de se réfugier derrière leur bouclier, et encore. Ils seraient équipés de pistolets à bouchon qu'on les remettrait vite en cause. Le liège ne peut-il pas engendrer un décollement rétinien propre à heurter la sensibilité des « riverains » ?

Le sort de ces femmes et de ces hommes, derrière leurs boucliers, n'intéresse personne. Pour les compétiteurs moraux, policiers et victimes sont pires que des lépreux. Qu'ils crèvent, mais au loin. Avez-vous déjà entendu des médias nationaux rappeler que les policiers avaient le triste privilège de se faire *mordre* régulièrement ? Par d'illustres anonymes, quand ce n'est pas par l'athlète Eunice Barber. Rare ? Jugez vous-même. Et ce n'est que ce qui arrive aux oreilles des journalistes...

- Athis-Mons, 2010 : un policier est mordu à l'entre-jambes par une femme lors d'un contrôle (LCI, 7/06/10).
- Chantilly, 2010 : un gendarme est mordu en interpellant deux fumeurs de joint (FMC *radio*, 24/11/10).
- Saint-Allouestre, 2010 : un motard détenteur de stupéfiants mord un gendarme (*Le Télégramme*, 15/10/10).
- Roumazières, 2011 : un gendarme mordu à la main (*Charente Libre*, 15/04/11).
- Mantes-la-Jolie, 2011 : une séropositive mord trois policiers et « leur souhaite de mourir » (*Le Figaro*, 14/04/11).
- Château-Thierry, 2011 : un exhibitionniste séropositif mord un policier à la main (*L'Union*, 27/07/11).

- Chabanais, 2011 : un gendarme est mordu par un homme ivre (*Charente Libre*, 14/04/11).
- Montbéliard, 2011 : un homme mord un agent de la BAC aux doigts (*AFP*, 26/04/11).
- Mérignac, 2011 : un homme interpellé pour la 91e fois mord un policier à l'avant-bras (*L'Express*, 17/06/11).
- Brigueuil, 2011 : un homme frappe et mord deux gendarmes (*Sud Ouest*, 15/04/11).
- Cognac, 2011 : un policier est mordu au bras (*Charente Libre*, 15/04/11).
- Vaulx-en-Velin, 2011 : un homme saoul mord un policier à la main (*Lyon Mag*, 24/04/11).
- Troyes, 2012 : un forcené mord profondément un policier à l'aisselle (*l'Est-Éclair*, 2/02/12).
- Marseille, 2012 : un policier est mordu au bras par la passagère d'une voiture (*La Provence*, 19/01/12).
- Branviel, 2012 : un gendarme est mordu par une femme (*La Montagne*, 27/09/12).
- Roanne, 2012 : un récidiviste mord un policier au doigt lors de sa garde à vue (Europe 1, 25/01/12).
- Valence, 2012 : un homme alcoolisé mord un policier au bras, si violemment que la morsure « ressemble à celle d'un animal », dixit le président du tribunal (*Le Dauphiné Libéré*, 6/03/12).
- Villefontaine, 2012 : un homme frappe deux gendarmes et en mord un troisième (*Le Dauphiné Libéré*, 31/01/12).
- Sucé-sur-Erdre, 2012 : un gendarme est mordu au bras et poignardé par un forcené (*Ouest-France*, 7/03/12).
- Lyon, 2012 : une femme de 24 ans mord un policier par deux fois à la main (*Mlyon*, 23/07/12).
- Cognac, 2012 : une femme mord un policier. Elle est relâchée (*Charente Libre*, 15/01/12).

- Paris, 2012 : un dealer de crack interpellé mord un policier au doigt (*Le Parisien*, 11/03/12).
- Villeurbanne, 2012 : une adolescente frappe et mord un fonctionnaire de police. Elle est laissée en liberté par le parquet (*Mlyon*, 21/09/12).
- Marseille, 2012 : une femme voilée résiste à son interpellation et mord une policière de la BAC. Le procureur requiert six mois de sursis (*France24*, 6/09/12).

Le pays des droits de l'Homme ne va tout de même pas se mettre à enfermer les gens qui croquent du policier. Rappelons qu'on classe les chiens par catégorie de dangerosité et qu'on euthanasie ceux qui mordent. Les chiens ont éventuellement la circonstance aggravante de disposer d'une puissante mâchoire, mais ils ont une bonne circonstance atténuante : ce sont des animaux. En service, les policiers et les gendarmes sont davantage mordus par des humains que par des chiens.

Il faut lire la presse pour se donner une idée des situations inimaginables dans lesquelles les forces de l'ordre peuvent se retrouver. Le 25 juin 2009, à Roubaix, *Nord-Éclair* nous rapporte une scène que personne n'aurait pu inventer. Les policiers arrêtent un rom pour défaut de permis et d'assurance. L'homme se rebelle, si bien que des renforts doivent intervenir. Une rom « prend un bébé d'un an des bras d'un homme du camp et s'interpose. Les policiers pensent qu'elle s'en sert pour empêcher l'interpellation, comme bouclier en quelque sorte. Il n'en est rien. Elle s'empare de l'enfant par un bras et une jambe et frappe une première fois un policier. Puis elle saisit l'enfant seulement par un pied et frappe à nouveau », relate *Nord-Éclair*. « Des femmes se dénudent, envoient des giclées de lait maternel (!) sur les fonctionnaires. Et un homme du camp se mutile : il s'entaille le ventre sur 20 centimètres. »

Si un enseignant reçoit un jour des coups de bébés et des giclées de lait maternel, il passera sa vie sous psychotropes, entre un divan et une cellule psychologique. Mais un flic, il est entraîné, pensez donc. Pendant ce temps, des sources aussi sérieuses qu'Olivier Besancenot ou qu'Amnesty International sont citées par les grands médias pour « rouvrir le débat sur le Taser » ou « relancer la polémique à propos du flashball », en s'appuyant sur trois cas litigieux en dix ans. En 2011, de janvier à octobre, *Le Figaro* dénombre 14 tués et 11 179 blessés parmi les forces de l'ordre. Six policiers et 13 gendarmes avaient été tués en 2010. Leur taux de mortalité a baissé ces dernières années, grâce à un meilleur équipement et à la professionnalisation constante des services.

Les policiers ne sont pas les seuls à payer l'insécurité au prix fort. Les pompiers sont souvent visés, même en dehors de leur travail. À Paris en juin 2012, deux pompiers hors service sont frappés et blessés « gratuitement » à coups de tesson de bouteille par une vingtaine de jeunes, dont certains étaient munis de battes de baseball (*Le Parisien*, 28/06/12). En 2009, plus de 1000 pompiers ont été agressés dans le cadre de leurs interventions. C'est un taux de 4,6/1000. Et 350 de leurs véhicules ont été endommagés. Les gendarmes ne subissent « que » deux fois plus. Les professionnels de la santé n'y coupent pas. 920 médecins ont été officiellement agressés en 2010. Le plus souvent parce que des « jeunes » exigent des certificats médicaux, des arrêts de travail, ou une ordonnance sur mesure. À Mantes-la-Jolie, des « grands frères » les escortent dans le quartier du Val-Fourré (*Le Parisien*, 13/09/12). En 2010, au sein des hôpitaux, plus de 5000 actes de violences ont été signalés. Les enseignants n'y coupent pas. 55 % d'entre eux ont souscrit une assurance spéciale garantissant un soutien financier et moral en cas d'agression (*Le Figaro*, 31/08/12). En septembre 2012, un prof bordelais est roué de coups par un élève pour « un cours sur l'Islam » (*L'Express*, 13/09/12). Au collège de Buxerolles, une mère de famille est entrée dans une salle de classe pour frapper à coups de pied une enseignante, avant de s'attaquer aux policiers (*Libération*, 12/09/12). Quelques heures plus tard dans le même collège, « un élève de quatrième a giflé son professeur après avoir apparemment *mal interprété une remontrance* », a-t-on indiqué auprès du rectorat. « Les enseignants n'ont pas demandé l'exclusion. Ni l'enseignante ni l'établissement n'ont déposé plainte » (*Le Figaro*, 14/09/12). À Belfort, c'est une prof de sport qui a été agressée par un élève connu pour « 53 faits de délinquance » (*La Pays*, 12/09/12). À Marseille, une surveillante est frappée et jetée au sol (*Le Parisien*, 15/09/12). À Amiens, une enseignante a été aspergée de gaz lacrymogène en plein cours (*Nouvel Obs*, 18/09/12). Dans le Var, une collégienne a frappé au visage son enseignante parce qu'elle lui a « demandé son carnet de correspondance ». La prof a été blessée à la bouche et à la mâchoire (*Le Parisien*, 27/09/12). En Vendée, un élève de 13 ans a frappé à coups de poing sa principale (Europe 1, 27/09/12). À Villeneuve d'Ascq, un étudiant a donné plusieurs coups de couteaux à une enseignante (*La Dépêche*, 28/09/12). La rentrée a décidément été sportive : à Parempuyre, un homme venu attendre sa fille à la sortie de l'école a été poignardé par deux individus. Il a sorti une arme de poing et a tiré sur ses agresseurs. L'un d'eux est revenu avec un fusil à pompe, et a fait feu à deux reprises. Il a fallu une cinquantaine de policiers pour les arrêter. Un « contentieux entre gens du voyage serait à l'origine de l'incident » (*Sud Ouest*, 5/09/12). En septembre 2012, une enquête de victimisation a révélé que « 37 % des professeurs de primaire disent avoir eu au cours de l'année des problèmes fréquents avec des enfants gravement perturbés ». Plus clairement, il s'agit d'enfants « qui mordent, se roulent par terre, cassent des portes, mettent le bazar dans toute une classe et toute une école » (*Le Figaro*, 24/09/12).

« Enfants qui sortent de classe de leur propre chef, qui crient en cours, qui se roulent par terre lorsqu'il faut rentrer en classe, coups entre élèves, intolérance à toute autorité, insultes, coups et menaces de mort à un adulte… » Un assistant d'éducation qui a eu l'outrecuidance de reprendre le ballon d'un groupe d'enfants « qui refusaient d'arrêter de jouer après la fin de la récréation », a été agressé par une vingtaine d'entre eux. « Pour le moment, c'est un souk », déplore un animateur. « L'un montre ses fesses à toute la classe, des petits frappent des plus grands, insultent les maternelles à travers la grille… On va finir par avoir besoin de CRS », explique une maman. Il ne s'agit pas d'un quartier de haute sécurité, mais d'une école élémentaire classée en zone d'éducation prioritaire, à Meaux. Cette situation dure depuis trois ans. Et quand on lit la « solution » envisagée, on se dit que ça risque de durer quelques années encore : « Pour que les élèves se réapproprient les lieux, ils devraient participer à la décoration de l'école » (*Le Parisien*, 12/10/12).

Nous parlions d'arbitres de football : sachez que 109 d'entre eux ont été agressés chaque semaine, au cours de la saison 2010-2011 (5 417 agressions au total). Les postiers sont également de plus en plus agressés (ONDRP). Fait significatif aussi, les inspecteurs de permis de conduire envoient désormais les résultats aux examinés par courrier. Jusque-là, ceux qui officiaient en Seine-Saint-Denis s'arrangeaient pour finir leur course devant un commissariat, au cas où les « jeunes » venus à six en BMW auraient l'idée de signifier une quelconque déception.

Les videurs ne sont pas les derniers à tâter de l'émotivité de nos jeunes. En février 2010 à Clermont-Ferrand, Samir, 25 ans, 32 condamnations à son actif, assène un seul coup de poing à un portier. Le videur échappe à la mort, mais restera épileptique, avec un taux d'incapacité évalué à 80 %. « Je suis impulsif », se justifie Samir, condamné à deux ans et demi de prison (*La Montagne*, 26/09/12).

Les policiers restent de loin les plus touchés. En septembre 2011, en région parisienne, trois d'entre eux se sont suicidés en une heure (*Sud Ouest*, 22/09/11). Ce n'est pas qu'une coïncidence. Selon l'Inserm, sur la période 2005-2009, le taux de suicide au sein de la police est supérieur de 36 % à la moyenne nationale. Selon les chiffres du Centre d'épidémiologie sur les causes médicales de décès, la moyenne nationale est de 16 pour 100 000. 8 pour 100 000 chez les professions intellectuelles supérieures, 20 pour 100 000 en ce qui concerne les salariés masculins. Davantage qu'à France Télécom (19 pour 100 000) dont les médias parlaient tant. Sans comparaison avec le taux de suicide chez les agriculteurs (32 pour 100 000) et chez les forces de l'ordre (35 pour 100 000).

Dans la police, les décès ne sont rarement qu'accidentels. On y meurt à l'arme de guerre, comme Éric Lalès en novembre 2011, ou à coups de sabre comme Anne Pavageau un mois plus tôt, ou pulvérisé par la nacelle d'un manège, comme Reynald Caron en 2007, à la Foire du Trône. À toutes fins utiles, rappelons que l'adolescent « connu de la police » qui avait tué le policier en le poussant sous le manège, avait été condamné à... six mois de prison. Puis à un an en appel.

En avril 2012 à Bayonne, un homme recherché pour violences « aggravées sur son médecin » a blessé un policier qui tentait de l'interpeller, avec un sabre de combat (*Le Figaro*, 2/04/12).

Violences des « jeunes », pression des patrons, ingratitude des citoyens, impatience des politiques, laxisme des juges, mépris des journalistes... Si des psychologues s'intéressent à la résistance de l'esprit humain, ils devraient se rendre plus souvent dans les commissariats. Certes, la police n'est pas toujours irréprochable. Nombre de hauts fonctionnaires sont francs-maçons, parfois un peu trop liés aux politiciens ou aux journalistes. Et comme dans tous les métiers, il y a quelques mauvais éléments, des zélés, des alcooliques, des violents, des fragiles, des imbéciles, etc. Partant de ces mauvais exemples, les médias diffusent, l'air de ne pas y toucher, une image « stigmatisante » de la police toute entière, pour reprendre un vocable en vigueur.

Une mise au pilori qui passe pour une douceur à côté des agressions. À Besançon, en février 2011, un policier est violemment tabassé après une tentative de contrôle routier, non loin d'un « quartier sensible ». Il sera hospitalisé. Une trentaine de collègues venus en renfort ont pu interpeller huit suspects (*Metro*, 4/02/11). En février 2012 à Laon, un homme ayant frappé sa femme, avant de briser le nez d'un policier d'un coup de poing, a été condamné à six mois de prison ferme (*L'Union*, 24/02/12). À Vesoul en juillet 2012, un homme est condamné à un an de prison pour avoir « étranglé » un policier (*l'Est républicain*, 17/07/12). Toujours en juillet 2012, cette fois à Clermont-Ferrand, un Roumain est condamné à huit mois de prison pour avoir frappé un policier avec un tournevis (*Le Progrès*, 10/07/12). Faites la même chose à un chien, vous prendrez le double. Vous avez dit laxisme ? En avril 2012, un certain Tawfik, 24 ans, est jugé pour avoir grillé un feu rouge, pris la fuite devant les policiers et blessé deux d'entre eux dans un accident, à Roubaix. Lors de son interpellation, il menace les policiers. « Ta sale gueule de Blanc, je vais l'exploser. Je suis pire que Mohamed Merah, je vais tous vous buter. » À la barre, l'homme reconnaît avoir bu « une bouteille de vodka » avant de conduire à une vitesse excessive avec un permis annulé. Le procureur ne requiert pas de prison ferme, mais des travaux d'intérêts généraux. Le petit polisson sera finalement « condamné » à dix mois de sursis, sans TIG (*Nord Éclair*, 17/04/12), c'est-à-dire à rien. Merveilleuse équation judiciaire : conduite dangereuse, permis annulé, état d'ivresse, délit de fuite, policiers blessés, menaces de mort, insultes racistes = rien. Merci Monsieur, c'est pour nous. En août 2012 à Nice, des policiers sont caillassés par un « attroupement », suite à un contrôle. Deux voyous de 20 et 16 ans sont interpellés. Ils ont été remis en liberté. « Le plus jeune a écopé d'une sanction pour le moins originale : un cahier de vacances à remplir consciencieusement cet été, s'il veut éviter des poursuites judiciaires à la rentrée » (*Nice Matin*, 15/08/12). Désormais, tout individu caillassant des policiers devra remplir un cahier de vacances. On frôle la dérive sécuritaire.

En avril 2012 à Marseille, des policiers se font tirer dessus à la Kalachnikov par des individus circulant en scooter. Quelques jours plus tard, des policiers de la BAC connaissent la même « mésaventure » (*Le Parisien*, 4/04/12). Se faire tuer, c'est une manière originale pour les policiers de gagner la Légion d'honneur, pendant que des brassées de politiciens et/ou de clowns décrochent la leur, au péril de leur vie, en général en vomissant sur les flics et leur sens du devoir (fournée 2012 : Anne Hidalgo, Dominique Voynet, Pape Diouf...).

Certains font des heures sup' : pas de raison que les policiers ne soient pas agressés hors service. En novembre 2011 à Toulouse, un adjoint de sécurité (policier auxiliaire) est tabassé par un groupe de « jeunes gens » à la sortie d'une discothèque, parce qu'il a été reconnu par ses agresseurs. La semaine précédente, un adjoint de sécurité en civil avait été lui aussi « malmené » devant un restaurant (*La Dépêche*, 14/11/11). À Cannes en octobre 2011, un ex-policier est violemment tabassé par une bande devant ses enfants de 7 et 9 ans. Quasiment toutes ses dents ont été brisées

(25000 euros de frais médicaux). Après audition, ses agresseurs ont été remis en liberté... (*Nice Matin*, 19/10/11).

Les policiers municipaux ne sont pas en reste. À Angoulême, en mars 2012 : un policier municipal est menacé et tabassé, alors qu'il circulait en civil, hors service. Des « jeunes » l'avaient reconnu (*Charente Libre*, 17/03/12). Quant aux gendarmes, ils ont eux aussi de bonnes raisons d'être en colère, pour reprendre le nom d'un site Internet célèbre. Ainsi à Bogny-sur-Meuse en juillet 2011, deux militaires interviennent de nuit pour régler un énième différend, dans un quartier animé par une dizaine d'individus qui passent leurs soirées à imaginer comment pourrir la vie des riverains. Sur place, c'est le guet-apens. Les deux gendarmes sont massacrés à coups de poings et de pieds. Des renforts arrivent, et interpellent non sans mal les agresseurs... Malgré la gravité des faits, tous les auteurs ont été laissés en liberté à l'issue de leur audition, au grand dam des militaires, des élus et des habitants... Le maire de la ville, ulcéré, s'est d'ailleurs plaint de la situation auprès de toutes les autorités compétentes, sans résultat (*L'Union*, 25/07/11). En juin 2012 dans le Var, deux gendarmes sont assassinées par un homme de 30 ans, ivre, au passé « particulièrement chargé ». Abdallah Boumezaar – interpellé après une brève cavale – a été condamné à huit reprises depuis 2000. La semaine précédant l'assassinat des deux gendarmes, l'homme avait été condamné à six mois de prison avec sursis et mise à l'épreuve pour violences sur sa mère. Cette dernière, persuadée que son fils recommencerait, a supplié les juges de l'enfermer (*La Dépêche*, 19/06/12). L'extrême patience de la justice envers cet individu, par la grâce du sursis et de la mise à l'épreuve, a un prix : la vie de deux gendarmes. Le juge sera-t-il jugé ? Les policiers ont bien une police. Pendant qu'Abdallah doit fanfaronner en prison, la colère monte chez les représentants de l'ordre, prisonniers de leur devoir et du droit des malfaiteurs à en disposer.

Un capitaine de police, chef d'une brigade de sûreté urbaine, a accepté de nous raconter son métier. À Paris, notre homme passe huit ans au sein d'un commissariat de quartier, puis en groupe d'investigation, avant d'être muté en province. Un rôle idéal pour confronter les attentes de la hiérarchie aux réalités du terrain. « J'ai connu le passage de la petite baffe psychologique instaurant le réel rapport de force au « ne vous inquiétez pas, nous avons pris rendez-vous avec votre avocat », du PV de garde à vue de 20 lignes à celui de 2 pages, de la « police à papa » à la culture du résultat. Toute cette évolution n'a pas été négative, mais pour finir nous arrivons à un terrible alourdissement de la procédure judiciaire – qui malheureusement rend davantage service au délinquant qu'à la victime –, à la diminution sensible des effectifs, à la multiplicité des tâches, rendant du coup très difficile notre visibilité et nos missions de base. Je constate que dans notre réseau professionnel (mails inter-services) et commentaires de collègues, il ressort une forte démotivation sur la finalité de notre travail. »

Les policiers sont disciplinés et légalistes, c'est d'ailleurs tout le sens de leur métier. Quelque chose ne leur plaît pas ? Alors ils sautent. La mise au placard fonctionne très bien. Il faut savoir se taire. Les procureurs refusent souvent de laisser filtrer des informations dans la presse, alors que les policiers aimeraient s'exprimer davantage, pour montrer que les problèmes ne viennent pas de leur travail. Mais, devoir de réserve oblige, un policier qui se répand dans les médias risque gros. « Mon côté ancienne génération, Inspecteur de Police, en rebute certains », confirme notre capitaine. Carrière figée, mutation contraignante, rétrogradation, ou carrément expulsion. Ce fut le cas du commandant de gendarmerie Jean-Hugues Matelly, radié des cadres en mars 2010 par décret du Président de la République. L'officier ne voyait pas d'un bon œil le rapprochement police-gendarmerie et l'avait fait savoir, avec un peu trop d'insistance. En 2007, le commandant de police Philippe Pichon s'en prenait au Système de traitement des infractions constatées (STIC), une gigantesque base de données qui fiche selon lui près de la moitié de la population française, les victimes aussi bien que les délinquants. Pour cette fronde publique, l'officier est exclu de la police par Michèle Alliot-Marie.

◆◆

Les forces de l'ordre sont priées de satisfaire les intérêts des gouvernants en camouflant les réalités. Il ne faut pas déranger les quartiers « sensibles », ni lever des affaires trop importantes. Il ne faut pas interpeller les clandestins, qui ont même le loisir de manifester. Il ne faut pas riposter à des tirs. Et surtout, il faut dissimuler la gravité de la situation. Si possible, sans la ramener. Ces dernières années (en particulier sous Sarkozy), tout le travail policier était régi par la politique du chiffre. Jean-François Herduin est haut-fonctionnaire, longtemps responsable de terrain, puis inspecteur général de la police nationale. Selon lui, la criminalité n'a pas baissé depuis 2002 et l'arrivée de Nicolas Sarkozy à l'Intérieur. Elle a même augmenté dans ses secteurs les plus notoires. Ça n'a pas empêché les successeurs de Sarkozy d'affirmer année après année que les chiffres ne cessaient de s'améliorer. Et notre homme de citer William Gladstone : « Les statistiques sont la forme la plus élaborée du mensonge. » En 2002, Nicolas Sarkozy crée un élan mobilisateur chez les policiers. Il met en place un système d'évaluation des performances, rapidement surnommé le « sarkomètre ». Les effets en sont pervers. Le haut fonctionnaire évoque la pression du chiffre comme une « fabrique de statistiques » destinée à donner l'illusion d'une baisse de la criminalité. 1. Refus d'enregistrer les plaintes, par quantité de moyens. 2. Utilisation abusive de la main courante, derrière laquelle on enregistre parfois des faits très graves. En 2010, leur total dépasse le million (dont 273 000 crimes et délits), en augmentation de 30 % depuis 2005. 3. La requalification des délits en contraventions non prises en compte dans les statistiques. Cela peut concerner la dégradation de biens privés ou publics, mais aussi les tentatives de cambriolages. Les coups et blessures volontaires peuvent devenir des violences légères. On peut oublier de mentionner les circonstances aggravantes d'une infraction pour ne pas la classer en délit. 4. L'enregistrement retardé des procédures, pour assurer une bonne présentation aux médias à un instant donné. Par exemple, des faits commis en décembre peuvent n'être enregistrés qu'en janvier, histoire de ne pas plomber les statistiques de fin d'année.

Une vision partagée par notre chef de brigade. « Étant responsable d'un service d'investigations, j'ai parfaitement compris les enjeux des chiffres (surtout depuis 2002) et ce qu'il fallait faire pour être bien noté. On peut tout faire dire aux chiffres. » Et d'évoquer la persistance de la pratique du « dark number », qui consiste, comme le disait Jean-François Herduin, à enregistrer des délits en contraventions ou à garder des plaintes sous le coude pour les enregistrer plus tard parce que les chiffres sont mauvais. « Notre hiérarchie joue quotidiennement sur ces leviers. De bonnes statistiques permettent à un directeur départemental de sécurité publique (DDSP) de poursuivre sa carrière sous les meilleurs auspices et à un Préfet de toucher une prime annuelle de plusieurs dizaines de milliers d'euros. Un DDSP qui n'est pas assez « vicieux » verra ses demandes de mutation contrariées. On ne peut pas se fier aux chiffres si on veut appréhender la réalité. »

L'arrivée de Manuel Valls à l'Intérieur avec l'élection de François « président des bisous » Hollande, et son ambition de mettre fin à la politique du chiffre, se retournera contre les policiers. Les chiffres deviendront subitement catastrophiques et, comme toujours, on leur attribuera ces mauvais résultats, puisque pour la gauche les malfaiteurs et le laxisme ne peuvent pas en être responsables.

Le gouvernement de gauche, pour ne pas perdre la face ni se fâcher avec la magistrature, sera contraint de se défausser sur les policiers. Valls a donné le ton d'emblée : la première chose qu'il a exigée des commissaires n'était pas d'affirmer l'autorité de la police, ou de durcir leur action sur le terrain. Il leur a solennellement demandé d'abolir le tutoiement et de lutter contre les contrôles au faciès (*Le Parisien,* 25/06/12). Valls espère donc que les voyous obligeamment voussoyés vont enfin rendre leur courtoisie aux policiers. Il suffisait d'y penser. Si un « jeune » traite une femme de salope, c'est parce qu'elle n'a pas montré suffisamment de considération pour lui.

Le respect, en bon français, ça s'appelle la soumission. La criminalité, c'est primaire. Une question de domination, de possession, de territoire. Pas de courbettes qui tiennent. En juillet 2012 à Perpignan, trois policiers sont violemment agressés par une famille de riverains, parce que les fonctionnaires avaient le malheur d'effectuer des contrôles dans leur quartier. Les policiers, blessés, ont été secourus par des collègues, alors qu'un attroupement hostile se formait dans le quartier (*l'Indépendant,* 13/07/12). Les grands médias en parlent le moins possible, tant ils voudraient que ça n'existe pas. Mais ça existe, et les gens le savent. Les médias s'accrochent eux aussi à la surface de l'iceberg, aux chiffres officiels, en espérant qu'on saura les maîtriser, à défaut de maîtriser la réalité.

Les policiers recevront sans cesse de nouvelles directives ministérielles pour maintenir la pression. Abolir la culture du chiffre ? Pour qui passera le patron d'un commissariat qui admet que l'insécurité est hors de contrôle sur son territoire ? « La pensée générale, c'est en gros "on a perdu la guerre" », explique notre officier. « Les collègues en ont marre. D'ailleurs statistiquement cela commence à se voir. » Dans la baisse du taux d'élucidation, par exemple. Face à la nouvelle criminalité, les policiers semblent désemparés. « La société devient plus violente. L'économie souterraine augmente. La part des mineurs dans cette criminalité augmente sans arrêt, pour eux l'impunité est souvent totale jusqu'à leur majorité, puisqu'on ne peut pas incarcérer un multirécidiviste de moins de 16 ans (18 ans depuis Taubira, NDA). Le mode opératoire de l'ancien grand banditisme est actuellement celui de gamins de 15 ans (vols à main armée dans les bureaux de tabac, vols avec effraction de locaux commerciaux à l'aide de disqueuses et de véhicules volés que l'on incendie par la suite). Pas besoin d'aller dans les grandes villes pour le constater, des armes de guerre sont retrouvées en perquisition. »

Un brigadier de terrain, enquêteur expérimenté : « Je suis un flic de 52 ans et je suis prêt à travailler jusqu'à 65 ans car j'aime mon métier. Mais chaque jour qui passe me fait douter, nos politiques n'ont pas conscience de nos difficultés, à gauche comme à droite ils ont oublié que nous sommes avant tout des hommes et des femmes, avec nos convictions, nos doutes et nos angoisses. Ils ne savent pas ce que c'est de ne pas avoir de matériel pour travailler. Par contre ils ont su promettre une prime annuelle de 65 000 euros aux Préfets en cas de bons résultats. »

« Maintenant les jeunes entrent dans la Police avec des diplômes universitaires, car il n'y a plus de boulot ailleurs. Mais peut-être un sur vingt entre dans la carrière par conviction.

Nos patrons deviennent des comptables, finis les anciens grands flics, qui devenaient des vrais patrons. Pendant ce temps nos syndicats se déchirent pour savoir qui aura la plus belle part du gâteau. Et par-dessus tout il y a les médias toujours prêts à bouffer les flics, ces tortionnaires qui poursuivent les jeunes dans les transformateurs ou renversent les gentils motocyclistes, ou qui leur assènent des coups de Tonfa ou de flash-ball. Ils oublient trop souvent les fonctionnaires blessés, ne se demandent pas pourquoi il y a autant de suicides dans la profession, pourquoi des collègues préfèrent lever le coude pour oublier, pourquoi notre profession est une de celle où l'on divorce le plus, pourquoi notre orphelinat est aussi performant, mais tout cela ne fait pas vendre les journaux. »

« Les flics sont devenus les VRP multicartes à qui on fait appel quand tout va mal, mais que l'on préfère éviter quand tout va bien. Les forces de l'ordre sont devenues les assistantes sociales de notre société. On leur demande de jouer les rôles de médiateurs sociaux dans les cités, de conseillers conjugaux dans les différends de couple, de vigiles dans les écoles ou les halls d'immeubles, d'accompagnateurs d'huissier, de sécuriser les services d'urgence des hôpitaux ou les festivités locales et sportives, et pendant ce temps-là les dossiers s'accumulent dans les bureaux. Nous sommes devenus les coupe-feux du malaise grandissant de notre société. Qu'un flic fatigué et excédé mette une gifle à un délinquant multi-récidiviste et il est jeté en pâture à la presse, montré du doigt par sa hiérarchie et cloué au pilori. Nos grands politiques hésitent à affronter les véritables problèmes en prenant le taureau par les cornes, ils mettent en place des cathéters sur des jambes de bois. Ils n'écoutent pas les élus locaux qui vivent ces problèmes au jour le jour. Qu'une ville fasse la une de la presse nationale, et hop, on vire le Préfet, on parachute le ministre escorté d'une vingtaine de caméras, on fait semblant de comprendre le problème, on allume un contre-feu en démantelant une vingtaine de bidonvilles et en expulsant quelques personnes ; et on finit par haranguer l'adversaire politique en déclarant à qui veut l'entendre que le problème n'a pas été résolu avant. On ne soigne pas un cancer avec de l'aspirine, on applique une thérapie globale, chirurgie, chimiothérapie et irradiations. »

Les causes de l'aggravation de l'insécurité ? Notre brigadier déplore un Code pénal obsolète, la disparition des maisons de correction et de l'instruction civique. Il fustige la non-application des peines, la culture de l'excuse et le laxisme judiciaire. « Un délinquant qui gagne 5000 euros par jour en dealant dans son quartier n'est pas une victime, pas plus que celui qui caillasse un véhicule administratif ou vole une automobile, sans parler de celui qui agresse un fonctionnaire avec un marteau, ou pire avec une arme à feu. Il faut systématiquement appréhender et détruire les biens provenant des trafics locaux (argent, véhicules, biens high-tech et autres). Pourquoi ne pas rétablir le service militaire, qui permettait de retirer des cités les jeunes gens et leur faire découvrir pendant quelques mois un autre univers que celui de leurs barres de béton ? »

En mai 2005, 300 policiers en civil et en service ont manifesté à Paris, en soutien à leur collègue de Noisy-le-Sec mis en examen pour l'homicide volontaire d'un multirécidiviste notoire, emprisonné dès l'âge de 13 ans. Le syndicat Synergie a accusé les magistrats du tribunal de Bobigny de « receler les pires idéologues de la culture de l'excuse », et de présenter leur verdict comme « un nouvel appel à la haine venant de magistrats qui, une fois de plus, ont choisi d'affirmer que, pour eux, l'ennemi à combattre par tous les moyens est bien le flic et non pas le criminel » (*Le Point*, 26/04/12).

Les policiers sont légalistes, mais ils restent des hommes. À un moment donné, eux aussi vont craquer. Dans les couloirs des commissariats, on parle de la possible résurgence du groupe terroriste « Honneur de la police », qui opérait à la fin des années 1970. Personne ne s'inquiète des manifestations de policiers en tenue, qu'on explique toujours par des prétextes fallacieux.

En sus des enjeux électoraux, la pression médiatique et associative fait tout pour empêcher les policiers de faire éclater la vérité, en les accusant de racisme, ou de contrôle abusif au faciès, ce qui permettrait d'expliquer la « surreprésentation » des mis en cause issus de l'immigration. Est-il pertinent de contrôler quelqu'un au hasard, sans tenir compte de son apparence ? Avec une telle logique, les urgentistes privilégieraient les angines aux grands brûlés et les douaniers ne contrôleraient que les vieilles dames en villégiature. Quand un Mohamed Merah va faire du tourisme à Kandahar en Afghanistan, doit-on s'en inquiéter autant que s'il allait visiter le Colisée ? Lutter contre le contrôle au faciès, voilà le meilleur prétexte de la guerre idéologique contre une réalité de la criminalité. En témoigne le livre écrit en juin 2012 sur le sujet par le président du Mouvement des Jeunes Socialistes. L'auteur admet la surreprésentation des musulmans dans les prisons françaises, et l'attribue exclusivement... aux contrôles au faciès. C'est bien connu : tant que vous n'allez pas chez votre médecin, vous n'êtes pas malade. Si vous n'êtes pas en prison, c'est parce que vous n'avez pas été suffisamment contrôlé. Quand on est président du MJS, ça tombe sous le sens. Les hommes et les jeunes sont beaucoup plus contrôlés que les femmes et les vieux. Est-ce pour ça que les hommes et les jeunes sont beaucoup plus emprisonnés ? Les études américaines ont montré que le ciblage de populations « à risques » était le seul moyen de réduire efficacement la criminalité, pour peu que la justice fasse son travail. Si les policiers ne tenaient pas compte des statistiques, ou de leur intuition, si les douaniers contrôlaient les gens de manière réellement aléatoire, ils seraient si parfaitement inefficaces que la population aura tôt fait d'exiger leur remplacement. Les contrôles effectués sur la base de statistiques criminelles sont si efficaces que les associations noires de Chicago ont demandé en juillet 2012 leur rétablissement là où elles avaient obtenu quelques années plus tôt leur interdiction (*Telegraph*, 2012). Depuis 2012, le Collectif contre le contrôle au faciès propose aux contrôlés de le signaler par SMS, pour prouver que la police cible prioritairement les minorités ethniques. Il serait amusant, à chaque agression dont vous êtes témoin ou victime, d'envoyer un SMS à ce collectif en lui décrivant les agresseurs.

Jean-Marc Ayrault, avec tout le sérieux qui caractérise le gouvernement Hollande, a annoncé (avant que Valls ne s'empresse de l'enterrer) l'idée d'un « récépissé » qui serait distribué aux personnes contrôlées, pour éviter des contrôles « répétitifs », qui finiraient comme chacun sait par les envoyer en prison. Les policiers contrôleraient donc uniquement les récépissés, ce qui change tout. Le PS est aussi à l'aise avec la sécurité qu'un homard dans l'eau bouillante. On se souvient de Ségolène Royal, candidate malheureuse à la présidence de la république, qui suggérait pendant la campagne de créer des postes de fonctionnaires pour raccompagner les policières après leur travail. De son côté, Manuel Valls a sérieusement proposé d'assigner les clandestins à résidence (parce qu'ils en ont ?) tout en les aidant à repartir. Autant salarier les voleurs et offrir des prostituées aux violeurs, on gagnera du temps. Valls a ensuite expliqué que le processus de naturalisation était « discriminant » (*la Croix*, 18/10/12). Et le feu, ça brûle. Un choix, c'est discriminant. Le mérite, c'est discriminant. Un concours, c'est discriminant. Quand on aspire à être accepté par des gens – et a fortiori par un pays –, on s'attend à être discriminé. Mais pour Manuel, ce n'est pas comme ça que ça marche. La naturalisation, c'est un droit de l'Homme, ce sont les Français qui doivent être discriminés : on ne leur demande pas leur avis. Ils disent oui et merci. Sinon ce sont des racistes. Pour bien faire, Valls souhaite supprimer le « délit de solidarité » inventé par les associations, qui n'a pénalement jamais été appliqué. Sous les applaudissements, le ministre de l'Intérieur réinvente la chasse au dahu. Les priorités des policiers sont simples : respecter les « jeunes », apprendre à aimer les coups, se montrer impitoyables avec les grands criminels de la route que nous sommes tous. Les conducteurs ordinaires sont contrôlés et réprimandés bien plus souvent que les « jeunes » des cités. Parfait. Si les gens doivent haïr quelqu'un ou quelque chose, ce sera la police, qui n'est plus à ça près. Les médias ne tendent plus leurs micros qu'aux syndicats pour qu'ils se défendent d'une bavure ou de racisme. La plupart de leurs communiqués ne sont jamais diffusés nulle part.

Mais n'allez pas croire que la police ne sert plus à rien. Elle fiche les honnêtes gens, avec leur assentiment. À quoi servent les caméras, les fiches biométriques, les grandes enquêtes et la police scientifique si les véritables malfaiteurs sont relâchés après une réprimande ? La préoccupation des gouvernants, ce n'est pas la criminalité. C'est prévenir toute *vraie* rébellion populaire. On fait la chasse aux armes partout sauf dans les cités. Le désordre régnant dans les banlieues est un prétexte béni pour mieux contrôler *tous les citoyens*. Malgré un fort taux de confiance en la police (74 %), plus d'un Français sur deux pense qu'elle n'est pas efficace, contre 40 % en 1975 (enquête IFOP).

Si jamais les gens venaient à se rebeller, on aurait les moyens de les calmer. Mais ce n'est pas demain la veille : comme les policiers, les citoyens sont bien domestiqués. La société a renoncé à tous ses devoirs : la sécurité, le pacte social, le maintien de la cohésion nationale, et personne n'a réagi. Selon l'article 16 de la Convention européenne des droits de l'Homme, les droits ne sauraient être utilisés contre eux-mêmes. En préparant sa défense contre les honnêtes gens, la société se bat contre elle-même. La sécurité n'est plus qu'un enjeu politique, et la police un instrument manipulé par l'oligarchie au pouvoir pour s'y maintenir. Les policiers peuvent bien se plaindre : sans le droit et la justice, ils ne sont rien.

5

JUSTICE NULLE PART

Emma, aguicheuse brune à la bouche lippue, a vite appris à se servir de son physique pour arriver à ses fins. Elle est encore mineure le 21 janvier 2006, lorsqu'elle devient la principale complice de Youssouf Fofana, leader du « Gang des Barbares », qui prévoyait depuis quatre ans de séquestrer un jeune juif pour l'échanger à sa « riche » communauté contre une forte rançon (500 000 euros). Non sans l'avoir torturé pendant une vingtaine de jours, il faut savoir se détendre. Comme elle l'a reconnu à la barre, la jeune femme a choisi la victime, Ilan Halimi, avant d'user de ses charmes pour l'attirer dans le piège tendu par les gros bras du gang. Ces derniers lui tombent dessus le soir venu, pour le séquestrer dans une cité de Bagneux. La récompense d'Emma ? Une nuit à 100 euros avec son ami dans un hôtel trois étoiles, le soir même de l'enlèvement.

Voici ce qu'on peut lire dans *Libération* (25/02/06), un mois plus tard : « L'autopsie d'Ilan Halimi, réalisée le 14 février à l'hôpital d'Evry (Essonne), a révélé des brûlures sur 80 % du corps, de multiples hématomes et contusions, une plaie à la joue faite au cutter et deux plaies à l'arme blanche sous la gorge. »

Le médecin légiste conclut : « Aucun des coups n'est mortel. C'est l'ensemble des violences et tortures, le froid et l'épuisement qui ont causé la mort. »

Durant les trois semaines de sa séquestration, dans un appartement humide et glacial, pendant que le « boss » Fofana (13 condamnations à son actif au moment des faits) négociait une rançon délirante avec un rabbin « trouvé dans l'annuaire », les geôliers d'Ilan (au moins cinq selon l'enquête) se sont défoulés sur lui. Ils oublient régulièrement de l'alimenter (des protéines liquides à la paille). Ilan doit uriner dans une bouteille et déféquer dans un sac en plastique. Les ravisseurs se relaient pour veiller la victime, ce qui leur laisse du temps pour « rassurer leurs parents ou rattraper les prières. »

Un geôlier explique « avoir mis des tartes » à Ilan, parce qu'il gémissait pour avoir des cigarettes. Un autre, qui dit « ne pas aimer les feujs », raconte qu'il lui a écrasé son joint sur le front. D'autres concèdent des gifles, des coups de manche à balai, affirment que tout le corps d'Ilan comportait des traces de coups, de coupures ou de brûlures par mégots. Pour prendre des photos « gores » à l'attention de ceux qui paieront la rançon, l'équipe organise des mises en scène, notamment un simulacre de sodomie avec un manche à balai. Un autre jour, un geôlier entaille la joue d'Ilan avec un cutter « sur cinq ou six centimètres », afin de prendre une photo plus impressionnante. Plusieurs clichés seront publiés dans la presse à sensation. I-Télé décrochera même une interview exclusive de Fofana avant son arrestation et son extradition. Quand Fofana venait visiter Halimi, les geôliers racontent qu'il s'isolait avec lui pour le tabasser. Au bout de trois semaines, sous la pression des geôliers qui « en avaient assez », Fofana prend la décision de « saigner » Halimi. Il demande à ses complices de le « laver » à l'acide, pour nettoyer toute trace d'ADN. Entre le froid, la faim et les coups, Halimi est déjà mourant. Il est traîné sur le bord d'une voie ferrée. Fofana le frappe d'un coup de couteau à la gorge, puis dans le flanc. Il tente de lui trancher la nuque, l'asperge d'essence et enfin l'incendie sur place.

Trois jours après la mort d'Ilan, Fofana, depuis la Côte d'Ivoire, appelle le père de sa victime pour lui demander s'il « est content ». Au tribunal, il s'enferme dans la provocation, et conserve cette habitude dans sa prison, lorsqu'il trouve le moyen de faire publier des vidéos de lui en 2012, sur lesquelles il explique sa haine des Juifs et son admiration d'Al-Qaïda.

« Youssouf, il explique tellement bien les choses qu'on dirait qu'il n'y a rien de grave », a déclaré Emma lors du procès du gang. La bêtise n'était pas une circonstance atténuante, il faut croire qu'elle l'est devenue : Emma a été condamnée à 9 ans de prison, elle a été libérée discrètement moins de trois ans plus tard, non sans avoir au passage séduit le premier surveillant puis le directeur de sa maison d'arrêt, tout en prenant part à un trafic de puces électroniques au sein de la prison.

◆◆

La justice française est-elle cohérente ?

Le 30 novembre 1987, un dénommé Michel Lajoye dépose une bombe artisanale dans un café « arabe » du Petit-Quevilly. À la barre, Lajoye, endoctriné de longue date, fait dans la provocation antisémite. Mais comme aucun blessé n'est à déplorer, les observateurs pensent que le procès se dirige vers une peine modérée. Lajoye est condamné à la réclusion criminelle à perpétuité, assortie d'une période de sûreté de 18 ans. Ce n'est jamais le cas pour un violeur, rarement pour un assassin. À l'issue de sa période de sûreté, Michel Lajoye dépose une demande de libération. Celle-ci lui est refusée à la demande de la Licra. En 2007, le tribunal de Troyes décide finalement de lui accorder une période de liberté probatoire. Jusqu'en 2015, l'homme n'aura pas le droit de parler publiquement de sa condamnation, par quelque biais que ce soit.

En 2005, près de Brest, un homme a été libéré deux ans après avoir commis un double meurtre particulièrement sordide, du fait notamment « d'atteinte à l'intégrité des cadavres » (TFI, 25/08/05). Et n'oubliez pas : cet homme est « présumé innocent ». Comme Pierre Chanal, qui s'est suicidé avant son procès. Comme Mohamed Merah. Un concept compréhensible, destiné à protéger tout individu non jugé. Mais coupé de la réalité : un individu mis en examen ou se retrouvant au tribunal est tout sauf *présumé innocent*. Pendant l'affaire Fofana, vous et moi étions présumés innocents. Lui était présumé « cerveau » de sa bande, ironie mise à part. Il est amusant de lire que les journalistes parlent de tueur présumé et d'innocent présumé à propos d'un même individu. Moins amusant : la présomption d'innocence transforme les victimes en menteuses présumées.

Tiraillée entre idéologies et paradoxes, la justice devient l'institution la plus injuste de notre pays. Plusieurs raisons à cela : d'abord, la toute-puissance des magistrats : les juges d'application des peines font ce qu'ils veulent et peuvent trafiquer à loisir les jugements rendus, en toute discrétion et sur une appréciation très personnelle des choses. Il suffit que la Cour de cassation décide (en juillet 2012) que les clandestins ne doivent plus être considérés comme des délinquants pour que ça devienne le cas. Ce qui interdit toute poursuite ou garde à vue les concernant.

L'anecdote suivante donne une assez bonne idée de la mentalité de certains (aspirants) magistrats. En juin 2011, un professeur lillois donne à un élève un corrigé du baccalauréat. Il est logiquement suspendu de ses fonctions et condamné à six mois de prison avec sursis. Mais ce n'est pas ce qui le préoccupe. L'avocat du professeur a déploré que l'écart de son client soit mentionné à son casier judiciaire, parce que ça risque « d'empêcher les projets de reconversion professionnelle de l'enseignant », « qui souhaitait devenir magistrat ou avocat ». On apprend en outre que le professeur est dans « un état psychologique catastrophique » (*Le Figaro*, 27/06/12). On veut bien le croire. Parce qu'il faut être sérieusement dérangé, après une telle fraude, pour venir pleurnicher sur ce qu'aurait dû être sa belle carrière judiciaire. Il faut fréquenter les tribunaux pour comprendre la détresse de ce professeur.

Certains juges ont oublié le caractère très concret et rigoureux de la justice. Ils motivent leurs verdicts par des critères arbitraires et abstraits, comme la dignité. Pris dans la course à la morale, le concept de droit a changé du tout au tout. La justice ne serait plus là pour punir ou maintenir l'ordre, mais pour comprendre ou aider le fautif. Le statut de victime a dérivé vers celui de coupable, et vice versa.

S'accrochant à une capacité carcérale digne du Liechtenstein, la France s'est engagée dans la voie des « peines alternatives », refusant mordicus de faire machine arrière, en dépit de chiffres toujours plus alarmants. L'irruption massive dans les audiences des médecins, des psychologues, des sociologues et même des psychanalystes, où leur parole – militante – est d'évangile, n'a rien arrangé. Enfin, les lois elles-mêmes sont oubliées à loisir, voire inventées en urgence, sous la pression associative, au gré de la dernière mode morale.

Dans un monde normal, la justice a pour but d'éviter les conflits internes et les vendettas qui en résultent, préjudiciables à la survie du groupe et au développement des sociétés. Lorsqu'elle s'attarde sur une infraction, la justice ne doit pas s'attacher à en saisir les causes, c'est là le travail des philosophes. La mission des juges est de faire respecter le contrat social, en se contentant de punir les fautifs. Nous ne serons jamais certains des causes, alors que nous pouvons l'être des faits : autant nous concentrer sur ces derniers. D'un point de vue évolutif, la justice est le grand ordonnateur de l'altruisme réciproque (Wright). Qui prétend appartenir à une société doit se soumettre à ses lois, d'autant plus nécessaires que la société est grande et complexe.

Vous souvenez-vous du chapitre 8 ? Selon la théorie de l'agression de Konrad Lorenz, comme tous les mammifères, notre agressivité naturelle envers notre semblable est inhibée par ce que nous appelons la morale. Deux tigres ont largement les moyens de s'entretuer, pourtant cela n'arrive presque jamais. Dès que l'un d'eux admet sa défaite et montre sa gorge, l'assaillant stoppe immédiatement son offensive. Cette inhibition est essentielle, puisqu'elle permet à une hiérarchie de s'établir sans menacer la survie de l'espèce. Selon Lorenz, ce mécanisme est moins fort chez l'être humain, pratiquement dépourvu de moyens de tuer ses semblables à mains nues, d'autant qu'il peut recourir à quantité de subterfuges pour échapper à sa mise à mort (appel à la pitié, ruse, dialogue, etc.). Avec l'apparition de la technologie, c'est-à-dire des premières armes, les hommes ont eu tout à coup le loisir de se massacrer entre eux. Les premiers charniers, donc les premiers massacres, datent des premières métallurgies (Coppens). Des premières véritables armes. Leur efficience n'a cessé de croître, jusqu'à l'ère industrielle, qui nous permet de nous exterminer massivement sans même avoir à nous salir les mains. L'homme peut tuer des dizaines de milliers d'autres hommes, en appuyant sur un simple bouton.

La technologie permet de nous distancier de la responsabilité de notre acte, d'ignorer notre inhibition morale. Si les soldats devaient tuer leurs adversaires avec leurs ongles et leurs dents, il y aurait sans doute moins de militaires.

La violence naturelle de l'homme, au sein d'une société technologique, peut dépasser sa pensée, c'est-à-dire son programme biologique assurant la survie de l'espèce. Il fallait donc inventer de quoi nous brider solidement. La loi, par exemple.

Un autre facteur impose une justice forte : la dispersion sociale. Dans un petit groupe familial, si quelqu'un massacre ou viole un de ses congénères, ça risque de se voir. En revanche, dans une grande ville, agir discrètement devient possible. Pas connu, rarement pris. Cela implique de développer des moyens considérables pour traquer et punir les fautifs.

L'interdiction du viol au sein du groupe, comme l'inceste, est biologique (Westermarck). Ce sont les mâles qui font la roue et c'est la femelle qui les sélectionne, d'où sa « valeur » culturelle d'échange instituant le mariage (Lévi-Strauss). Pour cette raison, la prostitution est très majoritairement féminine. Pour cette raison encore, une femme de petite vertu est méprisée par ses congénères (sa concurrence déloyale faisant chuter la valeur globale des femmes). Comme l'inceste, le viol n'existe pas dans la nature. Chez la plupart des mammifères, la femelle participe activement à la sélection de son partenaire, censé représenter un capital génétique intéressant d'un point de vue évolutif. Nous l'avons dit, avec le viol, l'homme peut court-circuiter ce choix. Il doit ce triste privilège à une stratégie de conquête, qui consiste à violer les femmes d'un autre groupe (tel un chimpanzé qui s'imposerait comme le mâle alpha d'un nouveau groupe), puis à l'évolution des sociétés (dont l'anonymat facilite le viol interne). La désinhibition due à l'anonymat de la société « autorise » les sous-sociaux à violer. L'apparition de sous-groupes (par exemple, de communautés) au sein même de la société le favorise également. Dans une société normale, les individus normalement socialisés organisent la répression du viol, ce qui jugule et stabilise ce dernier. La propension au crime peut donc être corrigée : la certitude d'une punition lourde est dissuasive. Il suffit d'enfermer durablement les plus irrécupérables, pour les mettre hors d'état de nuire. Sauf que... Des individus se sont mis en tête de punir le moins possible de tels comportements. Il faut comprendre, aider, accompagner, soigner, réinsérer, etc. Au diable la cohérence sociale.

Un seul exemple suffira à nous montrer jusqu'où la justice peut tomber. En mai 2011, un homme a été condamné par la cour d'appel d'Aix-en-Provence à verser 10 000 euros de dommages et intérêts à sa femme, *pour ne pas avoir accompli son devoir conjugal* (*Le Figaro*, 29/11/11). Rappelons que la loi punit également le viol conjugal. En clair, le malheureux avait le choix entre payer 10 000 euros, ou subir un viol. Oui, le viol, c'est aussi se contraindre à un acte non consenti, quel qu'en soit le motif. Cet homme a donc été condamné pour avoir refusé son viol. Imaginez le tollé féministe en cas de situation inversée...

Les chemins qu'emprunte la justice moderne mènent invariablement à ce genre d'impasse. Et pourtant, tout avait bien commencé. Aux premières heures de l'histoire, on a appliqué puis rédigé la loi du talion, qui ne persiste plus que sous la forme de la légitime défense. Viennent ensuite, parmi d'autres, le Décalogue, le code d'Hammourabi (IIe siècle avant J.-C.), la Table des Douze lois (Ier siècle), le code Justinien, la loi salique, le Code pénal, etc. Au fil des temps, les textes vont se perfectionner, souvent pour figer des évidences qui l'étaient de moins en moins pour les sous-sociaux, dont le nombre ne cessait de croître à mesure que les sociétés grandissaient. On distingue les irresponsables (déments manifestes) des responsables, en s'appuyant sur l'essentielle notion de libre-arbitre. Les lois sont basées sur la sagesse collective : les sociétés rejettent cruellement, depuis toujours, ce que la biologie commande de rejeter. Elles rejettent le malade, le difforme, le dangereux, le voleur, le tricheur, le déviant, ou même l'éternel célibataire, comme l'a montré Lévi-Strauss.

Ce sont les textes de loi qui ont structuré l'essor des civilisations, qui ont assuré la cohérence de la société et de sa hiérarchie. Punir le vol, le viol et la violence interne, c'est une question de survie et de civilisation. Le droit permet de donner un cadre à la société, en prévoyant des peines différentes (et leur exécution !) pour sanctionner des faits précis. Au début de son application, la loi ne se demande pas si les fautifs sont responsables ou non : la sélection naturelle (devenue sociale) ne se le demandait pas non plus. Puis viennent les Lumières, et se succèdent d'orgueilleux penseurs pour qui rien de ce qui a été fait sans eux ne saurait leur survivre.

D'abord garante de la responsabilité individuelle jusqu'à la mort du libre-arbitre – chrétien –, la justice a évolué pour devenir une simple assistante sociale. Que l'on s'interroge sur le bienfondé des peines, comme le fit Beccaria, est une chose. Que l'on en oublie tout le sens, comme le fit Hugo, en est une autre. Et si le fautif n'était victime que de lui-même, du risque qu'il prend sciemment de ne pas jouer le jeu ? Est-il si compliqué de respecter le contrat ?

Ainsi, le concept de réinsertion n'a aucun sens : si la punition est réelle, le criminel ne trouve dans la récidive aucun avantage. S'il récidive, alors il doit être mis hors d'état de nuire. C'est aussi simple que ça. La fable de l'insertion ou de la réinsertion ne concerne que ceux qui croient que ces gens peuvent décider, après une illumination subite, de s'insérer ou de se réinsérer de bon gré dans un corps qui leur est étranger, pour ne pas dire ennemi.

La justice est d'autant plus essentielle qu'elle fait aujourd'hui office de dernier rempart de l'autorité. Cette dernière n'est plus parentale, ni scolaire. La police ? Elle a été rendue si impuissante que les délinquants la méprisent... Restait la sanction judiciaire. Mais la justice, elle aussi, est devenue l'instrument de l'égalitarisme, en remplaçant peu à peu la racine biologique du droit par des concepts abstraits. On remarque ces dernières années combien la dignité est devenue centrale dans les sciences de l'homme (on y postule solennellement *l'égalité de tous en dignité*), dans la médecine (on parle de « dignité » à propos de l'euthanasie), dans la rue (le mouvement des « indignés ») et dans les librairies (le carton du livret archi-conformiste de Stéphane Hessel, « Indignez-vous »). De plus en plus, les tribunaux ont recours au concept de dignité humaine pour condamner les inégalités de toute nature. L'interdiction faite par la justice française aux nains d'être lancés, en 1995, est devenue légendaire.

L'idée est de revendiquer pour chacun un « droit à la dignité », c'est-à-dire un devoir pour les sociétés de compenser toutes les différences, de satisfaire tous les envieux, tous ceux qui se cherchent un moyen d'exister. On devient vite prisonnier d'un tel monstre.

Aux fondements de la dignité, on retrouve la notion de sacralisation de l'humain, qui se tiendrait hors du règne animal parce que *choisi et aimé par Dieu*. Ce caractère inné propre à chaque individu donnerait en quelque sorte le *droit à*. L'intérêt progressiste de la chose est que ce droit n'est en aucun cas fixé, ou tributaire de devoirs, et ne souffre d'aucune limite. On tente depuis son invention de faire de ce principe la base de toute justice, bizarrerie qui n'a pas échappé aux esprits critiques (Rawls & Le Pourhiet). L'engouement progressiste pour ce concept se comprend aisément : poser une abstraction comme base de la régulation d'attitudes déterministes, voilà qui serait une belle victoire pour une idéologie anti-réaliste.

Compte tenu du pouvoir jurisprudentiel illimité des juges, c'est sur la base équivoque de la dignité que reposent toutes les lois liberticides, mémorielles, paritaires, « positivement » discriminantes, en un mot toute la logique des droits. La dignité est un ordre divin, une abstraction complète qui prétend s'imposer à tout. Le meilleur moyen d'éviter toute dérive est de veiller à ce que la morale ne repose jamais sur rien. C'est le cas de la fraternité, par exemple. La logique de fraternité étendue au droit n'est autre que celle d'une compassion absolue, d'un altruisme sans réciproque. Cela conduit à ne plus jamais punir, donc à tout subir.

À l'heure actuelle, on se sert surtout de la justice pour interdire de la critiquer, elle et sa morale. Il vaut mieux tabasser une personne âgée plutôt que d'émettre des hypothèses non-homologuées sur les origines de la criminalité.

Corolaires de la dignité, les droits de l'Homme, dont on use et abuse pour imposer l'égalitarisme à la France, et le progressisme au monde entier. D'abord, contrairement à ce que l'on entend tous les jours, la France n'en est pas la patrie. En 1789, la France a créé la Déclaration des droits de l'Homme *et du citoyen*. Un texte ciblé, national, qui ne concernait même pas les colonies, et dans lequel il était davantage question de devoirs que de droits. Ces droits de l'Homme avaient pour seul but de transformer les sujets en citoyens.

La déclaration dite "universelle" de 1948 est un texte collégial écrit à la va-vite au lendemain d'une guerre effroyable, et la France n'a fait qu'y participer avec René Cassin. Le fait que l'inénarrable Stéphane Hessel prétende y avoir pris part donne une assez bonne idée de la portée spirituelle de la chose. Les véritables droits de l'Homme et du citoyen méritent eux d'être rappelés. Ainsi, « la Loi n'a le droit de défendre que les actions nuisibles à la Société. Tout ce qui n'est pas défendu par la Loi ne peut être empêché, et nul ne peut être contraint à faire ce qu'elle n'ordonne pas. »

Dans les faits, les lois votées à tour de bras ces dernières années ne s'occupent plus de la société, mais des intérêts communautaires ou individuels. À cette fin, elle laisse aux juges une marge arbitraire considérable.

Article IV : « La loi doit être la même pour tous, soit qu'elle protège, soit qu'elle punisse. Tous les Citoyens étant égaux à ses yeux, sont également admissibles à toutes dignités, places et emplois publics, selon leur capacité, et sans autre distinction que celle de leurs vertus et de leurs talents. »

Un rappel nécessaire, à l'heure de la parité, de la discrimination positive, ou encore des circonstances atténuantes liées à l'origine sociale. Article X : « Nul ne doit être inquiété pour ses opinions. » Article XI : « La libre communication des pensées et des opinions est un des droits les plus précieux de l'Homme. » Article XVII : « La propriété est un droit inviolable et sacré. » Voilà qui n'intéresse manifestement plus personne. Article XV : « La Société a le droit de demander compte à tout Agent public de son administration. » C'est ce que ce livre s'efforce de faire, malgré l'opacité volontaire des multiples services de l'État.

Les droits de l'Homme sont la Bible de la compétition morale. Tout le monde en parle sans avoir la moindre idée de ce qu'ils sont. Compétition morale oblige, le droit d'après-guerre a changé du tout au tout. La punition n'est plus là, ni même l'idée de société. On veut d'abord aider les fautifs, les victimes étant reléguées au second plan du système judiciaire. Quitte à ce que des millions d'honnêtes gens soient agressés, violés ou tués, il ne faut laisser personne sur le bord du chemin. Pas même les pires, qu'on imagine tous récupérables. Le lien social ou la mort. Si les groupes humains n'avaient jamais rejeté qui que ce soit, ils n'auraient pas évolué. Ils auraient disparu.

L'optimisme obligatoire des humanistes, qui confine à la foi, voire à la folie, a prétendu que tous les déviants étaient corrigibles, par la répression, l'éducation ou la médecine, avant d'imaginer, face aux échecs, que finalement les déviants n'en sont pas, condamnant le reste du monde à évoluer autour d'eux.

On voudrait que les voyous comprennent leur faute, fassent amende honorable et reviennent dans le troupeau du Bien, avec la ferveur des nouveaux convertis. « Je le ferai plus. J'ai ouvert les yeux. Je regrette sincèrement. » Certains juges se contentent de leurs mensonges, vouent un véritable culte à la contrition théâtrale. Il fallait voir les journalistes guetter les remords du tueur Anders Berhing Breivik, comme si ça le rendrait plus humain. Un homme qui assassine 77 personnes avec méthode n'a pas de remords. Les regrets d'un être humain normal ne sont qu'égoïstes. Mais les journalistes et les juges imaginent que leur morale universelle est autre chose qu'un mensonge.

Ces dernières décennies, l'essentiel de leur travail a été d'imposer le tout préventif comme seul horizon moralement acceptable. On a prétendu que malgré la répression impitoyable des gouvernements, rien ne freinait le crime ni la délinquance. Si effectivement rien ne freinait le crime et la délinquance, c'est justement parce que, sur le terrain de l'ordre public, les gouvernements étaient tout sauf impitoyables.

◆◆

Lorsque les politiques demandent « davantage de justice sociale », ou de la « justice pour tous », ils exigent tout simplement que la justice soutienne tout le monde, qu'elle aide tous les non-méritants, qu'elle mette à niveau ceux qui ne le sont pas, quitte à rabaisser ceux qui le sont. La justice ne cherche plus à punir mais à égaliser. Victor Hugo, prédicateur opportuniste, annonçait entre autres plaies que les juges seraient un jour remplacés par des médecins. C'est arrivé, et ça fait figure de principe intangible. Et finalement les fous deviennent des gens normaux. Du moins, c'est ce qu'espèrent certains tenants de la justice moderne.

Savez-vous ce qu'est un *transfert de responsabilité* ? Un excellent prétexte pour abuser du petit voisin. En juillet 2012, Khaled Ben Brahim est condamné à six mois de prison ferme pour avoir contraint un mineur à lui administrer une fellation. Si cet homme s'en sort si bien, c'est sans doute grâce à la plaidoirie de son avocate, centrée sur le fameux « transfert de responsabilité », dont on ne sait hélas rien, sinon que les avocats devraient l'évoquer plus souvent (*La Provence*, 6/07/12).

On se demande parfois si les magistrats n'ont pas transféré leurs responsabilités, eux aussi. Notamment quand l'une d'entre eux, sous un nom de plume, s'interroge à voix haute et devant un journaliste du Point sur le pourquoi de la criminalité actuelle. Laissons donc la parole à Sophie Endelys, présentée comme « romancière et juge ». « Ce qui frappe au premier abord dans ces histoires, c'est le contraste entre l'enjeu de l'agression (voler une carte bleue par exemple) et l'extrême violence déployée par son auteur (visage écrasé par les bottes de l'agresseur, gifles...). Comment peut-on l'expliquer ? Aussi aguerris que nous soyons à ce quotidien "extraordinaire", nous sommes saisis tout autant par l'étonnement et la stupeur, et même désarmés face à ces comportements qui relèvent parfois de la barbarie. L'explication ? L'une d'entre elles réside très certainement dans un déficit de vocabulaire. On se rend compte que les gens possèdent peu de mots pour exprimer leurs émotions du quotidien et ils n'ont donc pas d'autre moyen que les coups et l'agressivité pour exprimer leur désaccord ou leur colère. » (*Le Point*, 8/07/12).

En d'autres termes : quand jeune fâché, lui toujours faire ainsi.

Voilà ce que sont certains de nos magistrats. Des gens capables de prétendre qu'on massacre, qu'on torture, qu'on lynche ou qu'on viole parce qu'on manque de vocabulaire. Voilà la solution pour faire baisser la criminalité : il faut arrêter les muets, les bègues et autres aphasiques.

Ils se disent *désarmés*, nos magistrats, face aux populations qu'ils devraient punir et maîtriser, parce que la société leur a donné ce pouvoir, les a investis de cette mission sacrée. Ils préfèrent s'en remettre à tous les Gérard Miller de la Terre. Nous en sommes à psychanalyser les tournantes, comme si expliquer ces viols collectifs par la mystique freudienne en minimiserait la portée.

Notre époque a aussi inventé le déni de grossesse pour justifier les infanticides, lorsqu'une mère massacre ses enfants avant de les enterrer ou de les cacher dans le réfrigérateur. Un psy a qualifié les bébés tués de « réalités aberrantes ». Stéphanie Glina, une Toulousaine, a mis son nourrisson dans un sac plastique, puis dans le tambour de la machine à laver familiale. Réquisitions : cinq ans de prison. Verdict : acquittement. C'est officiel, un bébé ne vaut plus rien. Avant elle, l'affaire Courjault, trois bébés, trois ans. Affaire Lesage, six bébés, six ans. Affaire Cottrez, huit bébés, jugement à venir… Ce ne sera sans doute pas plus de huit ans, même si l'accusée rejette elle-même la thèse du déni de grossesse qu'on veut lui imposer. Un an le bébé, ça ne faisait déjà pas cher payé. Et là, l'affaire Glina, rien. Même plus de symbole, on condamne à l'innocence un tueur de bébé. Tuez l'innocence, vous êtes innocent quand même. Un bébé tué par des mains humaines, c'est un crime, peu importe le contexte ou les circonstances, qui doit être puni. Ce n'est plus le cas. Avortement post-natal, nous voilà. La loi, science objective de l'organisation de la société, n'est plus aussi sacrée que l'émotion. Le déni de grossesse, c'est d'abord le déni de la victime, du bébé assassiné.

Le déni de grossesse, c'est quelque chose qui permet à une femme déjà mère de perdre les eaux, d'avoir des contractions, de voir sortir quelque chose d'entre ses jambes, quelque chose de vaguement familier, de le saisir à la gorge, de l'étrangler, de l'étouffer ou de lui taper la tête contre l'évier, selon l'humeur du jour. Puis d'éponger le sang, de planquer la chose dans le frigo, dans le jardin, ou dans la machine à laver. Le tout sans avoir conscience qu'il s'agit d'un bébé. Bof, c'est pas si grave, c'est son bébé à elle. Et bien entendu, on agit toujours ainsi, dans le doute, avec ce que l'on ne connait pas : on étrangle et on fait disparaitre. À quand le déni de voisinage, le déni d'ami ou le déni de belle-mère ?

« Grâce au travail des spécialistes, on est en train de prendre conscience que le déni de grossesse existe et que c'est un bouleversement psychologique majeur », a déclaré un avocat. Admettons. Si on identifie un bouleversement psychologique majeur qui se traduit par l'assassinat de bébés, il faut enfermer d'urgence les personnes qui en sont atteintes. Au choix, l'hôpital psychiatrique ou la prison. Parce que Madame Glina, la trentaine, peut parfaitement avoir de nouveaux enfants. Elle n'est même pas astreinte à cette plaisanterie bi-mensuelle que l'on nomme obligation de soins. Pour le progressisme, c'est une victoire.

Nombreux sont les pays qui facilitent l'abandon de nourrissons en mettant en place des « boîtes à bébé » pour les réceptionner. D'autres investissent dans des « salles de shooting », pour encadrer les injections de drogue et prévenir les overdoses.

Certaines associations spécialisées distribuent, avec la bénédiction des autorités, des kits pour les toxicomanes. Par exemple, l'association Argile distribue des « kits de sniff » stériles, destinés à réduire les risques de contamination comme l'hépatite C. Des kits Steribox *disponibles en pharmacie* pour la modique somme de 1 euro, censés prévenir la contamination des virus, proposent dépistage et vaccination, et incitent les drogués à utiliser des préservatifs, lorsqu'ils copulent entre deux intraveineuses propres. Cette formidable invention qui remonte à 2001, signe indiscutable que les choses vont dans le bon sens, nous ne la devons pas au docteur Frankenstein, mais à son collègue le docteur Kouchner. Notre époque formidable permet donc de se droguer en toute sécurité. On attend avec impatience la création d'un ministère des drogues. Il faudrait songer à distribuer des kits de ce genre aux violeurs, avec préservatif renforcé, champs stériles et couteau de première main.

Comment peut-on imaginer que faciliter les actes délictueux permettra de lutter contre les délinquants ? On ne l'imagine pas, bien entendu. Il est simplement question de leur faciliter la vie. C'est la tendance... Et les choses sont bien plus *en avance* qu'on ne l'imagine. En 2011, un député UMP proposait de mettre en place une « assistance sexuelle » pour les handicapés. En clair, des prostituées fonctionnaires. Pourquoi ne pas étendre cette mesure aux prisonniers, ou même aux malades, aux vieillards, aux moches ou aux célibataires qui le vivent mal ? Il faut démocratiser et universaliser le sexe immédiat pour tous. Le sexe ne doit plus être privatisé. Il y a d'insupportables inégalités qui se creusent : d'un côté les étalons aux multiples conquêtes, de l'autre les mal-baisants, les éjaculateurs précoces, les éternels célibataires. Cette collectivisation de tout, au mépris des lois élémentaires de la vie, va finir par fournir des victimes aux assassins. C'est déjà le cas.

Savez-vous ce que sont les *pousseurs* ? Des personnages sympathiques qui ont pris l'habitude de précipiter leur prochain sous les rames de métro, et à qui l'on délivre systématiquement des brevets « d'irresponsabilité », ce qui les engage à des « soins », qui consistent la plupart du temps en des entretiens « réguliers » avec un psy et en l'auto-administration d'un traitement. Le plus souvent, on les laisse en liberté, à charge pour eux de respecter l'ordonnance.

Même si c'est bien imité, il paraît que ces gens ne cherchent « pas à faire du mal ». C'est ce qu'affirme la psychiatre Magali Bodon-Bruzel (*20 minutes*, 7/10/11). En France, on estime que 600 000 schizophrènes ordinaires déambulent librement dans nos rues (INSERM)… Même si certains d'entre eux se contentent seulement de pousser les gens sous les rames de métro sans chercher à leur faire de mal, on peut se demander si une telle politique de santé ne met pas démesurément en danger les citoyens. Les schizophrènes ne sont pas incarcérés non plus : ils représentent grossièrement 7 % des détenus (rapport Pradier), c'est-à-dire environ 4 000 personnes. Parallèlement, seulement 40 000 lits sont disponibles en psychiatrie. En juillet 2012, dans un métro lillois, une jeune handicapée mentale est agressée sexuellement par Mohamed, 39 ans. « Moi aussi, j'ai un handicap ! », s'exclame « presque fièrement » le prévenu, schizophrène et paranoïaque. Pour ces raisons, il ne pourra être jugé. Il le sait. Mais il est en liberté. Et aucun psychiatre n'est disponible pour fournir une expertise. Il est donc placé en psychiatrie… en attendant qu'un psychiatre donne son feu vert pour le libérer et/ou le juger (*Nord Éclair*, 1/08/12).

Les schizophrènes, ce sont ces « originaux » que l'on croise au hasard de nos promenades, et dont on se demande s'ils sont dangereux ou non. Bêtement, on se dit qu'ils ne le sont pas, sinon les autorités veilleraient à ce qu'ils ne déambulent pas ainsi dans les rues. Combien d'entre eux ne suivent pas leur traitement ?

Certes, ils ne sont pas *tous* dangereux. Mais le doute ne profite pas au plus grand nombre. Et si ces gens commettent un crime, on dira qu'ils sont irresponsables. Comment justifie-t-on le fait de laisser sciemment des gens irresponsables divaguer en liberté ? Qui est responsable de ces irresponsabilités ? Qu'explique-t-on aux familles des victimes ?

Le 7 juillet 2009 à Awoingt, les gendarmes découvrent le corps d'une fille, coincé dans un puisard. Dans la soirée, la victime est identifiée : il s'agit de Fanny Renquet, 17 ans, portée disparue depuis le 3 juillet. Rapidement, un suspect est interpellé. Arnaud Degage, 35 ans, est accusé d'avoir violé et étranglé la jeune fille avant d'avoir jeté son corps dans le puisard. La mère du jeune homme est également écrouée pour complicité : elle a menti aux policiers et tenté de dissimuler la voiture de son fils, stationnée non loin du puisard. En 2012, le procès n'a toujours pas eu lieu. Pourquoi ? Parce qu'une première expertise a considéré que le jugement du meurtrier était « altéré », donc que le prévenu était apte à être jugé. Mais une seconde expertise a décidé que son discernement était « aboli », ce qui ferait de lui un individu « irresponsable » et lui éviterait un procès. La famille de la victime n'aurait jamais les réponses qu'elle attend... Une troisième analyse devrait trancher (*l'Observateur,* 10/09/12).

Dans un tel cas, la justice est presque obligée de le juger responsable. Comment expliquer à la famille qu'il était à la fois parfaitement irresponsable et parfaitement libre ? Ce souci de cohérence explique la chute du nombre de criminels déclarés irresponsables. Cela concernait 16 % des verdicts de cour d'assises en 1980 contre 0,17 % en 1997. Il faut croire que les schizophrènes se sont sérieusement responsabilisés... Selon le professeur Michel Bénézech, près de 10 % des homicides sont commis par des schizophrènes paranoïaques. Où est-elle donc, la fameuse prévention ? La justice décide de faire confiance à des gens objectivement dangereux, tout en laissant subir aux citoyens « normaux » les désagréments de cet excès d'optimisme.

Et pour compliquer encore un peu plus les choses, l'alcool, jusque-là sagement considéré comme un facteur aggravant, pourrait bien rendre ses consommateurs irresponsables. À Calais fin 2010, un homme a été jugé irresponsable d'un meurtre parce qu'il avait bu de l'alcool et que l'alcool avait aboli son « discernement » (*Voix du Nord*, 12/12/10). Pourra-t-on expliquer la même chose aux policiers qui nous contrôleront avec quelques grammes ? « Scusez, m'sieur le juge, j'étais bourré. » Suffira-t-il d'arroser ses crimes pour en faire des accidents ? Rappelons que tous les jours, des hommes (irresponsables ?) sont condamnés pour ivresse publique. Cette justice ressemble de plus en plus à une œuvre abstraite.

Comme on ne comprend plus le sens originel du droit et des lois, on en crée des centaines et on les amende par milliers. Par exemple, la loi du mariage, qui devait soutenir une stratégie évolutive élaborée (la stratégie K : les parents font peu d'enfants mais s'en occupent beaucoup) en donnant aux époux des devoirs et des droits à long terme, n'a plus aucun sens. La tendance est à faciliter la séparation, le placement, le replacement, la recomposition, la décomposition, jusqu'à étendre l'union aux couples homosexuels (voire aux trios ou quartés de parents, comme ça se négocie déjà en Californie).

Ceux qui moquent sans cesse la désuétude des lois devraient s'interroger sur leur raison d'avoir été. La vie est une sélection permanente, impitoyable, tout ce qui est stable ne l'est pas par hasard. Certaines lois sont si évidentes qu'il n'a jamais paru nécessaire de les formaliser. Le suicide n'est pas interdit par la loi. Pendant longtemps, rien n'interdisait explicitement l'inceste et le cannibalisme. Les législateurs n'ont pas cru devoir interdire aux êtres humains de se manger entre eux. Ce qui a posé des problèmes juridiques avec le cas du Japonais cannibale Issei Sagawa, lorsqu'en 1981 ce charmant touriste a tué et mangé une étudiante à Paris, selon ses dires pour des raisons strictement épicuriennes. Plus récemment, Nicolas Cocaign a comparu devant la cour d'assises de Seine-Maritime, pour avoir tué et dévoré son codétenu, en 2007, suite à une « dispute ». Cocaign le tabasse, le frappe à coups de ciseaux (!), l'étouffe à l'aide d'un sac plastique. À l'heure du dîner, il entreprend de découper le thorax de sa victime avec une lame de rasoir (!), puis en extrait ce qu'il prend pour le cœur, en réalité un morceau de poumon. Il en mange une partie crue, puis mitonne le reste sur un réchaud (!) « avec des petits oignons ». « Je voulais prendre son âme », explique-t-il au juge d'instruction. Cocaign, dont le discernement a été jugé « altéré », a été condamné à trente ans de prison ferme (20 *minutes*, 23/06/12).

Ces cas aberrants ne nécessitent pas de loi particulière, justement parce qu'ils sont aberrants. Si l'on fait preuve de bon sens, on ne laisse pas des ciseaux, des rasoirs et un réchaud à la disposition d'un tel individu, pas plus qu'on a besoin de loi proscrivant la consommation de poumons humains.

Le discernement de nos contemporains étant aussi altéré que celui de l'administration pénitentiaire, il faut faire des lois pour tout, tout le temps.

Faire une loi sur l'inceste, cela revient à reconnaître le comportement incestueux, donc à notre époque, à en débattre, à le comprendre, l'expliquer, l'excuser et éventuellement militer en sa faveur, par souci anticonformiste.

Notre époque a fait de la traque aux « vides juridiques » sa spécialité. Le plus grand problème de la justice n'est pas la loi. Les lois sont bonnes, il n'y a plus qu'à les appliquer. La seule faiblesse de la loi est de demeurer le jouet des hommes.

4

NUL BIEN SANS PEINE

Quelle est la peine la plus courante ? À part celle des familles de victimes, c'est le rappel à la loi. N'allez pas vous imaginer que cet avertissement sans frais ne concerne que des broutilles. Le 11 mars 2012, le *Midi Libre* fait par exemple état, photo à l'appui, d'un homme frappé d'un coup de couteau dans la nuque. Pour l'agressé, une entaille de 14 centimètres. Pour l'agresseur, un rappel à la loi.

Le palier supplémentaire, c'est l'amende dérisoire, et encore, avec sursis. En février 2012, un homme se promène dans la rue piétonne de Carcassonne à une heure d'affluence, le sexe tenu en laisse par sa compagne. Cet attentat à la pudeur dont on précise qu'il a bien fait rire les magistrats, a été sanctionné par dix euros d'amende avec sursis (LCI, 8/04/11). C'est une généralité : l'exhibition sexuelle, y compris à la sortie des écoles, échappe à toute sanction sérieuse. Tant pis pour la préservation des enfants, du moment que ça fait rire les juges. La masturbation publique, délit très fréquent en correctionnelle, représente une étape clé de l'évolution du délinquant sexuel, un premier passage à l'acte qui dénote de très inquiétantes dispositions mentales, contre lequel on s'attend à ce que la justice oppose un sérieux coup d'arrêt. L'article 222-32 du Code pénal punit la simple « exhibition sexuelle imposée à la vue d'autrui dans un lieu accessible aux regards du public » par un an d'emprisonnement et 15 000 euros d'amende. De nos jours, le Code pénal ne sert qu'à expliquer au prévenu « ce qu'il risquerait normalement » dans un monde normal. En attendant, les simples sermons permettent de ne pas encombrer les prisons.

Parfois, il n'y a carrément pas de condamnation. À Angoulême, un juge a par exemple été surpris en train de se masturber en pleine audience, en 2005. Il a bénéficié d'un non-lieu, car déclaré *pénalement irresponsable.* Il s'avère que l'institution était parfaitement au courant des « troubles psychologiques » du magistrat, depuis 1994. Celui-ci faisait parfois « ses courses en robe ou imitait Johnny Hallyday dans les couloirs du palais de justice ». Ça n'a pas empêché notre homme d'exercer durant neuf ans comme juge aux enfants puis comme simple juge. On apprend à cette occasion que trois juges « connaissant de grandes difficultés psychologiques sont rémunérés sans affectation » (LCI, 28/09/05). France cherche juges, expérience exigée, fous acceptés.

Les exemples de déni de justice sur ce thème sont légion. En mai 2008 à Caudry, un homme arrêté pour s'être masturbé en pleine rue, devant des femmes et des jeunes filles, a été condamné à trois mois de prison avec sursis. Pour expliquer son comportement, l'expert médical a évoqué « la difficulté à être célibataire » (*L'Observateur,* 21/05/08). À Rodez, un homme qui se masturbait dans un train a été dispensé de peine en raison de ses « problèmes personnels » (*La Dépêche,* 20/10/11). À Béziers, un « habitué », qui se masturbait sous les fenêtres des riverains, sous un porche, ou encore dans un parking, n'écopera que de sursis. Malgré plusieurs plaintes et un état de récidive (*Midi Libre*, 11/11/11).

L'échelle des infractions n'a plus d'importance. Pour les magistrats, seule semble compter l'échelle des peines, comprenez les peines de substitution et les aménagements. Un invraisemblable château de cartes sans base ni sommet, qui doit permettre d'éviter aux prisons de trop déborder, essentiellement pour continuer à (se) faire croire que la France n'est pas un pays à forte criminalité.

Cela revient à ne plus jamais enfermer certaines personnes, peu importe le nombre d'infractions commises. En août 2011, la préfecture de police de Paris a annoncé qu'un sans-papiers avait été « interpellé pour la 97e fois », au volant d'une voiture volée. En sus, on apprend qu'il a fracturé le bras d'un policier « d'un coup de tête » (45 jours d'ITT).

Un cas isolé ? Jugez vous-même. En juin 2012, un certain Max (le « prénom a été modifié ») enregistre sa 18e mention. À 27 ans, il circulait drogué et alcoolisé. Le procureur lui rappelle que la peine encourue est de six ans, et la peine plancher de un an. Max répond qu'il veut s'en sortir. « Il faut lui laisser une chance », explique son avocat. Verdict ? Même joueur joue encore : l'individu n'ira pas en prison et pourra repasser son permis prochainement (*Le Point*, 19/06/12).

En juillet 2012, un Montpelliérain de 21 ans est condamné à un an de prison avec sursis pour avoir agressé un touriste américain. Il l'a volé, jeté au sol et tabassé. Deux jours avant les faits, le coupable avait été condamné à de la prison avec sursis pour vol (*Midi Libre*, 10/07/12). Oui, le sursis ne sert à rien : il faut commettre exactement les mêmes actes pour qu'il tombe, et encore : son application est suspendue au bon vouloir du juge. En tout cas, il faut se lever tôt pour être condamné à quelque chose de concret. Certains y parviennent, mais sur le fil : en juillet 2012, un chauffard de 20 ans « déjà incarcéré pour des faits similaires » circule sans permis, à bord d'une voiture volée. Il force un barrage, blesse un gendarme et écope d'un an de prison ferme (*Le Progrès*, 4/07/12). Qu'il ne fera sans doute pas.

Selim, 18 ans, a été condamné à Avignon en juillet 2012 à deux ans de prison pour deux agressions sexuelles. « J'ai déconné grave », s'est-il défendu. Son casier judiciaire comporte déjà 63 condamnations (*La Provence*, 20/07/12). À son âge et compte tenu de sa constance, Selim semble promis à une très belle carrière. Il pourra plus tard remercier le laxisme judiciaire, sans lequel rien n'aurait été possible.

Autre individu à atteindre les deux ans de prison, un SDF lyonnais de 34 ans qui, en septembre 2011, a frappé et grièvement blessé un aide-soignant d'un coup de couteau, au sein d'un hôpital psychiatrique. Mohamed Brahimi, toujours en cavale, avait également blessé une infirmière et un autre aide-soignant. La victime principale souffre toujours d'un handicap de la cuisse et de séquelles psychiques (*Le Progrès*, 10/07/12). Nous le voyons, pour espérer la condamnation, il faut faire très fort et avoir de sérieux antécédents... Les prévenus n'ayant pas d'antécédents sont systématiquement relâchés. Ils ne risquent donc pas d'en avoir un jour.

◆◆

Punit-on au moins les malfaiteurs, à défaut de les enfermer ? Un individu considéré comme insolvable, s'il décide de se soustraire aux convocations de justice et autres travaux d'intérêts généraux, ne risque rien d'autre que... de nouvelles convocations et de nouveaux travaux d'intérêts généraux. Les sanctions financières associées au principe d'insolvabilité sont devenues un gigantesque contre-sens, puisqu'elles poussent vers l'asocialité, c'est-à-dire à se débarrasser de ses biens. Celui qui a les moyens paie la note, pas l'autre. Avant, on trouvait un moyen de lui faire payer, par exemple en l'envoyant taper sur des cailloux en Guyane. Quant à la loi salique, elle faisait payer de son sang celui qui n'avait pas les moyens de rétribuer sa victime.

D'un même mouvement, la France a abandonné les peines afflictives et infamantes. Plus de châtiments corporels, de mutilations, de galères, de bannissement, plus de peine de mort et plus aucune sanction d'enfermement définitif. La suppression de ces deux dernières catégories de peines a permis de sauver des innocents condamnés par erreur. Elle en a assurément condamné à mort des milliers d'autres, ceux qui ont le malheur de croiser les récidivistes à qui l'on a offert, par humanisme, une seconde chance.

Nous sommes en démocratie, tout débat sur la peine capitale est donc interdit. Illustration amusante lors d'une banale émission de télévision diffusée sur la TNT, en décembre 2012 : à propos d'une sinistre affaire de crime (l'assassinat d'Anne-Lorraine Schmidt), le grand défenseur des droits de l'Homme, Robert Ménard, à propos d'un fait divers particulièrement sordide, fait mine de regretter la peine de mort. « Rien ne justifie qu'on enlève la vie à mon sens, merci Robert », l'interrompt un obscur journaliste. Le genre de personne qui s'indigne que la mort puisse aussi frapper le meurtrier. Un an après cette émission, le moraliste est passé de l'obscur au clair, en devenant la vedette trendy du 20h de France 2 tandis que Ménard était remercié par I-Télé. Le hasard, sans doute. Faut pas généraliser. Faut pas se laisser emporter par l'émotion. On veut « voir l'humain derrière le condamné ». Mais voit-on les victimes derrière les coupables ? S'en préoccupe-t-on ? L'abstraction de l'empathie n'existe que vis-à-vis des victimes, l'hyper-empathie est, étrangement, souvent réservée aux criminels.

Convaincus que l'histoire va dans le bon sens et que leur opinion est autre chose qu'une mode, les abolitionnistes ont décrété qu'après eux plus aucune autre herbe ne repousserait. L'abolition a été gravée dans le marbre constitutionnel. Est-ce une bonne idée ? Qui défendent au juste les abolitionnistes, sinon des gens s'étant volontairement exclus de la société de la pire des manières ? Puisque la disparition de la peine capitale semble être aujourd'hui acceptée et ratifiée par la majorité du corps social, existe-t-il des dispositions légales alternatives, permettant à ce dernier de se protéger durablement de ses membres les plus dangereux ?

Février 2011. Après deux semaines de recherches, la tête de Laëtitia Perrais était retrouvée dans un étang de 20 mètres de profondeur, à Lavau-sur-Loire. La jeune fille de 18 ans avait disparu le 19 janvier près de Pornic. Ses bras et ses jambes, lestés au fond de l'étang par des grilles, ont également été repêchés. Il faudra de nouvelles recherches pour retrouver le buste de la jeune femme. Selon l'autopsie, Laëtitia est morte étranglée. Un certain Tony Meilhon, marginal de 31 ans, « un peu fou » selon sa mère, a été interpellé suite à la disparition de la jeune fille. Du sang appartenant à Laëtitia a été retrouvé dans la Peugeot 106 du suspect. Il a d'abord expliqué l'avoir tuée dans un accident de la route, avant d'affirmer s'être débarrassé du corps dans la Loire. Tony Meilhon, qui a refusé de participer à la reconstitution (accablante) encourt la prison à perpétuité. Selon l'expression consacrée, l'individu « était connu des services de police et du personnel pénitentiaire ». Treize petites condamnations pour violences, braquage, rébellion, drogue… Cet homme sympathique avait notamment violé un co-détenu (au moins ne l'a-t-il pas mangé, circonstance atténuante). Il n'a jamais fait plus de trois ans de prison pour une seule peine. On voulait une société sans valeur, la voilà : tuez votre bébé, violez votre prochain, vous ferez de un à trois ans de prison. Il faut continuer comme ça, c'est écrit sur la feuille de route humaniste. Il faut se passer des prisons et de la répression. Hélas, la réalité ne suit pas exactement la même logique. Les violeurs continuent de violer et les assassins d'assassiner.

C'est bien beau de s'émouvoir du sort de tous les Tony Meilhon de la terre, mais cette indulgence a un prix. Laëtitia l'a payé de sa vie, Tony paiera trop tard de sa liberté ce que personne n'a osé lui faire payer à temps, tout ça à l'heure de la « prévention » et du « principe de précaution ». Certains journalistes se sont inquiétés, rendez-vous compte, du fait que le sieur Meilhon « errait sans réel suivi médico-social ». Si encore il avait consulté régulièrement un psychanalyste, si encore il avait rencontré récemment une assistance sociale pour l'aider à remplir ses demandes de RSA, probablement que ce jeune garçon atypique (oublions le « marginal », ça stigmatise) n'aurait pas eu la malchance de croiser la route de Laëtitia.

Les familles ne se contentent plus des cellules psychologiques dans lesquelles on tente d'enfermer leur colère. La seule cellule valable sera, serait, celle de Tony Meilhon. Elle aurait déjà dû être celle de Tony Meilhon. Mais tout ça n'est que secondaire. Ce qui est grave, c'est que des journalistes et des politiciens risquent de faire de la « récupération », au lieu de se taire et d'affirmer que *la France n'a pas peur.* Chaque affaire trop médiatisée risque « d'attiser le sentiment d'insécurité ». On va prétendre qu'en parler fait le jeu de l'extrême droite, qu'il ne faut pas oublier que 85 % des réinsertions sont « réussies » … Sauf que ce chiffre est basé uniquement sur les 5 ans qui suivent la libération et ne prend en compte que des faits strictement similaires. Sauf que dans les 15 % de réinsertions « ajournées » se cachent statistiquement un minimum de 2250 agressions sexuelles « officielles ». Combien faudra-il de personnes condamnées à croiser la route de ces personnages pour que l'on cesse enfin de faire mumuse avec ces « tentatives de réinsertion » ? Si l'on ne peut pas prévenir la plupart des viols, il est clair qu'on pourrait au moins éviter ceux-là. On ne veut pas. La société distribue à chaque criminel un « bon pour une seconde victime », indispensable pour déboucher sur une vraie condamnation.

2250 victimes de récidivistes, c'est trois fois rien, sans doute le prix de la réinsertion radieuse. C'est aussi ça, le vivre-ensemble, il faut faire des concessions…

Il paraît que c'est la faute à la précarité, aux « dysfonctionnements », au manque de moyens, au fonctionnaire chargé du dossier, à une enfance difficile, à Sarkozy, à un regard de travers, au climat, au stress, au bisphénol A, à tout et à n'importe quoi… Mère alcoolique, père absent, parents violents, divorcés, drogués, tout peut expliquer, rien ne doit dédouaner. Il y a Tony Meilhon et il y a les responsables, ceux qui ont décidé qu'il pouvait sortir. Plus largement ceux qui, au nom de leurs utopies, ont décidé que n'importe qui, fût-ce un violeur armé, avait droit à une séance pratique de rattrapage. Ces idéologues-là, ces complices-là, ne sont jamais sur le banc des accusés.

Quand un médecin « endort » un vieillard, ça rouvre à coup sûr le débat sur l'euthanasie. La mort de Laëtitia n'a pas rouvert le débat – interdit – sur la perpétuité réelle. En attendant, c'est la tête d'une innocente qui a été coupée suite à une grave erreur judiciaire, celle qui a libéré son bourreau.

« Mieux vaut une injustice qu'un désordre », disait Goethe. La tolérance, la patience et même l'hospitalité que notre société offre au désordre condamnent les victimes innocentes à l'injustice. L'assassin n'est *plus* un simple citoyen : il est coupable d'avoir découpé une femme en six morceaux. Vis-à-vis du contrat social, c'est au minimum une faute grave. Vous aviez des valeurs, ma bonne dame, nous avons des principes. Une chose est certaine : même s'il est condamné, il sortira de prison un jour, dans 22 ans au plus. Il en aura alors seulement 53. Pour qui, la troisième chance ?

Notre société condamne à mort des innocents parce qu'elle se refuse à condamner à la perpétuité des coupables. Ça ne veut pas dire qu'il faut couper les coupables en deux. Ça veut dire que leurs « échecs » doivent être définitifs, sans possibilité de nouvel examen. Il faut les priver à tout jamais de société. La prison, ça sert à ça.

On peut aussi choisir de nier le libre-arbitre en mettant tous les coupables sur le dos de la société, ou dans le même sac que les victimes. On en revient à la situation actuelle : seule la société paie indistinctement et concrètement les « écarts » des psychopathes qui choisissent de s'en exclure.

Des innocents sont condamnés à mort, des criminels ne paient jamais de tribut à la mesure de leur crime. Avant de devenir le confort de Tony Meilhon, la priorité de la justice était d'éviter les rechutes coûtant la vie de ceux qui avaient choisi d'honorer le contrat. Réparer la faute de la société, punir celle du criminel, ce n'est pas 22 ans de sureté, c'est un verdict définitif, à la mesure du crime. Ce qui est certain, c'est qu'un assassin n'a plus à bénéficier de l'altruisme fondamental de nos sociétés.

« Mieux vaut une injustice qu'un désordre » signifie qu'un désordre engendrera une multitude d'injustices, qu'il vaut mieux emprisonner définitivement les gens qui ont prouvé leur dangerosité, quitte à ce qu'un innocent sur quelques milliers de coupables en pâtisse. La problématique ici n'est pas de trouver l'équation idéale (elle n'existe pas), mais bien de valider celle du moindre mal. Si on ne le fait pas, ce sont des milliers d'innocents qui en pâtiront, jamais les coupables.

Accepter de tuer un innocent qui en fait la demande, c'est un désordre. Ne pas mettre hors d'état de nuire quelqu'un qui découpe une femme, c'en est un autre.

Évidemment, si l'erreur judiciaire tombe sur vous, vous en serez fort marri. Mais ne le seriez-vous pas davantage si on vous apprenait que votre enfant avait été massacré par un monstre en train de rater sa treizième tentative de réinsertion, avec les compliments des juges et des psychanalystes ? Comme la société est humaine, donc imparfaite, on peut limiter l'injustice, mais pas la supprimer. En revanche, le désordre est évitable. C'est là l'utilité de la justice. Elle tente de concilier nos impératifs biologiques et la vie en société. L'ordre est une donnée physique, immuable, sans lequel rien ne peut exister (ou plutôt vivre). Notre société a une notion de la justice plutôt consensuelle : couper en deux un innocent est injuste. Cependant, la société est un ordre, une entité cohérente organisée autour de la survie et de l'altruisme : ne pas protéger les citoyens des assassins est un facteur de désordre potentiellement fatal.

◆◆

Lorsque les individus sont déclarés responsables de leurs actes, la réponse unique à tout type de crime suffisamment grave est la prison. Longtemps associée aux travaux forcés et à la déportation, elle est généralisée progressivement depuis le Marquis de Beccaria au cours du XVIIIe, reprise dans le Code des délits et des peines de 1791, privilégiée par le Code pénal de 1810, conservée jusqu'à nos jours. Elle n'est guère concurrencée par d'autres peines, le bannissement ne restant que peu de temps en usage. Au cours du dernier siècle interviennent l'aménagement des peines, l'invention du sursis, le développement du principe de réinsertion, la création des travaux d'intérêt généraux... Nous reviendrons sur l'éventail des peines de substitution, si on peut appeler ça des peines. La peine principale reste la prison, peut-être plus pour longtemps. Dans les médias, les reportages sur l'insalubrité carcérale se succèdent. On tente d'alimenter une confusion entre surpopulation, insalubrité (des faits avérés et scandaleux) et sévérité des conditions d'hébergement.

Pour payer sa lourde dette à la société, un détenu doit être privé de liberté, dans des conditions strictes (mais décentes). La prison n'est pas le Club Med. Pourtant, elle ne prive pas les condamnés de contacts avec les autres détenus, bien au contraire. Ils peuvent aussi voir leurs proches, et parfois même avoir des relations sexuelles avec eux, dans les « parloirs intimes » mis en place dans certains établissements. Mesure d'une cohérence rare : les rapports sexuels sont interdits dans les prisons, alors que les préservatifs y sont en libre-service. C'est la mode Steribox. D'un point de vue culturel, les détenus ont des bibliothèques, mais elles attirent autant l'attention des pensionnaires que celles qu'on trouvait jadis dans les familistères. En 2009, un tiers des détenus suit une formation. 36 % d'entre eux travaillent. Leur activité principale est presque la même que celle des citoyens libres : la télévision. Cet abrutissement permanent est souvent le seul rythme de la vie des détenus. Sinon il y a les repas, l'heure de promenade (non obligatoire), les activités, la bibliothèque et l'oisiveté. Un détenu abonné à Canal+ ou à une quelconque autre chaîne n'est astreint à aucune restriction : il regarde ce qu'il veut. Personne ne va s'en plaindre, la télévision étant aux gardiens qui n'arrivent pas à gérer leurs détenus ce qu'elle est aux parents qui n'arrivent pas à gérer leurs enfants : la garantie d'un peu de calme.

Récemment, Youssouf Fofana, l'ancien boss du gang des barbares, a publié une quinzaine de vidéos sur Internet. Un clandestin placé en détention a « tweeté » son aventure. Il faut savoir qu'en prison, les prix défient toute concurrence. En 2011, la Cour des comptes nous précise que la plupart des produits alimentaires y sont vendus au tiers de leur valeur publique. Ce sont les détenus qui expédient des aliments à leur famille, et non le contraire.

De nombreux trafics ont lieu dans les prisons. Le personnel, par manque d'effectifs et de moyens, a bien du mal à les endiguer. En 2011, France 3 diffuse un reportage sur un vaste trafic de drogue et d'alcool au sein de la prison de Fresnes. *L'Union* relate un important trafic s'étant déroulé à la prison de Laon en 2010 : des détenus possédaient plusieurs téléphones portables, dealaient héroïne et cannabis, et se faisaient livrer de la viande halal. L'organisateur gérait le trafic tout bonnement par téléphone portable. Il se faisait livrer chaque semaine au parloir. En 2012, des plants de cannabis de 80cm ont été découverts au sein de la prison de Saint-Martin-de-Ré. Selon les syndicats pénitentiaires, ces jardins illicites existent dans les prisons « depuis de nombreuses années » (*20 minutes*, 22/08/12). En septembre 2008 à la prison des Murets, un trafic de téléphones et d'ordinateurs a été éventé. Deux ans plus tard, un détenu cachait sur lui 12 000 euros et une clé 3G (*Libé Toulouse*, 10/11/10). Parfois, les complicités sont surprenantes… En 2011, une surveillante de la prison de Fresnes a été interpellée pour avoir organisé un trafic de drogue, d'alcool, de téléphones et d'ordinateurs au sein de son établissement pénitencier. La plupart du temps, cette réalité ne sort pas du monde carcéral. Un monde qui n'est pas si terrible que ça : en juillet 2012, un SDF de Pontault-Combault a caillassé une voiture de police, « pour retourner en prison ». Gagné : il a pris trois mois ferme, avec mandat de dépôt (LCI, 16/07/12).

Les détenus sont rarement isolés, puisque de nombreux camarades de crime se retrouvent dans les mêmes prisons. Bizarrement, ceux qui prétendent que l'environnement détermine les individus ne s'en émeuvent guère. Pas plus qu'ils ne s'émeuvent du fait que la ségrégation ethnique soit appliquée dans les grandes prisons françaises, comme à la Santé, à Paris, ou aux Baumettes à Marseille. Le vivre-ensemble forcé ne serait pas une bonne idée ? Une plainte de SOS racisme déposée en 2000 concernant le tri ethnique à la prison de la Santé, a été rejetée par le tribunal de grande instance de Paris (verdict confirmé en appel puis en cassation). Répartir les détenus dans des blocs distincts selon leur race (« Blancs », « Noirs », « Maghrébins » et « Asiatiques ») n'a pas ému le tribunal. Apparemment, l'absence de séparation cause davantage de problèmes qu'elle n'en résout. Selon Amélie Trappier, coordinatrice régionale en PACA, « les détenus demandent à être ensemble [...] Beaucoup de prisonniers étrangers préfèrent être avec des compatriotes » (*Jeune Afrique*, 12/01/04).

Aux problèmes de fond s'ajoutent les problèmes structurels. La justice coûte aussi cher que l'Outre-mer, mais ce budget paraît encore très bas eu égard à l'aggravation considérable de la situation. Ces problèmes sont politiques. D'un côté il y a ceux qui veulent construire des prisons sans se soucier des causes de la criminalité, de l'autre ceux qui veulent transformer les prisons en open space et autres country clubs, en allant jusqu'à confier aux prisonniers les clés de leur cellule. Ce n'est plus une question de seconde chance, c'est un permis de tuer.

Depuis quelque temps, on parle de ces prisons d'un type nouveau, surnommées les « prisons du cœur ». L'une d'entre elles devait s'installer près de Saint-Julien, dans le Jura. Par consultation, les habitants ont refusé cette éventualité, le maire veut la leur imposer. Pas de quartier disciplinaire, pas de barbelés, mais gymnase, restaurant rapide, supermarché, espace culturel, pôle d'activités artistiques, coin presse, coiffeur, boulangerie, mairie, sécurité sociale, pôle emploi, commissariat, etc. Coût total de l'opération : 10 millions d'euros. Les détenus ont l'obligation de travailler aux 35 heures, salariés au SMIC. Beaucoup de citoyens en demanderaient autant... Argument d'autorité ultime : Yannick Noah a participé au clip promotionnel ventant les mérites de cette prison qui n'en est plus une. On rassure comme on peut les riverains en leur expliquant que les 120 détenus ne sont pas dangereux, puisqu'il s'agit seulement de primo-délinquants condamnés à une peine inférieure ou égale à cinq ans de prison... Pour aller en prison trois ou quatre ans, il faut s'être rendu coupable d'un viol ou d'une grave agression. Par exemple, *Tendance Ouest* (4/02/12) rapporte qu'un homme ayant poignardé à trois reprises un médecin d'Argences pour lui voler sa recette a été condamné en 2012 à trois ans de prison ferme. En 2008, en Savoie, Nourreddine Bouassane met au sol une femme enceinte et la tabasse violemment. Elle en perdra son bébé. Deux ans de prison ferme. En 2007, ce même individu avait fracassé une bouteille d'alcool sur la tête de sa concubine (*Le Dauphiné Libéré,* 20/11/11). C'est ce genre de personnage « pas dangereux » qui aura droit aux prisons de luxe. On se demande bien si nos décideurs ont jamais su ce qu'était le principe fondateur de la prison : il n'est pas seulement question d'isoler, mais bien de punir. De *faire payer.*

Si l'on inventait un sérum miracle, qu'il suffirait d'injecter à chaque malfaiteur après une infraction pour le soigner et être certain qu'il ne récidivera pas, s'en contenterait-on ? *Tout se paye*, le principe de la justice est de faire payer ceux qui refusent de le faire. La justice n'est pas là pour aider, encourager, comprendre ou soigner. Elle est là pour présenter l'addition. Et c'est en agissant ainsi, et seulement ainsi, qu'elle mérite son nom.

Dans sa prison « humaine », Anders Behring Breivik, 77 cadavres au compteur, sera tenu à l'écart des autres prisonniers. Il dispose de trois pièces, d'une douche individuelle, d'un espace vert de 30 hectares, d'un studio, d'une bibliothèque, d'une salle de musculation, d'un gymnase, de huit euros par jour pour acheter des friandises, d'un écran plat et d'un ordinateur portable, sans doute pour écrire son autobiographie.

Avec les prisons du cœur, les victimes et les contribuables payent. Pas les malfaiteurs.

Comme le disait un policier cité par *Rue*89 : « La prison doit être plus dure. Je me souviens de ce gamin. On l'appelait Spiderman parce qu'il était tout fin, très léger. Il grimpait en haut des tours et passait d'un appartement à l'autre pour cambrioler. Il est sorti de prison, il était tout musclé. La prison, ça doit être un mauvais souvenir, pas une préparation à plus de délinquance. » Pour le juriste François Haut, « la prison est une école du crime ». La période de détention doit faire comprendre aux détenus que la réinsertion n'est pas une option. Les peines ne sont plus dures, et elles sont moins longues, si bien que les rares cas d'enfermement de longue durée deviennent des « symboles ». Comme Abdelhamid Hakkar, tueur de flic libéré après 28 ans de prison.

On entend régulièrement des idéologues formuler le vœu de « dépasser » la prison. La solution ? Les supprimer ! Il est vrai qu'elles sont très gênantes, car elles rappellent ostensiblement une situation bien difficile à dissimuler au grand public.

En France, le nombre de prisonniers a plus que doublé depuis les années 1980, selon le ministère de la Justice. En 1950, il était inférieur à 20000. En 2012, il bat tous les records. 67000 détenus, taux d'occupation de 117 %. Et ces chiffres ne cessent d'augmenter, mois après mois.

Après des années de tergiversations, un projet de loi prévoyant la création de 24000 places de prison pour fin 2017, a été voté en février 2012 par le Parlement. Les députés et les sénateurs PS s'y sont opposés. La commission nationale consultative des droits de l'Homme évoque quant à elle « l'abandon d'une politique de prévention de la délinquance ambitieuse privilégiant l'aménagement des peines » (*L'Express*, 12/03/12). En réalité, les peines aménagées ont augmenté de 52,1 % en deux ans. Pour ses détracteurs, la construction massive de prisons sonnerait comme un échec. En attendant que ces messieurs harmonisent leurs rêves et la réalité, ce sont toujours les citoyens qui trinquent. Et ce n'est qu'un début. Christiane Taubira, nommée par Hollande à la justice, a annoncé la suppression des tribunaux correctionnels pour « adolescents » de 16 à 18 ans, tranche d'âge tout particulièrement concernée par la délinquance et le crime. Que fera-t-on des 1600 mineurs mis en cause pour viol chaque année (ONDRP) ? Taubira entend également supprimer les peines plancher. « S'agissant des peines plancher, je vous demande de tenir le plus grand compte dans vos réquisitions et vos choix de poursuites, de la situation personnelle, sociale et économique de chaque prévenu, qui permet d'écarter ces peines automatiques », écrivait la ministre aux magistrats en août 2012. En clair, je vous suggère le plus grand laxisme, en cherchant bien vous trouverez de quoi le justifier.

Ce n'était qu'une mise en bouche : elle a ensuite qualifié de « démagogique » la construction de prisons supplémentaires. Construire des prisons serait admettre que le nombre de malfaiteurs augmente. Ce serait admettre que seule la prison permet de nous préserver des malfaiteurs et accessoirement de punir ces derniers. On annonce 67000 détenus, la ministre explique que porter la capacité carcérale de 57000 à 63000 places suffira. L'irréalisme dans toute sa splendeur.

La solution Taubira ? Il suffit d'arrêter de faire des prisonniers. Que n'étend-on pas cette riche idée aux écoles ? Pas assez de profs ? Classes trop garnies ? Renvoyons les élèves.

Quelques jours après l'élection de François Hollande (tiens donc), c'est précisément ce qu'a demandé Jean-Marie Delarue, le « contrôleur général des lieux de privation de liberté » (en français, « des prisons »). Pour réduire le nombre de détenus, il faut les amnistier massivement. Toutes les peines inférieures à six mois, toutes celles prononcées il y a plus de deux ans, annulées ! « Cela permettra de remettre les compteurs à zéro » (*20 minutes*, 13/06/12). La fraîchement nommée ministre déléguée à la justice, Delphine Batho, s'est empressée de refuser ostensiblement ce qu'elle qualifie de « mauvais signal », tout en précisant qu'il valait mieux « aménager les peines », notamment en recourant au port du bracelet électronique. À se demander si tout ça n'est pas qu'une stratégie de communication. Un lampiste demande « beaucoup », la patronne fait mine de refuser et accorde finalement ce qui paraît « un peu ». C'est plus qu'avant. Déjà trop.

◆◆

67000 détenus, 75000 viols *par an*. Cherchez l'erreur. Et comme les prisons débordent, on multiplie les peines de substitution, on en reporte ou en annule certaines autres. La file d'attente est de plus en plus longue : le nombre de peines « en attente d'exécution » était de 100000 en 2010.

Selon le ministère de la justice, en 2009, pas moins de 82000 peines de prison n'étaient tout simplement pas effectuées. D'après un rapport de l'Inspection générale, cela représente près de 20 % des condamnations à de la prison ferme. 69 % des condamnés qui échappent à la prison ont été condamnés à moins de 6 mois, 22 % sont des condamnés à une peine allant de 6 mois à 1 an, 5 % à une peine de 1 à 2 ans. Et, tenez-vous bien, 3 % des coupables non-emprisonnés avaient été condamnés à une peine allant de 2 à 5 ans et 0,6 % d'entre eux à une peine supérieure à 5 ans ! C'est à dire un minimum de 500 violeurs par an qui, *après leur condamnation*, ne passent même pas par la case prison.

La droite n'était pas plus responsable que la gauche : elle avait simplement le laxisme plus discret. Selon Alexandra Onfray (syndicat des magistrats pour la justice), entre 20 et 30 % des peines de prison sont aménagées sous Sarkozy. « Avec un taux de surpopulation qui atteint 117 %, il est impossible d'exécuter toutes les peines de prison prononcées. Des libérations anticipées sans projet personnalisé ont ainsi permis de faire sortir discrètement ceux qu'on a fait rentrer massivement par la grande porte dans une volonté d'affichage répressif », estime Sabrina Goldman, du club Droits, justice et sécurité (*Le Figaro*, 13/07/12).

L'article 48 du projet de loi pénitentiaire de 2009 contraint les juges d'application des peines à annuler les décisions rendues par les tribunaux. Toute personne condamnée à deux ans de prison ferme doit être libérée *avant même que ne commence sa peine*. Très souvent, en échange d'un bracelet électronique ou de travaux d'intérêts généraux. Les habitués du système savent qu'en dessous de deux ans de prison ferme, ils ne risquent pas grand chose.

En juillet 2011, le procureur de Dunkerque a entamé une sorte de grève des incarcérations, en refusant d'envoyer des condamnés dans les prisons surpeuplées. Le magistrat a été sommé par la chancellerie de rentrer dans le rang (*Le Figaro*, 29/07/11). La solution des autorités ? Accélérer le « renouvellement » de la population carcérale. En clair, enfermer les condamnés moins longtemps et les relâcher plus vite. Cela permet de donner l'impression que le nombre de prisonniers n'est pas si élevé que ça, et que tous les condamnés y passent quand même...

Le développement des peines de substitutions ne permet même pas de normaliser la situation. Et surtout, en annulant des sanctions prononcées, il dissimule la situation réelle de la criminalité et ne permet plus de punir les criminels. « On fait ce qu'on nous demande », nous répond un magistrat nordiste. « Je trouve mes confrères assez hypocrites. Quand on les entend se plaindre, c'est pour demander des moyens. Des moyens, mais pas de prisons... C'est politique. Il faut voir les choses en face, de nombreuses personnes que nous relâchons ou que nous condamnons à une peine qu'elles ne purgeront pas sont confortées dans leur démarche criminelle. Notre système n'est plus du tout adapté à la criminalité. Mon sentiment, c'est que des idéologues monopolisent le champ médiatique en notre nom, pour dissimuler le fait que notre système judiciaire dans sa globalité est en danger de mort. »

Des condamnés pour agressions aggravées se retrouvent simplement assignés à résidence selon certains horaires, avec un bracelet électronique (fixé à la cheville, comme son nom ne l'indique pas). Il paraît que c'est une punition. Sachant que quantité d'individus sont suffisamment idiots pour récidiver en public à deux pas de chez eux alors qu'ils sont surveillés et fichés, tiendront-ils compte de leur bracelet ? Bracelet qui se contente de signaler une « anomalie » à l'établissement carcéral le plus proche, ce qui laisse au « prisonnier » les coudées franches pour commettre un nouveau méfait. Quand ce ne sont pas à des bracelets, on condamne les prévenus à des travaux d'intérêt généraux (sur un an, cela concerne environ 3000 peines de prisons « commuées » et 30000 nouvelles peines). Comme en ce qui concerne les soins, le suivi de l'application de telles peines est très mal assuré. On se rend compte lors des audiences correctionnelles que les condamnés « repêchés » ne s'y astreignent jamais.

Encore plus dissuasif, le stage de citoyenneté. Il consiste officiellement à « rappeler les valeurs républicaines de tolérance et de respect de la dignité humaine sur lesquelles est fondée la société ». Jamais l'expression pisser dans un violon n'a été aussi tragiquement appropriée. La justice peut se montrer plus impitoyable encore. En septembre 2012, un dealer de moins de 18 ans est interpellé à Lognes. Il est condamné à effectuer *un stage de cirque* (*Le Parisien,* 15/09/12).

Mais revenons à nos prisonniers. Le régime de semi-liberté peut concerner toutes les peines inférieures à un an, et toutes les peines en général qui ne sont pas soumises à un régime de sûreté (cas ne concernant que les grands assassins). Pour les malfaiteurs sexuels, elles nécessitent la simple approbation d'un expert psychiatrique.

Ajoutez à cela les remises de peine devenues automatiques (toutes les peines sont divisées par deux, sauf période de sûreté), et vous aurez un peu moins de mal à comprendre pourquoi notre pays se retrouve avec autant de récidives sur les bras.

En 2003, Mourad, déjà condamné à de multiples reprises pour des faits de violences aggravées, a été condamné à sept ans de prison pour viols et agressions sexuelles. En 2005, soit deux ans plus tard, il a été condamné à 10 ans de prison pour viols avec arme. En 2009, soit quatre ans plus tard, alors qu'il est en semi-liberté, il commet à Orly son troisième viol avec arme et séquestration (*Le Parisien,* 7/12/09). Ça ne rassurera pas grand monde de savoir qu'à cette occasion, Mourad s'est généreusement livré aux autorités.

En 2010 à Marcq-en-Barœul, Natacha est repérée par un prédateur. Elle est attaquée pendant son jogging, puis violée, étranglée et frappée à coups de tournevis jusqu'à sa mort. L'assassin avait été condamné en 2006 à dix ans de prison pour viol sous la menace d'une arme. Il avait été placé en liberté conditionnelle après cinq ans d'incarcération. Deux experts psychiatres ont validé cette décision. Comme le précise le magistrat Philippe Bilger, l'un d'entre eux l'a même jugée « excellente ». L'individu voyait un psychiatre régulièrement et « remplissait les obligations » de son suivi socio-judiciaire. Sa précédente victime (viol sous la menace d'un tournevis) se disait persuadée qu'il recommencerait (*Le Figaro*, 7/09/10). Mais les juges n'écoutent que les psychiatres, et les psychiatres n'écoutent que les détenus.

En 2011, une fillette de 5 ans est violée à Toulouse. Un homme est rapidement mis en examen et écroué. Il reconnaît les faits et raconte d'autres « terrifiants projets » concernant des enfants. Le procureur de Toulouse nous dresse son CV : l'homme a été condamné en 1996 pour viol sur enfant de moins de 15 ans et séquestration. En 2009, il a été condamné pour agression sexuelle sur mineur de moins de 15 ans à une peine de 2 ans de prison avec obligation de suivi médical pendant 5 ans. Bien entendu, il « suivait régulièrement des consultations psychologiques et psychiatriques » dont la dernière remontait... au jour de l'enlèvement de sa dernière victime (*Le Parisien*, 18/04/11). Ni castration chimique, ni bracelet.

Au Chambon-sur-Lignon en 2011, la jeune Agnès, 13 ans, est violée, massacrée et réduite en cendres par un autre collégien de 17 ans, scolarisé dans le même établissement, alors qu'il avait été mis en examen pour viol sur mineure en 2010. Seul un « suivi psychiatrique » était censé prévenir une récidive. Inutile de préciser que l'individu avait été jugé « réinsérable » (*L'Express*, 20/11/11).

Toujours en 2011, Marie-Christine, lors d'un jogging à Oncy-sur-École, est enlevée, brutalisée, puis violée et étranglée. Courageusement, avant de succomber, la victime a eu le temps de livrer par SMS l'immatriculation de la voiture du ravisseur. L'homme avait été condamné en 2002 pour avoir séquestré, ligoté, frappé, emmené et violé dans un bois une gamine de 13 ans. Libéré dix mois avant de tuer sa dernière victime, il était en liberté conditionnelle.

To be continued...

Dans tous les cas de figure, la toute-puissance des psychiatres est terrifiante. L'un d'entre eux, le docteur Plantey, a expliqué qu'il était impossible et dangereux d'affirmer que tel individu récidivera ou non. Dans le meilleur des cas, les experts ne peuvent qu'estimer des degrés de pathologie. Le système judiciaire leur donne rien moins que le droit de vie ou de mort sur des innocents.

Un violeur n'effectue quasiment jamais plus de la moitié de la peine pour laquelle il a été condamné. La justice rendue au nom du peuple est infirmée au nom de la morale. Quelle est la réaction des médias et des sociologues de service face à de tels faits ? Il s'agit essentiellement pour eux d'éviter la « récupération politique ». Du haut de leur tour d'ivoire, les « intellectuels » n'ont moralement pas le droit de s'indigner du crime, puisque leur « tolérance » prime sur toute autre considération. « Une société n'a pas le droit d'être tolérante, parce que son premier devoir est de vivre », disait Gustave Le Bon. Lorsqu'on lit les journaux, on est frappé par l'absence totale d'humanité que les humanistes auto-proclamés réservent aux victimes.

La récidive n'est-elle qu'anecdotique ? Ne concerne-t-elle que de rares faits isolés, uniquement destinés à égayer les débats politiques ?

Selon une vaste étude des criminologues Harris & Hanson (cités par l'Institut pour la justice), le taux de récidive des malfaiteurs sexuels déjà condamnés par la justice à deux reprises est de 37 %, contre 19 % pour ceux qui n'ont été condamnés qu'une seule fois. L'Institut pour la justice estime que la récidive en matière d'infractions sexuelles en France concernait au moins 24 % des auteurs de crimes et délits sexuels. Alors que le chiffre officiel est de 2,7 %. Comment est-ce possible ? En ne prenant pas en compte les crimes antérieurs à 1984. En ne prenant pas en compte la majorité des viols, qui sont fréquemment requalifiés en agression sexuelle et jugés par un tribunal correctionnel. En ne prenant pas en compte de nombreuses violences sexuelles graves, requalifiées en agressions sexuelles plutôt qu'en viol. En ne prenant pas en compte les attouchements sexuels (une masturbation imposée, par exemple).

Ce taux de 24 % a récemment été corroboré par une étude du ministère de la justice. Et bien évidemment, il ne tient pas compte des viols non rapportés ou non élucidés. Combien récidivent sans se faire prendre ? Combien de « primo-violeurs » sont en réalité des récidivistes ? 10 à 30 % des agressions sexuelles sont signalées à la police, et moins de la moitié de ces agressions sexuelles signalées mènent à une arrestation. Un violeur « gagnant », c'est-à-dire non inquiété par la justice, violera jusqu'à se faire prendre.

◆◆

En France, le passé judiciaire des criminels, si éloquent soit-il, est rarement pris en compte lors d'un procès, alors qu'on passera une journée à s'émouvoir de leur enfance malheureuse. La criminologie actuarielle (statistique et probabiliste), la plus efficace selon l'Académie de médecine, reste marginale. Le moins que l'on puisse dire, c'est que nos psychiatres n'en font pas une priorité. La Haute autorité de santé préconise la castration chimique (efficace dans 25 % des cas). Or, l'Institut pour la justice cite une étude qui montre que 62 % des psychiatres ne souhaitent pas l'imposer. Et que 76 % d'entre eux ignorent jusqu'aux recommandations de la Haute autorité de santé.

Pour que le tableau soit complet, il faut dire un mot des fameux « dysfonctionnements » qui consistent à libérer par erreur de très sympathiques individus. Ainsi, un violeur multirécidiviste a été libéré de la prison de Fresnes, en 2008, sa détention ayant été administrativement « infirmée » par erreur, au lieu d'être « confirmée ». Dans l'ordonnance, il était écrit ceci : « La détention est également l'unique moyen d'éviter tout renouvellement des infractions, dont le risque apparaît majeur au regard de la multiplicité des faits reprochés à l'intéressé. » Le prévenu est visé par trois plaintes pour viol ou agressions sexuelles commises entre 2006 et 2007. Il avait notamment violé son ancienne compagne pendant douze jours sous la menace d'une matraque électrique. Dans un tel cas, « la jurisprudence ne permet pas de revenir en arrière ». Il n'y a plus qu'à attendre le prochain viol de Monsieur pour l'arrêter à nouveau (20 *minutes*, 24/10/08).

En juillet 2012, l'assassin d'un adolescent par sept coups de couteau, en 2010 à Sérignan, a été remis en liberté après deux ans de détention, faute de célérité judiciaire. L'individu dont nous pouvons désormais croiser le chemin est considéré par les experts comme « potentiellement dangereux car il peut recommencer ». En détention, il déclarait notamment qu'il « voulait faire le djihad ». Un mois plus tôt, toujours dans l'Hérault, c'est l'assassin présumé d'une fillette de 13 ans (massacrée à coups de poings à Florensac) qui a été libéré après un an de détention, toujours au motif de la trop lente préparation de son procès (*Le Figaro*, 17/07/12). On appelle ça des dysfonctionnements.

Soyons positifs : ces erreurs n'auront pas le loisir d'être commises si les prévenus ne sont pas déjà dehors en vertu des célèbres vices de forme, qui sont loin de ne concerner qu'Yvan Colonna. À ce titre, l'affaire Censier fait figure d'exemple : Jérémy Censier a été poignardé à mort en 2009, par une dizaine d'individus. En 2011, la procédure judiciaire a été annulée pour vice de forme. La cour de cassation a déclaré nuls les procès-verbaux d'audition et les aveux du principal suspect. Ce dernier a donc été remis en liberté, après deux années de détention provisoire. Les parents de Jérémy Censier sont désespérés : « On nous a tué notre fils une deuxième fois parce qu'on n'a plus d'espoir. On n'a plus l'espoir de se dire qu'un jour, Jérémy, on lui rendra justice » (France 3 midi-Pyrénées). La vidéo publiée sur Internet dans laquelle le père de Jérémy raconte son calvaire judiciaire a été visionnée en quelques mois par plus d'un million d'internautes. Ce n'est pas un cas isolé. En 2010, les époux Guiglion apprennent que les membres du commando ultra-violent qui les avait séquestrés dans des conditions effroyables, pendant 72 heures dans leur domicile de Nice, ont été remis en liberté en attendant leur procès. Ces libérations s'expliquent par des « dysfonctionnements » et des « vices de forme ». Au menu : intrusion, séquestration, coups, menaces avec arme blanche, tentative d'extorsion, agressions sexuelles et tentatives de viols… (*Nice Matin*, 17/12/10).

La part des victimes, c'est la part des ténèbres. Et c'est aux familles des disparus de tenter de faire changer les choses. C'est par exemple le cas du général Philippe Schmitt qui, depuis le meurtre sauvage de sa fille Anne-Lorraine dans le RER D en 2007, s'efforce d'obtenir que les victimes soient au moins considérées comme les égales des criminels, d'un point de vue judiciaire.

Comme il le rappelait, l'accusation ne peut par exemple pas citer de témoin. Elle n'a pas les experts de son côté. Elle n'a pas l'enfance douloureuse pour tout expliquer. Elle a juste l'outrecuidance d'être là, d'accuser, de montrer à la société que tout ne va pas si bien, de montrer aux magistrats ce qu'est la réalité criminelle, de montrer enfin que la réinsertion radieuse se solde aussi, bien souvent, par la plus abominable des rechutes.

Philippe Schmitt se bat aussi contre les invraisemblables, automatiques et banales remises en liberté de quantité de récidivistes, comme l'assassin de sa fille, coupable d'avoir déjà violé et agressé au couteau une passagère du RER D, au même endroit, en 1995. « Pour ce viol, observe Philippe Schmitt dans *Le Figaro* (11/12/10), le meurtrier présumé de notre fille encourait dix ans de prison. La cour d'assises de l'Oise l'a condamné à cinq ans, dont deux avec sursis parce qu'il geignait et pleurait à l'audience. La cour a eu pitié de lui et a cru un expert, réputé, qui parlait d'un simple « écart de conduite » et qui concluait par cette phrase : le renouvellement de l'acte paraît peu probable. » Agression le 25 janvier 1995, condamnation le 14 février 1996 à trois ans ferme et remise en liberté le 13 février 1997. Et dix ans plus tard, dans le RER D, une agression de cinq minutes. 34 coups de couteau. Du sang sur toutes les vitres de la rame. Ça n'a pas été « très vite », contrairement à ce qu'affirmait l'accusé. Ça a duré cinq minutes. Deux mains de jeune fille contre la lame aiguisée d'un prédateur de 43 ans. On a voulu lui accorder une seconde chance? Il l'a saisie. Elle s'appelait Anne-Lorraine Schmitt. Elle n'aura jamais droit à une seconde chance.

Son meurtrier a été condamné à la prison à perpétuité avec période de sureté de 22 ans. Perpétuité? Deux cas connus : Bodein et Fourniret. Statistiquement, la perpétuité n'est jamais appliquée. Autant dire qu'elle n'existe pas. Si l'on persiste à ne pas appliquer la loi, que ne supprime-t-on ce mot qui ne renvoie pénalement à rien, sinon à la colère éternelle des familles de victimes ? Dans 20 ans, il se trouvera sans doute un juge d'application des peines, pétri de bons sentiments, qui se dira que l'affaire très médiatisée à l'époque avait joué contre ce pauvre type un peu paumé, qui a d'ailleurs l'air plutôt sympathique et qui en tout cas fait de grands efforts pour s'en sortir. Chacun a droit à l'espoir. À une autre chance. Il prendra en main le dossier et en deux signatures fera libérer l'assassin, dans le plus grand secret. Bien sûr, il aura le tampon des psychiatres, que l'assassin sait déjà berner. Troisième chance.

Le général Schmitt, qui a l'outrecuidance de ne pas se taire, est sans doute un mauvais père. Comme celui de cette fillette de 4 ans, violée en Dordogne en juillet 2010. Savez-vous ce que l'infâme a osé ? Il a giflé le violeur, âgé de 13 ans, qui reconnaissait les faits. La mère de ce dernier a trouvé normal de déposer plainte contre celui qui venait de frapper son chérubin. « On ne peut pas accepter la justice privée », a expliqué le vice-procureur au père indélicat. Reconnu coupable de s'être fâché contre le violeur de sa fille, il a été condamné à 200 euros d'amende avec sursis. Le violeur ? Il risque une sanction éducative (*Sud Ouest*, 24/05/12).

En mars 2012 à Troyes, Marcel, handicapé de 86 ans, se promène avec sa femme. « Sans raison, un jeune excité fonce sur moi et m'agresse d'un coup de tête au visage. » Marcel s'écroule, blessé à l'arcade. L'agresseur prend la fuite, avant d'être interpellé. Un témoin confirme l'agression. Traumatisé, Marcel porte plainte, en pensant que la justice sera de son côté. En attendant, il ne sort plus, ne pense qu'à ça. Et après une longue attente, tout s'effondre : l'affaire est classée sans suite. « Preuves insuffisantes. » Marcel, sous tranquillisants, se bat pour que la justice prenne son cas en considération. « Je veux que l'on me reconnaisse comme la victime que je suis » (*L'Est Éclair*, 1/08/12).

En mars 2011, une jeune femme qui avait porté plainte pour viol est agressée à son domicile par les deux frères, une sœur et un ami du violeur. Les agresseurs lui « tapent la tête sur le sol ». Verdict ? Deux mois de prison pour les deux principaux auteurs (*Le Dauphiné Libéré*, 11/03/12).

Partout où progresse la loi du silence, combien de victimes n'osent pas porter plainte, ni même parler ? Comment éviter qu'elles ne renoncent à le faire, lorsqu'elles constatent à quel point les procédures sont éprouvantes et les condamnations prononcées ridicules ? Si l'on condamne un violeur avec arme à seulement deux ans de prison ferme, que va-t-on faire des voyous qui frappent des pompiers ou qui tabassent des vieillards dans la rue ?

◆◆

Pas besoin d'être un violeur pour bénéficier du laxisme judiciaire. Par exemple, le cambriolage, que l'on résume souvent à un simple préjudice matériel, est intrusif, très traumatisant. Il est également très grave, car profondément antisocial, puisqu'il remet en cause les principes de propriété, de mérite et le droit tout entier. Pourtant, il n'est que très rarement condamné par des peines de prison ferme. Il n'est pas rare qu'un même individu ou qu'un même groupe d'individus soient responsables de dizaines de cambriolages par an. Dans un communiqué publié en mars 2012, la préfecture de police de Paris nous apprend qu'un cambrioleur a été trahi par son ADN. Cela concerne « une série de cambriolages et tentatives perpétrés entre avril 2008 et août 2011 dans le Val-de-Marne et à Paris ». Toujours d'après la préfecture, l'homme, âgé de 42 ans, « avait déjà été impliqué dans 55 procédures » et « 31 faits pouvaient lui être imputés ».

Il a été retrouvé à la prison de Fleury-Mérogis, où il purgeait une peine depuis août 2011, pour des faits similaires.

« Entendu le 6 décembre dernier, il reconnaissait avoir commis des vols dans la capitale et dans le Val-de-Marne avec un complice. Les investigations se poursuivaient et grâce à la collaboration de la cellule anti-cambriolage de la sûreté départementale 94, 35 victimes étaient recensées. Le 6 mars, le complice, 45 ans, était à son tour arrêté et son comparse, de nouveau extrait de prison. Tous deux ont reconnu 66 cambriolages. » Un joli palmarès ! On se dit que la justice va cette fois se montrer exemplaire... « Jugé en comparution immédiate, l'homme déjà incarcéré a été condamné à trois ans d'emprisonnement dont deux avec sursis et mise à l'épreuve, son complice a été relaxé et remis en liberté. » Nous disions donc : 66 cambriolages, commis par un multirécidiviste déjà responsable de 55 délits, ne valent qu'un an de prison ferme, c'est-à-dire rien, puisque les peines de moins de deux ans sont rarement exécutées. Quant à se rendre complice de 66 cambriolages ? Voilà qui mérite une relaxe. Si les cambrioleurs peuvent cambrioler des centaines de maisons sans jamais payer l'addition, pourquoi s'en priveraient-ils ? L'incarcération durable de ces deux individus, disons pour une période de 5 à 10 ans, leur aurait sans doute passé l'envie de cambrioler, tout en épargnant aux honnêtes gens des *centaines* de cambriolages.

L'emprisonnement permettrait de stopper ces séries, de dissuader les cambrioleurs invétérés et accessoirement de s'éviter quelques cambriolages mortels. En février 2011, un bijoutier de 65 ans était tué à coups de poignard à Cambrai, par trois voyous qui tentaient de braquer son commerce. Les voleurs emportent quarante euros « pour rembourser une dette liée à la drogue ». « Déjà connus » et enfermés par le passé (détention de drogue, vols, destruction de biens par un moyen dangereux), ils habitaient un quartier voisin (*Le Figaro*, 3/02/11). Leur avocat a dû tempérer les ardeurs de certains de leurs proches, qui envisageaient de « manifester contre l'arrestation » de ceux qu'ils considèrent comme des victimes. Cette affaire est une allégorie de notre société. D'un côté les gentils « jeunes » prêts à tuer, de l'autre le méchant commerçant qui tente de défendre son affaire et y laisse sa vie. D'un côté le bloc communautaire derrière les criminels, de l'autre le soutien résigné et silencieux de la population aux victimes. Et si le bijoutier s'était défendu ? Et bien il aurait dû s'en expliquer devant la justice. En juillet 2012, un bijoutier parisien abat Mahjoub Ainani, qui le braquait avec une arme de poing. Le commerçant avait déjà été la cible des malfaiteurs, à plusieurs reprises. Il avait même échangé des coups de feu avec l'un d'entre eux, en 1979 (*Le Parisien*, 25/07/12). Le bijoutier, au péril de sa vie, a fait ce qu'il fallait : un homme qui braque un commerce avec une arme doit savoir qu'il prend le risque d'en mourir. En attendant, la justice ne défendra pas le courageux, bien au contraire. Ce dernier s'est retrouvé en garde à vue prolongée, avant d'être mis en examen pour « homicide volontaire ». Frappé, menacé par une arme, devait-il attendre de recevoir une balle en pleine tête pour envisager de se défendre ? *Le Nouvel Obs* (19/07/12) titre : « un bijoutier abat un malfaiteur présumé à Paris. » Le parti pris est clair : le malfaiteur n'est que présumé, en revanche, le bijoutier l'a abattu ; pour lui, pas de présomption. Les droits des voleurs ne sont pas ceux des bijoutiers. Pour *Francetvinfo* (19/07/12), il s'agit d'un « braquage qui tourne mal ». Au contraire ! Si seulement les braquages qui tournent mal pouvaient se solder par la mort de l'agresseur, et non par celle de l'honnête propriétaire… Que les commerçants se le tiennent pour dit : la seule légitime défense qui leur sera accordée, c'est la mort. La leur.

Le laxisme judiciaire concerne tout type de comportement déviant. Pour prendre des exemples connus, intéressons-nous au passif judiciaire de l'acteur Samy Naceri et à celui de Joey Starr, que l'on présentait dans les années 90 comme des modèles de réussite à la française. Leur cas résume bien la faiblesse pénale et médicale de la France face à des délinquants au profil finalement ordinaire.

Les aventures de Samy Naceri

1984 4 mois de prison ferme pour braquage.
2002 4 mois de prison avec sursis et 3000 euros d'amende pour injures.
2003 8 mois de prison avec sursis et 5000 euros d'amende pour avoir tabassé un automobiliste.
2006 6 mois de prison ferme et 8000 euros d'amende pour outrages et injures racistes (« sale nègre ») envers des policiers.
2007 3 mois de prison ferme pour avoir agressé et blessé un vigile à l'arme blanche.
2007 2 mois de prison ferme pour violences volontaires en récidive, à savoir un coup de cendrier à la tête, nécessitant 30 points de suture.
2008 6 mois de prison ferme et 7500 euros d'amende pour avoir renversé une policière alors qu'il conduisait sans permis (récidive).
2011 16 mois de prison ferme et 27000 euros d'amende pour agression à l'arme blanche (coup de couteau à la gorge), menaces et harcèlement téléphonique. Le procureur avait requis cinq années « aménageables ».

2011 déjà libre, il est placé par deux fois en garde à vue, pour avoir insulté des policiers, puis pour avoir « montré une partie de son anatomie intime » à deux mineurs. En outre, il est accusé d'injures raciales par un videur. Il est condamné à 10000 euros d'amende pour exhibitionnisme et outrage à agent. En raison de son comportement inquiétant, l'acteur, incarcéré à la prison de Grasse, a été transféré dans une unité psychiatrique. Il n'y est pas resté longtemps : en septembre 2012, un chauffeur de taxi parisien a porté plainte contre lui pour insultes et exhibition sexuelle.

Les aventures de Joey Starr

1996 3 mois de prison ferme pour propos outrageants envers les forces de l'ordre.

1999 2 mois de prison ferme pour agression d'une hôtesse de l'air.

1999 6 mois de prison ferme pour coups et blessures sur son ex-compagne.

2000 1000 euros d'amende pour détention d'un chien de catégorie (pitbull) non stérilisé.

2000 1500 euros d'amende pour avoir agressé un passant.

2001 1 mois de prison ferme et 15000 euros d'amende pour détention d'arme de première catégorie, consommation de cocaïne et de haschisch.

2002 condamné pour « mauvais traitement » pour avoir violemment frappé un singe devant les caméras de M6.

2003 4 mois de prison ferme pour avoir craché sur des gendarmes mobiles.

2005 condamné pour usurpation d'identité, faux et usage de faux.

2009 3 mois de prison ferme et 2000 euros d'amende pour violences conjugales.

2009 2 ans de prison dont 6 mois ferme pour violences volontaires à coups de hachoir lors d'une bagarre. Suite à cette condamnation, il est déclaré apte à suivre un régime de semi-liberté au bout de trois mois. Lorsqu'il sort début 2010, il doit encore purger sa précédente peine de trois mois.

On constate, avec ces personnages méritant peu d'égards, que le sursis sert à faire joli, que les peines sont loin d'être effectuées, et surtout que la clémence automatique ne semble pas leur apprendre grand chose.

Selon une étude menée par le ministère de la Justice et rendue publique en mai 2011, près de 60 % des détenus condamnés récidivent dans les 5 ans. Ce taux grimpe pour les condamnés pour vol simple (74 %), vol aggravé (67 %) ou pour les condamnés pour coups et blessures volontaires (76 %). On peut également citer les taux de récidive très impressionnants des condamnés pour viol sur mineur (19 %), pour homicide (39 %) ou pour viol sur adulte (39 %). Plus de la moitié des récidivistes (54,6 %) ont été condamnés à nouveau dans la première année de leur libération. Les trois-quarts d'entre eux (76 %) le sont dans les deux ans suivant leur libération.

Point très intéressant : les condamnés à de courtes peines récidivent beaucoup plus que les condamnés à de longues peines. Ainsi un homme condamné à une peine inférieure à 2 ans de prison récidivera *deux fois plus* qu'un homme condamné à une peine supérieure ou égale à 5 ans de prison, ce qui démontre superbement l'utilité des peines sérieuses. Taubira prétend qu'il faut supprimer les courtes peines. Elle n'a pas tort ! Il faut les remplacer par des longues peines.

Seul l'emprisonnement fait baisser le crime, avec lequel il est fortement corrélé négativement. En Finlande, par exemple, la corrélation négative entre crimes commis et taux d'emprisonnement est parfaite. Aux États-Unis, seule une forte hausse de l'emprisonnement (multiplié par 3 en 30 ans) a permis une baisse significative du nombre de crimes (divisé par 2 en 30 ans). Le crime explose là où les incarcérations ne le suivent pas (Lappi-Seppälä, 2008). C'est le cas pour la France, qui ne veut pas se doter d'un parc carcéral à la hauteur de sa situation. En proportion, la France enferme dix fois moins ses malfaiteurs qu'aux États-Unis. Le Japon aussi a la prison facile. Dans l'empire du soleil levant, le taux de punitivité (incarcération des coupables) est de 0,82/100 000, dix fois plus qu'en France (*Civitas*). Alors que ce pays est deux fois plus peuplé que la France, la police y constate deux fois moins d'infractions.

En France, les individus libérés qui affichaient d'autres condamnations antérieures récidiveront 3,7 fois plus que ceux qui n'en affichaient pas. Et ils seront 5,5 fois plus enfermés à nouveau. C'est de ces individus-là que le système judiciaire doit protéger durablement la société. Pour la forme, les lecteurs seront ravis d'apprendre du même rapport qu'un auteur d'homicide sur deux bénéficie d'un aménagement de peine. C'est également le cas pour 35 % des violeurs et agresseurs sexuels. Il paraît qu'ils se conduisent bien, en prison.

◆◆

Le tableau de la justice est déjà tout à fait noir, mais il y manque encore une petite touche finale. En partant de la très louable intention de lutter contre les discriminations, la justice est devenue un terrain de luttes communautaires et religieuses. « C'est normal », répondront certains, pour qui « des religions en particulier sont visées par des malfaiteurs en particulier ». Il faut être un Inuit autiste pour n'avoir jamais entendu parler des lieux de cultes profanés. En France, il s'est créé en 30 ans autant de lieux de cultes musulmans que d'églises catholiques en un siècle. On dénombre 45 000 églises, 2 000 mosquées, 280 synagogues. Voici un récapitulatif des profanations de ces dernières années, selon la gendarmerie (*Le Figaro*) :

En 2007 151 églises, 8 mosquées, 5 synagogues.
En 2008 269 églises, 13 mosquées, 3 synagogues.
En 2009 216 églises, 6 mosquées, 4 synagogues.

Toutes choses étant égales par ailleurs, voici les pourcentages des lieux de cultes profanés :

2007 0,3 % d'églises, 0,4 % de mosquées, 1,8 % de synagogues.
2008 0,6 % d'églises, 0,65 % de mosquées, 1 % de synagogues.
2009 0,5 % d'églises, 0,3 % de mosquées, 1,4 % de synagogues.

Même si la bêtise humaine semble marquer une préférence pour les synagogues (selon *Le Figaro*, 15 millions d'euros ont été dépensés pour les sécuriser), le fait que telle ou telle religion soit particulièrement visée par de dangereux adolescents désœuvrés ne saute pas aux yeux. Pourtant, les profanations de lieux de cultes musulmans ou juifs font souvent les gros titres.

Peut-être que les actes contre les personnes sont plus éloquents ? Pour le Service de protection de la communauté juive, sans doute très neutre, 389 actes antisémites ont été commis en 2011.

On estime que 600000 juifs vivent en France. Les actes antisémites concerneraient donc 0,06% des Juifs. Sous Sarkozy, le ministre de l'Intérieur Hortefeux a qualifié ces actes de « poison de la République ». Le Président Hollande et son ministre Valls n'ont pas de mots assez forts pour fustiger cette « menace de la République ». François Hollande fait même de la sécurité des Juifs « une cause nationale » (*Libération*, 1/11/12). Lorsque deux Juifs sont agressés à Villeurbanne en juin 2012, Valls déclare qu'il s'agit d'une « attaque contre la République ». Les milliers d'autres français agressés chaque jour seront heureux d'apprendre qu'ils n'ont rien à voir avec la République. Pour Valls, un « antisémitisme est né dans nos banlieues » (*Le Point*, 8/07/12). Le ministre reconnaît ce que plus personne ne nie depuis des décennies : les exemples significatifs d'antisémitisme sont souvent le fait d'agresseurs musulmans. On en parle évidemment le moins possible dans les médias. Faut pas stigmatiser. À Marseille, une dame de 83 ans, cambriolée, a vu son voleur revenir après son forfait. Il a dû comprendre qu'elle était juive, alors il l'a violée. « Ne me fais pas ça, je suis tunisienne comme toi », a supplié la dame. « Tu n'es pas tunisienne, tu es juive », lui a répondu le stigmatisant violeur. Confondu par son ADN, il a été arrêté (*Nouvel Obs*, 3/07/12). Vous en aviez entendu parler ?

« Je mets au défi les responsables musulmans de dénoncer cet antisémitisme », a lancé un rabbin. « Il ne faut pas se tromper d'ennemi », a répondu un religieux musulman. « Il y a de temps en temps des bagarres entre jeunes, mais ce n'est pas de l'antisémitisme […] en faire un tintamarre risque d'attiser l'islamophobie » (*Le Monde*, 5/09/12). Mais ne pas en parler passerait pour de l'antisémitisme. Quelqu'un a une aspirine ?

Intéressons-nous à cette pathologie nouvelle qu'est l'islamophobie. Si l'on se base sur des chiffres là encore très neutres, établis en 2011 par un responsable des affaires religieuses de la mosquée de Paris, on estime à 45 par trimestre les actes « islamophobes », c'est-à-dire à 180 par an. Cela concerne donc 0,003 % des musulmans.

La Commission nationale consultative des droits de l'Homme, encore un organisme parfaitement objectif, comptabilisait en 2010 la bagatelle de 886 faits racistes, dont 165 actes violents. Un « net recul », qui n'empêche pas le rapport d'estimer que « la tolérance recule et les sentiments xénophobes se diffusent ». Un lecteur attentif se demandera comment diable peut-on mesurer un *recul de la tolérance* ou une *diffusion de sentiment* xénophobe ? Nous aimerions le savoir autant que lui…

La proportion d'actes racistes ramenée à la population concernée (0,001 %) montre à quel point le problème est brûlant.

De son côté, l'association très impartiale SOS homophobie a enregistré 88 *témoignages* d'agressions homophobes en 2009, puis 142 en 2010. Ce qui permet au *Figaro* de parler de « l'explosion de l'homophobie », sans préciser ces chiffres, en ne donnant que le pourcentage de leur hausse. Comme on estime qu'il y a en France environ 2 millions d'homosexuels (IFOP, 2011), ces agressions concernent 0,0071 % d'entre eux.

À la mesure de ces chiffres qui font froid dans le dos et rappellent les heures les plus sombres de notre préhistoire, nous découvrons avec stupeur qu'une grande communauté, pourtant particulièrement touchée par les violences, a échappé à la vigilance des associations.

Rendez-vous compte, chaque année en France, selon les chiffres officiels très sous-estimés, 450 000 personnes sont victimes de violences physiques (0,7 % des Français). Si les chiffres donnés par les associations sont corrects, ce dont nous ne doutons pas, peut-on en déduire que les gens n'appartenant à aucune communauté sont 200 fois plus agressés que les musulmans, 100 fois plus que les homosexuels et 20 fois plus que les Juifs ? Faut-il en conclure que les homosexuels sont beaucoup moins visés que les hétérosexuels ? Que les athées sont persécutés ? Faut-il en conclure que les non-racistes sont beaucoup plus dangereux que les racistes ? Doit-on d'urgence créer un observatoire de l'hétérophobie ? Une association SOS antiracisme ?

À part ça, il y a en France 75 000 viols par an (0,1 % de la population). Qui, en France, a le monopole du chiffre télégénique ? Qui décide des bons et des mauvais chiffres ? Qui décide de publier ceci, et de caviarder cela ?

3

LA MORALE CONTRE LA RÉALITÉ

La non-dénonciation de crime est un délit. *Quid* de leur dissimulation ? Qui, en France, a le monopole de la vérité ? Qui sont les tauliers de la compétition morale ? Des sociologues, des psychologues, des chercheurs, des psychanalystes, des journalistes, des enseignants, des professeurs, les spécialistes, en un mot, tous ceux que l'on appelle les « experts ». « Un expert est une personne qui a commis toutes les erreurs possibles dans un domaine très restreint », disait Niels Bohr.

Nos experts à nous commettent *volontairement* les mêmes erreurs. En entendant toujours les mêmes analyses depuis des décennies, certains seraient tentés de croire qu'elles sont justes. C'est aussi pertinent que de croire au slogan « Seb c'est bien ». Personne n'a jamais osé dire que Seb n'était pas bien. Est-ce une raison suffisante et définitive pour se convaincre que Seb c'est bien ?

Selon les spécialistes accrédités, les causes de l'insécurité seraient essentiellement sociales. C'est l'exclusion. Les « jeunes », parqués dans des ghettos, n'ont accès à rien.

Les premiers résidents des grands ensembles s'installaient dans ces immeubles avec joie (eau, électricité, sanitaires, espaces verts, ...). Ils ont été constamment modernisés, sans doute bien plus que n'importe quel autre environnement urbain du pays. Spatialement, l'accès aux bibliothèques, stades, commerces, médiathèques, transports, universités et écoles y est bien meilleur que partout ailleurs. Habiter des ZUS, des ZEP et autres ZUP donne droit à des avantages considérables, comme la gratuité dans un certain nombre de domaines (transports, fournitures scolaires, cinéma, médiathèques, etc.). Plus qu'ailleurs, les environs immédiats offrent quantité d'emplois dans tous les secteurs. L'école y est autant gratuite et obligatoire que n'importe où sur le territoire.

En 1990, les émeutes de Vaulx-en-Velin ont éclaté dans un quartier fraichement rénové. En Seine-Saint-Denis, le parc de « grands ensembles » HLM, partiellement modernisé récemment, est déjà considéré comme insalubre. Ces dernières années, 50 milliards d'euros ont été dépensés en « politique de la ville », auxquels il faut ajouter les 45 milliards du fameux plan banlieue. Une bonne part de cet argent consiste à rénover les immeubles qui se dégradent à grande vitesse dans certaines zones (le climat, peut-être ?), quand il n'est pas destiné aux milliers d'associations toutes plus indispensables les unes que les autres, très nombreuses dans nos banlieues. L'opacité de leur gestion n'a aucune importance : il suffit de défendre une bonne cause pour encaisser les chèques de l'État et des collectivités. La Cour des comptes a d'ailleurs qualifié cet arrosage automatique de « machine sans compteur » (*Valeurs Actuelles*, 26/11/09). L'Observatoire des subventions nous apprend ainsi que la Ville de Paris offre 200 millions d'euros par an aux associations. Dans les villes et dans les banlieues, il y a plus d'argent public – et souvent privé – que partout ailleurs. Pour échapper à la toile sociale, il faut rester enfermé chez soi. Et encore.

La criminalité est-elle liée à la pauvreté, à l'environnement ou au chômage ?

La Creuse (96e), le Cantal (89e), et le Lot (71e), présentent les PIB les plus bas de France. Ce sont aussi les trois départements les moins criminels et délinquants. On peut les comparer avec trois départements parmi les plus criminels et délinquants, c'est-à-dire la Seine-Saint-Denis (15e), les Bouches-du-Rhône (11e) et le Rhône (3e).

Les départements à forte criminalité que sont le Rhône, l'Essonne, le Val-de-Marne, la Seine-et-Marne, ont des taux de chômage beaucoup plus bas que la Creuse, le Cantal, ou le Lot. Selon l'APCE, 8 000 entreprises se créent par an dans le « 9-3 », qui dispose de pôles économiques gigantesques, et où les investissements de rénovation urbaine sont fréquents et sans équivalent (ANRU). Le revenu moyen des ménages y est de 2 186 euros par mois, légèrement supérieur à la moyenne nationale. Saisissante est la comparaison avec la Creuse (1 777 euros par mois). Quant aux bénéficiaires du RSA, ils représentent la même proportion en Seine Saint-Denis que dans l'Aude, les Ardennes ou encore les Pyrénées-Orientales (Insee, 2010). Au niveau régional, l'Île-de-France, région la plus touchée par la criminalité, présente le troisième taux de chômage le plus bas de France.

« L'exclusion », ce fut d'abord celle des habitants historiques des grands ensembles. Immigrés portugais, polonais, italiens ou manœuvres français, ce sont eux qui ont fui massivement le nouveau communautarisme qui s'installait dans les banlieues dès les années 60. Contrairement à ce qu'affirment certains sociologues, « l'exclusion » est endogame. Tous les plans de mixité sociale, de logements sociaux, de rénovation urbaine et d'aménagement de la ville n'empêcheront jamais les communautés de se regrouper. C'est humain, et on observe ces phénomènes dans tous les pays du monde, quelles que soient les communautés. L'individu n'existe pas sans son groupe. Il ne s'en éloignera que par la contrainte. Les gens ne sont pas figés ou « parqués » dans un environnement soi-disant responsable de leurs déprédations. Un observateur attentif remarquera qu'autour des banlieues il n'y a pas de miradors et de factionnaires prêts à tirer dans le dos des fuyards.

Qu'est-ce qui empêche ces habitants de partir, comme l'ont fait des milliers de Français, d'Italiens ou de Portugais tout aussi modestes ? Des barrages de police ? Le coût de l'immobilier ? À Bobigny, le mètre carré est à 3200 euros. Il est en moyenne de 6000 euros à Paris, mais à 1700 euros à Brest, ou encore à 2300 euros dans une ville dynamique comme Dijon. Un studio en Seine-Saint-Denis est beaucoup plus cher qu'en province. Les aides sociales permettent largement de s'y établir, d'autant que les logements sociaux provinciaux et ruraux sont plus accessibles. L'Insee, dans son enquête nationale logement 2006, nous apprend qu'après Paris, « c'est en Seine-Saint-Denis que les ménages consacrent la part la plus importante de leur revenu (13 %) à se loger », y compris en secteur HLM (12 %). Des chiffres comparables à ceux de la France métropolitaine pour la location classique et pour les HLM (12,8 % dans les deux cas). On ne peut donc pas dire qu'un loyer excessivement avantageux les retient dans le « 9-3 ». Comment nos sociologues expliquent-ils que les parfois très modestes gens du voyage se déplacent et se sédentarisent où bon leur semble ?

Peut-être n'est-il pas question pour les communautés concernées de se disperser sur le territoire. Peut-être ne veulent-elles pas partir. La Cour des comptes a montré en 2012 que la fameuse mixité sociale n'existait pas, malgré dix années de dispositifs censés la favoriser. « Il ne suffit pas de modifier le visage des quartiers pour modifier les visages des quartiers, qui restent colorés », expliquait le sociologue Renaud Epstein (*Le Point*, 18/07/12). L'homme n'est pas mû seulement par l'argent ou l'amour de l'Autre. L'attachement de certaines communautés aux grands ensembles est réel. Les barres d'immeuble sont parfois considérées comme un territoire, le substitut d'une identité perdue, qui n'a jamais su se reconstruire.

Mais le discours médiatique ne veut pas de cette réalité. Lui n'évoque que l'exclusion pour expliquer, justifier, exorciser le communautarisme, et à travers lui les cahots d'une société devenue hétérogène. Comme les problèmes demeurent, s'aggravent, alors que les discours et les analyses restent les mêmes, les gens commencent à se poser des questions. Et si les experts se trompaient ? Et s'ils avaient renoncé à la vérité ? Et s'ils incitaient tout le monde à y renoncer, sous peine de poursuites ? Pourquoi le feraient-ils ? Peut-être bien pour l'égalité républicaine, « âme de la France » selon François Hollande. Tout le monde est égal. Entendez, tout être humain a les mêmes capacités physiques et intellectuelles, tout un chacun peut s'adapter à tout environnement, devenir champion d'échecs, éboueur ou haltérophile, faire la même chose que n'importe qui, ressembler à n'importe quoi, donc se constituer le même patrimoine, éprouver les mêmes satisfactions, vivre les mêmes aventures que celui que l'on choisira de jalouser.

Comme de tels décrets ont la fâcheuse tendance à ne pas se réaliser, les égalitaristes ont décidé de favoriser ceux qui n'y arrivaient pas, par l'éducation, l'accès à la culture, les aides sociales, l'invention de droits spécifiques. Et comme ça ne fonctionnait toujours pas, ils ont eu la brillante idée d'accuser ceux pour qui ça fonctionnait d'être de vils spoliateurs. Bien entendu, toute ressemblance avec des situations ayant existé est purement fortuite.

De favoriser les faibles on en vient tout naturellement à pénaliser les forts. Lorsque l'on prétend lutter « contre les inégalités », on lutte contre la réussite, c'est-à-dire contre la propriété, le pouvoir, le possédant, le méritant, le riche, l'héritier. Celui qui n'a pas été exclu ou volé, celui qui a été favorisé par sa roublardise, son état-civil, et sûrement ses atteintes aux droits de l'Homme. En clair, le Français qui rapporte de l'argent à la société, qui peut se targuer de sa réussite, de son patrimoine, de son histoire, de sa civilisation occidentale. Pour rééquilibrer les choses, on a décidé de le grever d'un lourd handicap. On a fait en sorte qu'il devienne, par la magie des médias, un salaud de colonialiste, esclavagiste, un pillard trop riche, trop beauf, trop raciste, machiste, homophobe, exploiteur, stigmatisant, même pas de gauche, voilà la conséquence première de la logique de fraternité appliquée au droit. Ces dernières années, l'égalitarisme, un véritable culte de l'envie, a inondé tous les compartiments de la société. Jamais autant de Français ne se sont haïs eux-mêmes. Jamais autant d'esprits *a priori* normalement constitués ne se sont persuadés que « tout le monde était bon » à part eux, que c'était incroyable qu'il y ait « encore des guerres et des pauvres au XXIe siècle », qu'il était urgent de « faire payer les riches », que la criminalité c'est « l'exclusion parce que l'immigration est une chance pour la France ».

◆◆

L'histoire est formelle : quand une idéologie s'avère un peu bancale, il est recommandé de terroriser les gens et/ou de maîtriser leurs pensées. Où se cachent les maîtres de la pensée française ?

L'enseignement, la recherche, le journalisme. Ces secteurs élitistes concentrent la transmission de l'information et du savoir.

Si un individu envisage d'en gravir les échelons, alors il doit constituer son savoir dans ce but, c'est-à-dire qu'il doit le standardiser. Ceux qui préparent les concours apprennent les mêmes choses que ceux qui les ont conçus. Ceux qui étudient pour devenir professeur apprennent ce qu'ont décidé les actuels professeurs. La standardisation est impitoyable dans les sciences sociales, le journalisme ou la culture, si bien que s'est instituée dans ces domaines une sorte d'hérédité sociale idéologique. Pour en « être », il ne faut pas sortir des clous. L'université est devenue une machine à domestiquer les pensées et les méthodes. Pour devenir l'élite (*donc être accepté par elle*), il faut consacrer son temps à savoir ce qu'elle sait et à penser comme elle pense. Le conservatisme social et l'immobilisme intellectuel sont assurés.

Qu'est-ce que l'éducation nationale sinon une vaste entreprise d'endoctrinement précoce ? Pour un pouvoir politique, contrôler l'agitation, les connaissances, les pensées et les méthodes de réflexion de la jeunesse, c'est canaliser les foules de demain. Il fut un temps, honteusement réactionnaire, où l'éducation nationale inculquait aux enfants l'obéissance, le civisme, la politesse, la discipline. Par bonheur elle leur apprend aujourd'hui à renier ces valeurs désuètes, symboles d'une oppression gaulliste à connotation fasciste. Un féroce combat contre l'autorité est livré depuis quelques décennies. Les enfants apprendront très bien seuls, et ces antiennes réactionnaires sur le respect ou l'encadrement n'ont d'autre effet que de perturber l'éclosion de leurs incroyables facultés créatrices. Ce sont d'eux que nous devons tout apprendre, affirment les plus atteints. Aujourd'hui, on combat la fessée (il se trouve toujours des psychologues pour nous expliquer les vertus de son absence), et malheur à qui osera encore s'opposer à la sublime trajectoire des enfants-adolescents-jeunes-prisonniers-assassins en libre apprentissage des choses de la vie et de la mort (des autres).

Il faut voir de ses yeux l'impunité triomphante qui en résulte, celle d'individus à la fois trop jeunes pour être intelligents et trop âgés pour être inoffensifs. En juillet 2009, le maire de Maubeuge (Nord) visite des projets de réhabilitation de quartiers. En pleine journée, dans une cité, un « jeune » repère le cortège. Il passe à plusieurs reprises pleins gaz, sur sa moto, à proximité du groupe. Pas de casque, levés de roue, provocations à grande vitesse, le tout devant les gosses du quartier, admiratifs de l'imbécile. Le maire lui hurle de s'arrêter. L'autre continue de plus belle (*la Sambre*, 16/07/09). À l'humiliation de l'élu s'ajoute celle de la police, qui ne peut absolument rien faire d'autre qu'attendre un flagrant délit pour lui mettre une énième contravention qu'il ne paiera pas.

Quand un élu a la drôle d'idée de se faire respecter, la justice défend les pauvres « jeunes », qui ne sauraient être que de malheureuses victimes. Le maire de la petite commune de Coulsore, dans le Nord, l'a appris à ses dépens. L'édile est insulté et menacé par un prometteur « jeune », qui n'a pas apprécié une réprimande alors qu'il franchissait un grillage communal. Sans attendre l'approbation de son conseil municipal, l'élu gifle l'insolent. Le jeune rentre chez lui, et revient muni de couteaux... pour se faire cueillir par les gendarmes. Dans un pays civilisé, le père de l'enfant, en apprenant la nouvelle, aurait eu la présence d'esprit de doubler la mise. Et bien non. L'homme se scandalise du geste de l'élu et porte plainte, pour défendre son chérubin, par ailleurs bien connu du village pour son passif d'emmerdeur notoire.

Le procès est joué d'avance : dans le coin gauche, un père responsable, élu de la République depuis 30 ans, soutenu par l'immense majorité de ses administrés et de ses compatriotes ; dans le coin droit, un apprenti-délinquant acnéique, soutenu par son géniteur qui se fait passer pour un père. Justice a été rendue au nom du peuple français : le maire de Coulsore a été condamné à 1000 euros d'amende avec sursis pour sa gifle – n'est pas François Bayrou qui veut. Retenons au passage les mots du procureur dit « de la République » : « Heureusement que vous n'êtes pas maire de Montfermeil [...] vous êtes d'autant moins pardonnable de vous être laissé aller à frapper un jeune de 16 ans, ces jeunes auxquels notre génération laisse si peu d'espoir... La jeunesse est insolente, turbulente, mais ce n'est pas une maladie ! »

Ou comment s'ajoute à la démission judiciaire à la démission parentale et éducatrice, sous les yeux ébahis de la démissionnaire France entière. Les psychologues de l'agression savent que seul un rapport de force défavorable rabaisse une prétention déplacée. L'humiliation fait l'humilité. « Oignez vilain, il vous poindra, poignez vilain il vous oindra », écrivait Rabelais. Faute de quoi n'importe qui prétendra à n'importe quoi. Comment les Français, jadis si agités et prêts à faire entendre leur voix ou tâter de leurs poings, peuvent-ils avaler une telle décision judiciaire sans broncher ?

Peut-être parce que leur cerveau y a été soigneusement préparé. Qui fait la pensée des foules ? Qui imprime quotidiennement dans les crânes des analogies telles que Français-raciste, immigration-stigmatisation, ordre-fascisme, islam-amalgame, criminalité-exclusion ? « L'éducation est l'art de faire passer le conscient dans l'inconscient », disait Gustave Le Bon. Quelle est la meilleure façon de faire passer le conscient dans l'inconscient ? La redondance. On a tous en tête des centaines de slogans aussi primaires qu'ineffaçables, sans se rappeler quand et comment ils y sont entrés. Ça s'appelle une propagande réussie. Les médias disposent en abondance de temps de cerveau disponible, pour reprendre l'heureuse expression de Patrick Le Lay, alors patron de TF1. « La répétition fixe la notion », disait Victor Tryoën.

À l'âge de l'information, la diffusion du savoir est difficile à contrôler. Les médias ont donc opté pour la surabondance, qui consiste à noyer les cerveaux sous des tonnes d'informations inutiles, un parasitage massif permettant de dissimuler les faits dangereux tout en martelant les slogans de l'idéologie dominante, ce prêt-à-penser qui finit par s'imposer dans tous les esprits.

Comme une identité se compose de faits et de mythes, il a fallu submerger l'imaginaire individuel par des mythes publics incontournables. « L'exclusion » est un mythe sociologique. En s'imposant dans l'imaginaire collectif, ces mythes permettent de contrôler les passions et les désirs, par standardisation. Ils épargnent tout effort de pensée, et surtout toute déviance morale. L'art subventionné *dérange* toujours tout ce qu'il est possible de déranger, sauf l'idéologie dominante. On fait croire aux moutons que bêler, c'est déranger. Ils bêlent et ils croient. Ils participent à la compétition morale.

La télévision impose une nouvelle hiérarchie statutaire pour laquelle il faut lutter en permanence. Ceux qui ont et ceux qui n'ont pas. Ceux qui savent et ceux qui ne savent pas. Ceux qui sont en avance et ceux qui sont en retard. D'un côté ceux qui sont « dans le vent », « tendance », ceux qui font « avancer les choses », les « progressistes », de l'autre les « rétrogrades », les « passéistes », les « conservateurs », les « réactionnaires ». C'est vrai pour le denier téléphone à la mode. Vous ne l'avez pas ? Il faut l'avoir. Tout le monde l'a. C'est aussi vrai pour l'information classique ou les productions culturelles : vous n'avez pas vu ce film ? Il faut voir ce film, tout le monde a vu ce film.

Le plaisir étant éphémère et le désir durable, les hommes sont davantage menés par le désir que par le plaisir. La télévision fait miroiter les désirs que notre société fabrique à l'infini. On ne parle plus de nourriture, de savoir, de technologie utile, on parle de gadgets, de petites histoires et de services. De vent. Le consommateur oublie que tout ça n'a que le sens que la télévision s'efforce de créer. Tout ce qu'il veut, c'est posséder les derniers gadgets et les derniers services, pourvu qu'il reste « dans le coup », c'est-à-dire en tête du troupeau. Bien entendu, céder massivement à la consommation apporte davantage de frustration que de plaisir. Un enfant qui obtient tout ce qu'il demande sera satisfait une journée, quelques minutes. Demandez aux anciens : à Noël, ils étaient plus heureux avec une bande dessinée que nos enfants ne le sont avec leurs tas de jouets sophistiqués et éphémères. Les plus âgés se souviennent de ces présents toute leur vie. Les enfants oublient leur tas de jouets dans le mois. On le sait, et pourtant on continue. On joue le jeu. Pour être dans le coup.

La satiété n'existe plus : le seuil de désir augmente, le seuil de satisfaction baisse. La télévision, dont beaucoup d'entre nous dépendent cliniquement, agit comme la drogue en court-circuitant nos facultés évolutives (stimulus-gratification) et en finissant par les détruire (Christakis).

L'habileté des communicants est de vendre des produits très accessibles (explosion du secteur tertiaire, grande distribution, vente en ligne…) et très éphémères (utilité illusoire, durée de vie de plus en plus faible). L'abondance devient un poison. Le plaisir est immédiat ; le désir, négligé, devient permanent. Imaginez : vous désirez une paire de chaussures. Vous l'achetez aussitôt. Vous vous êtes fait plaisir. Mais votre désir ? Il est toujours là, insatisfait. Donc vous allez encore acheter des chaussures. Et encore. Et encore. Les gens n'ont pas conscience de la voracité de l'engrenage dans lequel ils mettent leur portefeuille. Ce phénomène a été nommé « foot-in-the-door » par des chercheurs anglais (Freedman & Fraser). Quel rapport avec l'insécurité ?

Une première action acceptée rend plus facile l'acceptation d'une seconde action, même si elle est plus coûteuse. Rappelez-vous de votre premier gros achat. C'était dur non ? Depuis, vous avez dépensé beaucoup plus d'argent, de nombreuses fois, sans éprouver la moindre frilosité. Ce processus d'engagement nous coûte à chaque acceptation une part d'esprit critique.

La télévision nous demande d'ailleurs concrètement « d'accepter » un tas de choses : telle différence, telle exubérance, telle revendication, telle exigence, telle aberration, en repoussant sans cesse le seuil de leur énormité. Pour suivre le mouvement, les gens acceptent, avec de moins en moins de réticence. Les plus domestiqués, ceux qui ne savent que dire oui à tout (valorisés comme étant *tolérants*) ignorent jusqu'à la définition de l'esprit critique. Tout accepter est une fierté, proclame le bon progressiste en remontant son pantalon. La télévision vend le vivre-ensemble radieux comme elle fourgue des portables foireux. Regardez les gens retourner à leurs toilettes sèches, applaudir la construction d'éoliennes à l'entrée des villages, *se faire transpirer les métaux lourds par un bain de pieds* : on en fait ce qu'on en veut.

Plus sérieux encore, la télévision est devenue une fabrique de l'envie. Les gens doivent envier les possédants. Coïncidence, toute la stratégie de certains politiciens repose sur l'envie. « Faut faire payer les riches. » « Vous pourriez avoir ce qu'il a, vous pourriez réussir comme lui, vous mériteriez d'avoir son succès, vous en avez le droit », simple question de « justice sociale ». Comme nous sommes « tous égaux », ceux qui réussissent mieux que nous sont forcément des tricheurs, des affameurs, des manipulateurs ayant « confisqué vos richesses » et vos droits à « l'égalité » … Aucune différence entre publicité et politique : le possédant, voilà l'enviable ennemi.

Contenir l'envie, la transformer en motivation productive, c'est le long travail de la civilisation. Aujourd'hui, nos adultes-enfants sont habitués à tout exiger et à tout avoir, sans délai. Ils exigent d'avoir ce qu'ont les autres, à défaut de voir les autres perdre ce qu'ils possèdent. Avoir envie, ça devient exiger sans agir. Les gens font des caprices. Ils condamnent ceux qui agissent ou qui veulent agir. Les bons élèves sont persécutés par les envieux. Plus tard, certains étudiants organisent le blocus des lieux de formation, empêchent leurs camarades d'étudier. Encore plus tard, les grévistes empêchent leurs collègues de travailler, au nom de revendications qu'aucun humoriste n'aurait osé imaginer.

Tout cela légitime le vol, cette gratification non-méritée. Par la grâce de la télévision, le vol devient pour le prétendu « dépossédé » (ou « déshérité » ou « défavorisé ») la juste réappropriation d'un bien dont les possédants l'auraient spolié. Action antisociale par excellence, le vol est de nos jours largement excusé. Pour faire bonne mesure, les médias s'efforcent de culpabiliser ceux qui s'estiment possédants et chanceux, c'est-à-dire tout le monde. Tout le monde se sent donc obligé de satisfaire par le don (ou l'acceptation) les envieux d'en bas, dont on s'estime tous redevable.

La télévision est une prise des consciences, comme il y a des prises de guerre. Suggestif, déductif, inductif, l'appareil remplace la vision du monde réel par un monde qui n'existe pas. Analogiquement, les gens raisonnent à partir de ce qu'ils observent. Ils observent bien plus la télévision que le monde extérieur. Ils finissent donc par penser le contenu de leur télévision, c'est-à-dire un tas de cas particuliers non significatifs. Quel est le meilleur moyen de déstructurer un ensemble ? Sur-représenter ses marges. La télévision se fait une spécialité de mettre en avant des marges choisies. La norme toute entière (les vrais gens) est éclipsée à leur profit. Les cas particuliers ne sont plus des exceptions confirmant les règles, ils deviennent des vérités générales infirmant toute règle.

À leurs débuts, les publicitaires ciblaient le public le plus large. Donc la norme. Aujourd'hui, c'est tout le contraire : les médias mettent en avant les minorités et les marges. La publicité ne cherche plus à cibler un consommateur. Elle cherche à le soumettre idéologiquement. Comme les gens pensent ce que diffuse leur télévision, ils finissent par croire que la norme est la marge. En mettant en avant des comportements toujours plus marginaux, en les imposant aux foules, la télévision anéantit esprit critique et seuil de tolérance, et prépare nos cerveaux à tout accepter sans réagir.

L'information est devenue une guerre d'inférences. Le téléspectateur est tellement habitué à décoder ce que les médias suggèrent que sa réaction devient parfaitement calibrée, pavlovienne. Un individu excentrique et insupportable : « faut pas juger. » Un reportage sur des délinquants : « faut pas stigmatiser. » Ne pas tout accepter mène à l'intolérance, donc à la haine, donc à Hitler. Le téléspectateur a peur d'Hitler. Il veut donc suivre le mouvement, rester au sein du troupeau poursuivi par le grand méchant Adolf, en faisant sienne la pensée réflexe que lui impose l'écran. « Faut pas juger », adieu esprit critique. « Faut pas généraliser », adieu, intelligence. Vous pensez que le soleil va se lever demain ? Oui ? C'est scandaleux. Parce que vous le voyez se lever tous les jours, vous en déduisez, par empirisme, qu'il se lèvera demain. Sans l'avis d'un sociologue. Vous généralisez. Vous êtes un monstre.

Le spectateur ingère quantité de slogans (il regarde la télévision 3h30 par jour en moyenne) qui saturent son réservoir mémoriel inconscient, et qui finissent par s'imposer à lui, par analogie, dans ses réflexions de tous les jours. Dans la rue, les gens deviennent des télévisions ambulantes, promptes à répéter tous leurs slogans. « Faut pas généraliser. C'est l'exclusion. Ils sont parqués dans des ghettos. » Vous parlez avec votre télévision ? Alors ne parlez pas avec ses avatars humains.

S'introduire dans la pensée de l'autre, la contrôler, l'aiguiller, l'infléchir, la hanter, la heurter, la figer, tout cela représente le plus grand des pouvoirs, après celui d'ôter la vie. Les médias ont un pouvoir que les individus n'auront jamais : celui de s'introduire dans la pensée des multitudes, de s'introduire chez le citoyen pour lui imposer un monologue quotidien de 3h30. Davantage que la messe, que la famille, que les amis, que les livres. La télévision est le cheval de Troie de la pensée unique, qui s'insinue dans vos vies privées. Il sait, il est partout. Vous ne vérifiez rien et vous n'allez nulle part. Tremblez, Troyens ! Vos connaissances, votre esprit critique et votre imaginaire n'ont aucune chance.

Vous êtes mûr pour tout accepter et tout répéter : oui, la diversité est une richesse, oui votre Toyota est fantastique, oui Seb c'est bien. Pas d'amalgame. Faut pas généraliser. Amen.

◆◆

Nous avons parlé d'idéologie. Mais laquelle ? Pour qui roulent la plupart des médias ? Mao, Bouddha, Sarkozy ? Une idéologie de droite ou une idéologie de gauche ? Partons du principe que ces catégorisations ont un sens, et demandons son avis à la foule : les gens de droite croient sincèrement que les journalistes sont de gauche, et les gens de gauche croient sincèrement que les médias sont de droite. Quelle est la réalité ? Curieusement, peu d'enquêtes sont menées sur ce sujet, pourtant capital du point de vue de la fameuse « bonne santé démocratique » dont on parle tant. L'hebdomadaire *Marianne* révélait le 23 avril 2001 que 6 % des journalistes votaient à droite. Donc que 94 % des journalistes votaient à gauche et au centre. Les rédacteurs de *Marianne* eux-même ont fait le test : 82 % d'entre eux votaient à gauche. Sarkozy ou Le Pen n'avaient pas une seule voix.

En 2012, une enquête de Harris Interactive pour le magasine Médias révélait que 74 % des journalistes votaient à gauche (centre exclu). Au premier tour des présidentielles 2012, il étaient 39 % à voter Hollande, 19 % à voter Mélenchon (!), 18 % à voter Sarkozy et 3 % à voter Le Pen. Les aspirants journalistes de l'ESJ de Lille (École supérieure de journalisme) et plus encore du CFJ (Centre de formation des journalistes de Paris) ont tout pour faire d'excellents journalistes : les premiers ont voté à 87 % pour la gauche. Dans le détail : 31 % pour Hollande, 25 % pour Mélenchon, 25 % pour Joly, 8 % pour Bayrou, 3 % pour Sarkozy et 0 % pour Le Pen. Les scores du CFJ sont carrément soviétiques : 100 % pour la gauche ! Pas un seul mouton noir de droite. La situation n'est guère différente pour les enseignants. En 2012, ces derniers votaient à 61 % pour la gauche au premier tour, puis à 79 % au second (*L'Express*, 22/02/12). Beaux exemples de standardisation idéologique.

Il ne s'agit pas de soutenir tel ou tel politicien à l'occasion de telle ou telle élection. Il s'agit de distiller une idéologie, suffisamment pour que plus personne n'ose s'y opposer. Pourquoi ? Pour gagner ses galons dans la compétition morale, pardi ! Si la morale gagnante était de droite, ils seraient de droite. Dans cette lutte, les journalistes n'ont aucun autre intérêt que l'affirmation de leur statut.

Mais il y a aussi des journaux de droite, nous dit-on. Évidemment, mais ceux-là ont déjà perdu la compétition morale.

Et ils sont rarissimes. Le journaliste Éric Brunet a même montré que la rédaction du Figaro était majoritairement composée de journalistes de gauche. Une urne est installée dans ses locaux lors de chaque élection, par tradition. Le candidat de gauche l'emporte toujours, même si certains journalistes du titre sont de droite. Ne cherchez pas ce pluralisme à *Libération*, au *Nouvel Obs* ou au *Monde*. Les grands patrons de presse n'ont aucune influence sur la ligne éditoriale de leurs journaux, car ils sont tributaires du pouvoir de la publicité, ou plutôt de la publicité du pouvoir.

Tous les journalistes disent la même chose, seule la forme change. Il y a, comme à *Rue*89, ceux qui se demandent sans rire « pourquoi la brigade anti-criminalité a des manières rudes ». Il y a les journalistes « mainstream », qui s'efforcent de paraître crédibles, pluriels et objectifs, mais sous la plume desquels on peut lire quotidiennement des affirmations mystico-religieuses. « Les civilisations les plus solides sont celles du « vivre tous ensemble », du respect de l'autre, de sa dignité », lit-on dans *le Monde*, « journal de référence ».

Pourquoi les journalistes sont-ils quasiment tous de gauche, ou à l'extrême rigueur d'un centre droit terrorisé par les excommunications de la gauche ? Parce que les journalistes se recrutent entre eux. Pour entrer dans une école de journalisme, il faut avoir le profil, c'est-à-dire exister dans leur compétition morale, être (re)connu de leur réseau.

Un journaliste sera recruté par des journalistes, formé par des journalistes, dirigé par des journalistes, encadré par des journalistes, nommé par des journalistes, diplômé par des journalistes, embauché par des journalistes, viré par des journalistes et éventuellement calomnié et détruit par des journalistes. À moins de travestir ses pensées, il n'intègrera aucun réseau, ne bénéficiera d'aucun « coup de pouce », sera condamné à la stagnation. Cette épuration idéologique dont il croyait naïvement qu'elle finirait par s'estomper le suivra toute sa vie.

De telles perspectives tempèrent les vocations. Néanmoins, si le journalisme parvient à travestir sa pensée durant des années tout en faisant du bon travail, ce qui n'est guère indiqué pour la santé mentale, il peut finir par décrocher un poste important. Pour avoir enfin le droit de tomber le masque ? Que nenni. Qu'il affirme ses convictions incorrectes, et il sera aussitôt déposé par les protestations de ses collègues. Les progressistes, louant sans cesse « l'ouverture d'esprit », tolèrent moins que quiconque une opinion divergente, comme l'a démontré la sociologue Anne Muxel. La culture militante, corporatiste, épuratrice, est fondamentalement de gauche. L'homme de droite, plus discret et individualiste, est aussi plus libéral.

Entre les convictions et l'emploi, le choix est vite fait. Notre journaliste se félicitera d'acquérir le « privilège de l'expérience » (c'est-à-dire l'habitude de tout accepter), privilège qui lui donnera à son tour le droit de trier ses futurs petits collègues d'éventuels déchets non-formatables. Les sceptiques intransigeants sont les premiers à fuir, laissant le champ libre à des idéologues tout heureux de se retrouver entre eux. À la télévision, rares sont ceux qui osent encore se dire « de droite », ce « tabou français » (Brunet), alors que les gens « de droite » représentent au moins 50 % de la population. Il est curieux que nos journalistes, nos grandes instances et nos hauts-commissaires, d'ordinaire si attentifs et vigilants à propos des questions de représentativité, nous assourdissent de leur silence sur cette question précise.

Sachez que l'État paie indirectement la presse (annonces légales, publicités des collectivités, des entreprises publiques ou des organismes cachés derrière leur sigle). Les journaux n'existent pas parce qu'ils se vendent. Ils existent parce que l'État et des cohortes de publicitaires plus ou moins obligés veulent bien les maintenir en vie. Bien sûr, l'État aide aussi directement, avec des subventions colossales. 60 millions d'euros ont été distribués en 2008, 2009 et 2010 pour la seule presse en ligne. Par exemple, *Rue*89 touche 250 000 euros par an de subventions. Oui, vos impôts paient *Rue*89. Tous les grands titres perdent plus d'argent qu'ils n'en ont jamais gagné. Par exemple, *Le Figaro* (qui ne se porte pas si mal) perd officiellement 10 millions d'euros par an. Un journal-mausolée comme l'Humanité est un gouffre sans fond, maintenu en vie par plusieurs millions d'euros par an, depuis des années, soi-disant parce qu'il appartient à notre « patrimoine ». L'argent qui maintient en vie ce dernier est celui des contribuables. Si les gens ne veulent plus payer les journaux, on leur fera payer quand même. Tout ça pour donner l'impression que la presse libre existe, alors qu'elle n'est plus qu'un théâtre, l'illusion d'un panel médiatique équilibré, déontologique, consommé donc approuvé, comme une garantie que notre démocratie se porte à merveille.

C'est un cercle vicieux : les journalistes se spécialisent dans la publicité et la distraction, les gens s'en lassent. Les ventes baissent. Le journal finit par dépendre totalement des annonceurs, donc devient prêt à tout pour ne pas les perdre (question de survie). Voilà comment les journalistes, à l'instar des associatifs, sont devenus de bons petits soldats. Et un bon petit soldat, ça fait ce qu'on lui demande sans marge de manœuvre, si ce n'est le choix souverain entre écrire d'un mort qu'il « croquait la vie à pleine dents » ou qu'il « laissera un grand vide ».

Le journaliste est prié par son chef d'agence, puis son rédacteur en chef, puis son directeur de publication, puis son président, puis son annonceur, de bien vouloir écrire ce qu'on lui dicte.

Et il répercute lui-même ces directives à ses propres correspondants. Citation phare de tout bon rédacteur en chef : « c'est le journal qui vous changera, jamais vous qui le changerez. » Ça fait partie de la sélection. Ceux qui manquent de docilité sont invités à renoncer. Si leur esprit d'initiative pouvait se limiter à ramener des croissants au bureau, ce serait parfait. On appelle ça la ligne éditoriale. La ligne est toujours égalitaire, c'est-à-dire positivement discriminante. La liberté de la presse ? Vous savez, la presse française est classée 44ᵉ en terme de liberté, entre la Papouasie et la Bosnie (RSF). Nos journalistes ne se soucient pas de leur liberté, ils se tirent la bourre pour écrire l'article le plus moderne, le plus engagé, le plus novateur possible. La compétition morale n'est nulle part aussi féroce que dans les colonnes des journaux français.

Ça consiste par exemple à promouvoir la diversité, pour « coller à l'image réelle du pays ». Comme le précisait en 2011 une note interne d'un groupe d'hebdomadaires locaux : « la diversité ne doit pas apparaitre qu'en pages sports ou en pages faits divers. »

Il s'agit bien de créer de l'information. Et comme la réalité ne plaît pas souvent au Frankenstein-journaliste, il a sa botte secrète : l'incontournable hiérarchie de l'information. Le choix de parler de ce qui lui plaît et de passer sous silence ce qui ne lui plaît pas. C'est très indiqué pour préserver sa bonne conscience.

Le 19 juillet 2012, on apprend qu'un Roumain de 12 ans a fait 15 jours de prison à Fleury-Mérogis, suite à une confusion autour de son âge. Pour *Le Nouvel Obs*, c'est évidemment scandaleux. Ça « pose question » et il ne faudrait surtout pas que ça se reproduise. Comment, mais comment une chose aussi effroyable a-t-elle pu arriver ? Comment, mais comment peut-on empêcher une chose aussi abominable de se reproduire ?

Au fait, il avait fait quoi ce petit ? Vol avec violences sur une personne vulnérable. Bizarrement, une vielle dame agressée par un gosse de 12 ans livré à lui-même, ce n'est pas de nature a susciter les interrogations de la presse.

Le 4 juillet 2012, 20 *minutes* titrait ceci : « Un policier tire sur un automobiliste qui lui fonçait dessus. » L'automobiliste en question prenait la fuite après avoir arraché le sac d'un passant, avant de percuter une voiture en stationnement, à défaut du policier. Conclusion de l'article : « L'inspection générale des services a été saisie pour faire la lumière sur les événements et comprendre pourquoi le policier a dû se servir de son arme. » En effet, comment est-il possible, en 2012, qu'un policier prenne la décision de ne pas se laisser écraser par un voleur ? Mais que fait Manuel Valls ?

Il parle de la Corse.

Ces derniers mois, à la faveur de quelques règlements de compte et avec l'appui inconditionnel des médias, Manuel Valls et Christiane Taubira font des pieds et des mains pour nous faire croire que la Haute-Corse et la Corse-du-Sud sont les départements les plus criminels de France, et à ce titre une priorité majeure d'un gouvernement-de-gauche-mais-de-gauche-pas-angélique.

La Corse brûle-t-elle ?

Ben non.

D'après les données de l'État 4001 (chiffres officiels des crimes et délits), l'Observatoire national de la délinquance et de la réponse pénale (ONDRP), a établi des comparaisons entre départements.

NATURE DES FAITS	MOYENNE NATIONALE	SEINE-SAINT-DENIS	HAUTE-CORSE	CORSE-DU-SUD
ATTEINTES AUX BIENS	34,2	59,7	25	27,2
VOLS SANS VIOLENCES	26,9	38,9	20,6	20,6
VOLS AVEC VIOLENCES	1,9	9,1	0,7	0,9
CAMBRIOLAGES	5,5	6,7	3,4	3,6
ATTEINTES À L'INTÉGRITÉ PHYSIQUE	7,6	20,7	5,5	5,5

Non seulement les taux (en ‰) de la Corse sont loin, très loin des taux de la Seine-Saint-Denis, mais ils sont aussi nettement plus bas que les moyennes nationales.

En 2010, les taux étaient comparables. La Seine-Saint-Denis présentait un taux d'atteinte aux biens de 62,2‰ et un taux d'atteintes volontaires à l'intégrité physique de 20,5‰.

La moyenne nationale pour ces deux taux est de 35‰ et de 7,6‰. En Haute-Corse, elle était de 24,4‰ et de 5‰. En Corse-du-Sud, de 25,2‰ et de 5,1‰.

Soit Manuel Valls, Christiane Taubira et les médias l'ignorent, donc ce sont des incompétents.

Soit Manuel Valls, Christiane Taubira et les médias ne l'ignorent pas, donc ce sont des malhonnêtes.

Le tri de l'information est le premier boulot du journaliste. Son métier est de discriminer. N'appelez pas la Halde, c'est une discrimination très positive. Le journaliste choisit en général une avalanche de sujets secondaires, minoritaires et concernant des minorités. En leur donnant une importance très artificielle, il distrait ses lecteurs de quantité d'autres informations d'importance majeure. Il a bien entendu l'appui total de sa hiérarchie pour ce genre de besogne. En revanche, s'il pouvait éviter de parler de ce qui fâche, sa direction lui en saurait gré. Par exemple, quand on découvre que Roland Dumas a jadis fait pression sur la Cour des comptes (organisme présenté comme un modèle d'incorruptibilité) pour qu'elle ferme les yeux sur les comptes de campagne d'un candidat de droite, Édouard Balladur, c'est au mieux un entrefilet en page 4 dans quelques journaux téméraires. Parce que les journalistes font comme si cette affaire était infiniment moins passionnante et importante que le cancer de l'animateur Jean-Luc Delarue. C'est très triste, ce qui est arrivé à ce Monsieur, mais pas aussi triste que de constater que cette épreuve très personnelle et, convenons-en, d'un intérêt géopolitique mineur, a été davantage médiatisée que le plus grand scandale politico-financier de la Ve République. Le lecteur, conditionné par plusieurs décennies de hiérarchisation de l'information, ne voit rien d'anormal là-dedans. Il se dit que, tout de même, le pauvre Jean-Luc. Et l'information choisie remporte victoire sur victoire en rase campagne. La presse sert à étaler des idées que personne ne partage et à dissimuler des faits que personne n'a le droit de voir. Les journalistes pensent-ils que le peuple ne mérite pas d'être mis dans la confidence, qu'il est trop bête et dangereux pour comprendre bien comme il faut toute la subtilité de l'actualité ?

En juillet 2012, les médias relatent une fusillade à l'arme de guerre dans une boîte de nuit de Lille, s'étant soldée par la mort de deux personnes. On nous explique que l'établissement était sans histoire (ce qui est faux), et que l'auteur de la fusillade serait « un homme refoulé revenu se venger », avant de prendre la fuite avec un complice. L'homme, « connu des services », est présenté comme très dangereux. Il est recherché pour assassinat et détention d'arme de guerre. Les journalistes expliquent que le signalement de l'individu a été largement diffusé. Entre policiers.

Les médias préfèrent se garder de stigmatiser, plutôt que de donner à la population le signalement d'un tueur en fuite, armé d'une Kalachnikov. Qui protègent-ils ? Les honnêtes gens ou les criminels ? Il faudra attendre plusieurs jours pour que certains médias (M6 ou *la Voix du Nord*, par exemple) brisent l'omerta et publient photos et identité des fuyards. Depuis, on ne finit plus d'en apprendre... Mokhtari Fayçal, 32 ans, a été condamné en 2008 pour vol aggravé et association de malfaiteurs à deux ans de prison ferme. Ferme ? Il ne les fera jamais, sa peine ayant été aménagée. Ce traitement n'est pas une exception, c'est une règle. Son complice, Jeloul Cherifi, 24 ans, est connu pour violences conjugales (*Le Point*, 2/07/12). C'est à ce genre d'individus que les policiers donneront un récépissé de contrôle, avec force vouvoiements, papouilles et mamours.

Christiane Taubira, le lendemain de la fusillade, assistait à un concert pour détenus donné dans le Nord. Le surlendemain, toujours pas de Manuel Valls sur les lieux. On ne voit dans l'horizon lillois que le socialisme qui poudroie et la culture de l'excuse qui verdoie... Valls se rendra finalement à Lille quelques jours plus tard, pour réaffirmer sa volonté de « lutter contre les armes », ceux qui les tiennent étant nos amis.

La semaine suivante, un homme blessait plusieurs personnes en ouvrant le feu dans une discothèque près de Cambrai. Encore une fois, l'homme est « connu », rapidement identifié, mais les médias ne divulguent pas son signalement.

Du mensonge par omission au mensonge tout court, il n'y a qu'un pas, que *Le Monde* a franchi le 25 juin 2012, à l'occasion du meurtre d'un collégien de 13 ans à Rennes, par un « camarade » de 16 ans. Le petit Killian, « de constitution frêle » a été tabassé et étranglé dans les toilettes, jusqu'à ce que mort s'ensuive. « Je l'ai laissé sur le carreau », lança fièrement Souleymane après son crime. Cet apprenti boxeur d'1m80 avait déjà eu des problèmes avec son établissement. Souleymane a tué Killian parce que Killian a regardé Souleymane. Killian ne regardera plus personne. Histoire de couronner le tout, le premier ministre et le ministre de l'éducation ont annoncé son décès alors qu'il luttait encore contre la mort. Mieux : *Le Monde* croyait bon de changer le prénom de Souleymane, Tchétchène d'origine, en Vladimir. Étourderie que le journaliste du Monde, malgré toutes ses pirouettes et son ironie, aura grand peine à justifier, après une avalanche de plaintes. Gageons qu'il n'en tirera aucune leçon, sinon qu'il lui faudra être un peu plus habile à l'avenir. Le journaliste français, c'est typiquement celui qui prétend en remontrer à la terre entière, oscillant toujours quelque part entre l'arrogance et la malhonnêteté. Par exemple, le 5 juillet 2012, *L'Express* titre ceci : « États-Unis : 162 ans de prison pour son premier délit. » On apprend dans l'article que l'individu avait à peine 18 ans quand il a été arrêté avec ses complices « pour une série de vols à main armée », précisément six en trois mois, avec en prime un coup de feu tiré. Pour un journaliste français, six braquages à main armée, c'est un premier délit qui ne mérite que la clémence de la justice.

En France, avant deux ou trois commerçants tués, on n'enferme pas. Et on en est fier.

Le 13 septembre 2012, quand un enseignant se fait tabasser par un élève musulman à propos d'un « désaccord » sur le Maroc, *Le Point* n'a qu'un titre : « Rien à voir avec la religion. » Très productif. Autant titrer « C'était pas un Arabe ».

Devoir d'informer ou devoir de dissimuler ? Certains journalistes n'ont peut-être pas le temps de vérifier les informations qu'ils copient-collent. Ils sont sans doute trop occupés à censurer les commentaires nauséabonds sur leurs sites Internet. Pour être journaliste, il faut être dans les clous, c'est-à-dire mièvre et terne, aussi parfaitement chiant qu'un social-démocrate scandinave. Le choix des mots n'existe plus. La presse française utilise un jargon si calibré qu'il en devient parfois comique. Ou tragique, c'est selon.

À Toulouse en juin 2012, une femme et un homme sont violemment agressés à quelques heures d'intervalle, par une bande de jeunes. Les victimes sont jetées au sol et rouées de coups. « Jeu, bravade, bêtise ? » s'interroge *La Dépêche* (3/06/12). Faut-il se faire soi-même tabasser par cinq individus pour comprendre que ça n'a rien d'un *jeu*, d'une *bravade* ou d'une *bêtise* ?

Plus fort, plus sordide. En juillet 2012, plusieurs médias parlent de « polémique » à propos d'une Afghane tuée d'une rafale en pleine tête... En France, une « polémique », c'est la coiffure d'Audrey Pulvar ou la robe de Cécile Duflot.

Le JT de France 2 du 5 juillet 2012 s'ouvre sur un banal fait divers : à Montpellier, un vieil homme est entre la vie et la mort après une violente agression. Élise Lucet nous explique qu'il s'agit d'une simple « agression qui a mal tourné ». C'est quoi une agression qui tourne bien, Mame Lucet ? Une agression qui tourne mal, apparemment, c'est quand l'octogénaire a le mauvais goût de se défendre. Qu'on se rassure, il ne se défendra plus, mort des suites de ses blessures. Et la justice en rajoute une couche, en ouvrant à l'encontre des meurtriers une simple information pour « coups et blessures ayant entraîné la mort sans intention de la donner ». Rappelons que le bijoutier parisien qui se défendait contre un braqueur armé a été mis en examen pour homicide volontaire...

En août 2011, deux frères volent à l'arraché le collier en or d'une femme handicapée, au Raincy. Les deux individus sont interpellés. Sur eux, du cannabis, un ordinateur, des armes blanches et d'autres bijoux volés. Ils reconnaissent deux autres vols...

et sont remis en liberté. Y compris l'aîné, déjà condamné à six mois avec sursis et mise à l'épreuve de 2 ans (*Justice & sécurité*).

« Le journalisme est un métier où l'on passe la moitié de sa vie à parler de ce qu'on ne connaît pas et l'autre moitié à taire ce que l'on sait », écrivait Henri Béraud. Certains peuvent donner leur avis sur tout sans rien savoir, et cette cuistrerie est reconnue officiellement. Un tel métier, c'est le rêve de la plupart de nos contemporains. Comme le disait l'anthropologue Marc Augé, il faut ajouter à la surabondance événementielle la surabondance des savoirs, chacun voulant interpréter par lui-même les informations dont il dispose. Les gens participent à la même compétition morale que les journalistes. Il est remarquable de constater combien n'importe qui s'obstine à avoir une opinion sur n'importe quoi. Dans l'imaginaire collectif, le savoir est valorisant. Les individus qui appartiennent au groupe de « ceux qui savent » en tirent une gratification sociale. Comme la vérité est devenue une notion très relative (lisez un « livre-vérité » de Christine Angot, vous comprendrez), du fait de l'accès des foules à quantité d'informations contradictoires, la cuistrerie peut proliférer sans risque d'être démasquée : la bêtise a perdu toute décence.

Pour un individu doté d'esprit critique, espèce en voie d'extinction, ce que pensent les gens et ce que décrètent les médias n'a aucune importance. Mais dans leur majorité, les gens ont renoncé à chercher la vérité, puisqu'ils reçoivent dans leur canapé celle que Canal+ ou BHL veulent bien leur délivrer. En 2002, avec la qualification de Jean-Marie Le Pen au second tour de l'élection présidentielle, les médias se sont accusés eux-mêmes d'avoir fait porter la campagne sur l'insécurité. Subitement, la vérité n'était plus du goût des faiseurs d'opinion. Des grands médias comme TF1 ont bien enregistré le message, laissant désormais les reportages sur l'insécurité aux petites chaînes de la TNT.

Ils ne sont plus qu'une goutte d'acide dans le fleuve médiatique. Cette sombre époque est heureusement révolue. Vous vous rendez compte ? On pouvait parler insécurité à la télévision, à la radio, dans les journaux, sans faire préalablement allégeance aux tabous et aux dogmes. On demandait parfois leur avis à de vrais spécialistes du crime, sans inviter de militant associatif ou de philosophe pour contrebalancer.

Tout est rentré dans l'ordre. Pour se poser des tas de questions sur l'insécurité, les présentateurs, les animateurs ou les experts (choisis par les journalistes) ont le choix des thèmes : stigmatisation, exclusion, passé colonial, méthodes policières, contexte social, absence de dialogue, racisme, précarité, chômage... Le tout est de ne jamais accuser qui que ce soit en dehors de l'État, des citoyens et de la société.

Et si le moindre journaliste s'avise de faire du hors-piste, il sera écarté : comme l'ont été Éric Zemmour ou Robert Ménard. La pluralité, c'est bien. Quand elle est unanime, c'est mieux.

Depuis 2002, on doit s'excuser de parler de l'insécurité et des victimes. Les victimes elles-mêmes comprennent qu'il vaut mieux se taire. C'est l'omerta citoyenne, jusqu'au plus haut sommet de l'État.

Le 31 décembre 2011, de nombreuses boutiques, y compris sur les Champs Élysées, ont préjugé les incidents du réveillon et ont barricadé leurs devantures. N'est-ce pas ce manque de confiance manifeste, ce « mauvais signal », qui provoque les débordements des émeutiers ? La vente d'alcool et de pétards a été interdite dans la grande couronne parisienne, mais aussi à Strasbourg et dans d'autres zones « à risque » (stigmatisées). Des circulaires recommandant ou obligeant à « restreindre la vente d'essence au détail » ont été transmises à certaines préfectures (*Nouvel Obs*). À Paris, le feu d'artifice traditionnel a même été interdit pour « raisons de sécurité ».

Et le lendemain, dans un communiqué qui a sans doute été écrit la veille, voire l'année précédente, le ministre de l'Intérieur Claude Guéant nous apprenait avec jovialité que les festivités du Nouvel an s'étaient déroulées « dans le calme, sans incident notoire ». Compte tenu du dispositif déployé (60 000 policiers en gendarmes) et de la fâcheuse tendance du bilan officiel à tripler en quelques jours, un ministre évoquant un « bilan globalement calme », c'est crédible comme du Georges Marchais.

Officiellement, huit membres des forces de l'ordre ont été blessés, 251 voyous ont été interpellés. Le gouvernement a décidé de ne plus divulguer le nombre officiel de véhicules incendiés au lendemain du réveillon, pour « éviter la compétition » inter-banlieues, tout en assurant qu'un bilan complet serait publié à la mi-janvier. On l'attend toujours. Pour dresser soi-même un vrai bilan, il faut lire les journaux *locaux*, qui ont une notion du calme très différente de celle du ministre de l'Intérieur. Dans la presse au lendemain du réveillon, on apprend en outre que :

- 40 voitures ont été brûlées à Mulhouse (*AFP*), plusieurs affrontements ont opposé la police et des « jeunes », des vitrines ont été brisées et du mobilier urbain a été vandalisé (*DNA*).
- Malgré 3000 CRS, deux hélicoptères et un drone à Strasbourg, « entre 20 et 30 » voitures y ont été incendiées (*DNA*), 30 personnes ont été placées en garde à vue pour dégradations, jets de projectiles sur les policiers. Un chauffard a foncé sur des policiers qui ont dû faire usage de leur arme de service pour se défendre.
- 19 voitures ont été incendiées, 22 autres ont été dégradées, 19 containers-poubelles ont été brûlés à Nice et alentours (*Nice-Matin*).
- 15 voitures ont été incendiées à Nancy (*Est Républicain*).
- « Plusieurs » véhicules ont été incendiés à Sens (*Yonne.fr*)

- 150 véhicules ont été vandalisés à Royan (*Sud-Ouest*)
- 42 véhicules ont été incendiés dans l'Essonne et dix autres dans l'Oise (*Le Parisien*).
- Une vingtaine de voitures ont été incendiées dans le Vaucluse (*Le Dauphiné Libéré*)
- 24 véhicules ont été incendiés à Toulouse et ses environs (*La Dépêche*).
- 7 voitures ont été incendiées à Beauvais (*L'Observateur de Beauvais*).
- 9 véhicules ont été incendiés à Angers et Trélazé (*Courrier de l'Ouest*).
- 3 voitures ont été incendiées à Limoges (*Lepopulaire.fr*)
- Une voiture et un camping-car ont été incendiés à Reims (*L'Union*).
- 14 voitures ont été incendiées à Montpellier (*Midi Libre*).
- 3 voitures ont été incendiées à Chalons-sur-Saône (*Lejsl.com*).
- Une voiture a été incendiée à Lille Sud (*Voix du Nord*).
- 4 voitures et un scooter ont été incendiés à Béziers (*Midi Libre*).
- « Plusieurs » véhicules ont été incendiés et dégradés à Perpignan (*L'Indépendant*).
- 30 voitures ont été incendiées à Saint-Etienne (*Le Progrès*)
- Une voiture a été incendiée à Torcy (*Creusot infos*).
- 4 véhicules, un scooter, un bungalow de chantier ont été retrouvés brûlés à Reims. (*L'Union*)
- 2 voitures et plusieurs poubelles ont été incendiées à Caen (*Ouest-France*)
- À Mazamet, une « bande » incendie un véhicule et provoque des affrontements avec les participants d'une soirée organisée (*La Dépêche*).

Soit, selon notre décompte, un minimum de 420 véhicules incendiés ou vandalisés. Rappelons que ce bilan est une sorte de sondage « sortie des urnes », tous les chiffres cités ayant été publiés par la presse le 1er janvier. Et par exemple, si Marseille n'apparait pas dans cette liste, c'est peut-être parce que la préfecture des Bouches-du-Rhône, de sa propre initiative, ne dévoile plus le chiffre des voitures brûlées depuis 2005. En règle générale, le gouvernement annonce 300 à 400 véhicules brûlés au lendemain du réveillon, pour avouer du bout des lèvres quelques jours plus tard qu'il y en eut plus d'un millier. Environ 40000 voitures brûlent en France chaque année.

Bien entendu, ces festivités « bon enfant » ne se limitent pas aux véhicules. Quelques jours après le réveillon, voilà ce qu'on pouvait apprendre :

- 80 voyous ont provoqué la police à la Queue-les-Yvelines, 3 jeunes ont été blessés, et il a fallu l'intervention de 40 policiers pour ramener l'ordre. Les 80 personnes décrites comme « maghrébines » n'ont pas été appréhendées (*Nouvel Obs*).
- Un homme est interpellé pour agression au Mans (*Ouest-France*).
- L'appartement de l'acteur Jean-Paul Belmondo a été cambriolé (*Sud-Ouest*)
- L'ancien président iranien Bani Sadr a lui aussi eu droit à un cambriolage (*Le Parisien*).

Passons aux choses sérieuses :

- 1 million d'euros de bijoux et 15000 euros en liquide ont été braqués dans une Bijouterie de Neuilly-sur-Seine durant la nuit du réveillon (*Le Parisien*).
- Une septuagénaire a été tuée à son domicile, à Roche-en-Régnier, en Haute-Loire. Selon *Le Figaro*, son crâne a été « enfoncé à coups de barres de fer » lors du cambriolage de sa maison.

- À Poitiers, une fillette de 6 ans a été agressée sexuellement le soir du réveillon, dans le quartier St-Cyprien (*La Nouvelle République*).
- Un homme, poignardé à trois reprises en pleine rue le soir du réveillon à Épinay-sur-Seine, a été hospitalisé dans un état « très préoccupant » (*Le Parisien*).
- À Haguenau, un certain Karim Djernat a été condamné à un an ferme pour jets de pétards sur la police (*DNA*).
- À Toulouse, un étudiant a été poignardé dans le dos. Un autre homme a également été blessé par un coup de couteau, et un troisième individu a été agressé à coups de tesson de bouteille (*La Dépêche*).
- Une femme a été violée et menacée de mort à la Réunion (*Réunion 1ère*).
- Une bombe a été désamorcée devant un club libertin à Lattes, dans l'Hérault (*Le Parisien*). L'objet explosif, sans doute destiné à égayer la soirée du réveillon, était dissimulé dans un mur.
- À Pont-Sainte-Maxence, un Sarcellois de 26 ans a été condamné à trois ans de prison ferme pour une agression sexuelle commise le soir du réveillon, sur une jeune fille de 16 ans. L'homme a justifié son agression par les « propos de l'accusatrice tenus sur les Noirs » puis par la tenue vestimentaire de la victime, non sans menacer le tribunal au passage. Inutile de préciser que la victime est « traumatisée » et sa famille « détruite » (*Courrier Picard*).

Bref, il y a toujours des rabats-joie pour ne pas goûter au « climat festif et de totale sérénité » vanté par le ministre. Heureusement que ce nouvel an était « notoirement calme ». Vous imaginez à quoi aurait ressemblé ce 31 décembre sans la présence de 60 000 policiers, gendarmes et pompiers ?

Pour mémoire, le réveillon précédent, qui avait mobilisé seulement 53800 policiers et gendarmes, avait lui aussi été qualifié de « calme », « s'étant déroulé sans incident majeur », par le ministre de l'Intérieur Brice Hortefeux (*La Dépêche*). *Le Figaro* nous expliquait alors ce qu'était un bilan « sans incident majeur » : 501 interpellations, 16 blessés chez les forces de l'ordre. Un millier de voitures incendiées. À part ça, une femme avait été tuée par une voiture à Lyon, une autre était violée et rouée de coups à Paris, un disc-jockey était mortellement tabassé lors d'une soirée qu'il animait au Blanc-Mesnil et un homme de 20 ans était gravement blessé d'un coup de couteau, suite à une « dispute » entre « deux groupes de jeunes ». Aucun incident majeur, donc. Ouf, on a eu chaud.

Contrairement à la majorité des médias nationaux, la presse locale a besoin de ses lecteurs pour survivre. Donc elle raconte aux gens ce qui se passe, pour de vrai. Si Le Pen passe au second tour en 2002, ça n'a rien à voir avec le thermomètre qu'on s'efforce de casser : c'est d'abord parce que l'insécurité atteint un seuil intolérable. D'abord cantonnée aux banlieues, puis aux grandes villes, elle a contaminé les villes moyennes, et même les petites villes rurales. Le vote Le Pen est un décalque de la carte de l'insécurité.

Et pourtant, la règle journalistique la plus sacrée est de « ne pas faire le jeu » du thermomètre, en l'occurrence de « l'extrême droite », et de laisser la réalité s'en charger, sans lui faire de publicité. En France, la question a toujours été entendue : on tait la réalité. On montre des images d'ailleurs, de droits de l'Homme bafoués du côté de la Chine, des pays arabes ou de la Corée du nord.

Notable exception en 2010. Arte, la chaîne culturelle, spécialisée dans la zoologie et le devoir de mémoire, a décidé de franchir la ligne brune, sous couvert d'enquêter sur le sort des femmes de banlieue, en diffusant un documentaire intitulé *La Cité du mâle*. Une sorte de striptease en plein 9-3. La réalité nue, sans parapet, sans mode d'emploi. Le Front national a-t-il le monopole de la réalité ? Arte a tenté de prouver le contraire. Bien évidemment, du côté de la presse d'indignation spécialisée, on a flingué l'irrévérencieux reportage. Pour *Rue*89, Arte « racole ». *Le Monde* déplore un « féminisme anti-immigrés », *Libération* parle de « lieux communs », bref, l'ensemble des médias descend en flammes le documentaire, signe qu'il a frappé au bon endroit. « Ce n'est pas l'objectivité qui nous dérange, ce n'est pas la réalité qui nous effraie », jurent-ils tous. Mais le problème, vous le comprenez cher confrère, c'est qu'il ne faut pas faire le jeu du Front national. Non non non. Surtout pas. Donc votre reportage, là, si vrai soit-il, il n'est pas bon. Ça ne reflète pas la réalité qu'on veut voir. C'est ça qui préoccupe certains de mes vaillants confrères et leur « devoir d'informer », certainement pas le fait que leurs collègues d'Arte aient reçu des menaces de mort, que le programme ait été décalé puis modifié, ou encore que quatre jeunes se soient rendus dans les locaux de la chaîne pour menacer physiquement les producteurs. C'est vrai qu'il est cruel, ce reportage, diffusé pendant que des gens comme Bernard-Henri Levy s'indignent du sort d'une jeune iranienne sur le point d'être lapidée, à 4000 km d'ici, en France, où de nombreuses jeunes femmes sont assassinées « pour l'honneur ». S'y intéresser est un challenge moins relevé, sans doute. Ou plutôt, cela nécessite un courage réel. Avec la banlieue française, on ne peut pas se planquer dans un grand hôtel, loin derrière les lignes, et prétendre qu'on est allé au feu. Et puis, mouiller sa blanche chemisette pour sauver des iraniennes, voilà qui ne risque pas de faire le jeu du Front national. Les gens comme BHL, c'est la loi du mort kilométrique à l'envers : plus l'horrible réalité est lointaine, plus elle les intéresse.

Ce qu'oublient de dire les journalistes d'Arte dans leur documentaire (ont-ils le choix ?), c'est que les voyous n'embêtent pas que les filles. Quand n'importe quel riverain doit passer deux fois par jour entre ces « gamins », qui lui lancent des regards assassins, des injures, parfois des pierres, qui le bousculent sans doute un peu au passage, les jours où ils ne le rackettent pas, que peut-il faire ? Prévenir la police ? Ils viendront avec six voitures pour repartir quelques minutes plus tard, sans embarquer personne, parce qu'on ne va pas prendre le risque de mettre une ville à feu et à sang pour envoyer deux gamins faire un stage citoyen. Les remettre à leur place ? Pour se retrouver avec les familles élargies des « jeunes » sur le dos, voire la cité entière ? Non, les seules options qu'ont ces gens qui ne veulent ni fuir, ni devenir des voyous eux aussi, c'est de la fermer, de baisser les yeux et d'encaisser en silence les insultes, les bousculades, puis les coups et plus si affinités. Et que ceux qui y échappent ne se croient pas à l'abri pour longtemps. Il n'est pas une banlieue qui ne soit en expansion. Le premier ministre Ayrault a promis 25 % de logements sociaux, partout. Tous pauvres, mais tous égaux. Vous pensez que l'on déghettoïse la ville ? C'est tout le contraire. Et si vous vivez mal votre insupportable quotidien, c'est peut-être bien votre faute. Peut-être bien que vous voyez le mal partout. Peut-être bien que vous n'êtes pas suffisamment rééduqué. Ou peut-être bien que vous êtes raciste. Et puis vous avez de la chance, vous êtes encore vivant, vous. Alors, de quoi vous plaignez-vous ? Votre mauvaise humeur fait le jeu du Front national.

Compte tenu des réactions qu'il a déclenchées, un tel documentaire n'est pas près de revoir le jour, lui qui n'était déjà qu'une goutte d'eau dans un océan de navets. *Polisse*, *Neuilly sa mère*, *Féroce*, *Welcome*, *la Désintégration*, *Plus belle la vie*, *Hors-la-loi*… les producteurs subventionnés et sponsorisés par les grands médias enchaînent les fictions dites « réalités », tentant de donner de la consistance aux mythes de l'exclusion ou de l'ascenseur social bloqué. L'espace d'un documentaire, Arte a brisé la grande collusion du silence. En réaction, les confrères se sont déchaînés de plus belle dans la course à la morale. *Libération* allait même jusqu'à faire « l'éloge de l'insécurité » (18/08/10), en expliquant que cette dernière est « consubstantielle à la liberté » ou qu'elle « fonde le vivant, la limite, le différent, le jeu, la langue, l'art, l'acte de création et la liberté. L'insécurité fait exister l'Autre et s'en porte garant. L'insécurité c'est la vie, c'est l'impure et intolérable relation entre l'Un et l'Autre, entre le vide et le plein, l'Identité et la Différence ».

Ce n'est même plus religieux, c'est carrément sectaire.

La réalité de certains journalistes est à des années-lumière de celle de la rue. Les éditorialistes s'intéressent absolument à tout sauf à ces « jeunes », qu'on nomme d'ailleurs ainsi pour éviter de trop bien les distinguer. On demande aux experts de bien vouloir expliquer au téléspectateur que l'exclusion, la précarité, le « mal-logement » ou autres avatars de la misère constituent le déterminisme social de la criminalité. À la fin de la démonstration, le journaliste n'oublie pas de faire culpabiliser le téléspectateur pour le préparer à la nouvelle addition qu'il ne manquera pas de payer : les dégâts, des subventions, des mesures préventives, l'embauche d'une nouvelle équipe de médiateurs, un plan de rénovation urbaine, etc.

Pour le téléspectateur non-réceptif à ces campagnes publicitaires, le coupable, délinquant, violeur ou assassin, reste obstinément ce « jeune ». Alors qu'un train de marchandises est dévalisé à Marseille, ou qu'un multirécidiviste viole et assassine une gamine, le téléspectateur a bien du mal à comprendre que France Info traque la bavure au flashball ou que des intellectuels se demandent si le Taser est dans les petits papiers d'Amnesty international. Les bavures ? L'organisme précité doit remuer ciel et terre pour dénicher 5 cas – discutables – en 15 ans... Mais dès qu'ils en tiennent un, c'est la curée : les journalistes se regroupent, s'acharnent, s'arrachent des lambeaux de flics et les dévorent derrière les bosquets de micros et de caméras. Une bavure, c'est essentiel. En revanche, l'insécurité ne doit rester qu'un sentiment. Et les sentiments ne sont pas des preuves, comme le regrettait Mme Roland avant d'avoir la tête tranchée. Vous avez un doute ? Ce serait surfer sur les peurs, attiser les haines, généraliser, stigmatiser, faire l'amalgame. Taisez-vous et tout ira bien, fermez le ban, payez vos impôts, assurez-vous bien et votez pour nous. Tout va très bien, Madame la marquise.

Bizarrement, le téléspectateur rechigne à sacrifier son esprit critique sur l'autel du vivre-ensemble. Il se doute de quelque chose, a vaguement l'impression qu'on le prend pour un pélican. Le succès d'Internet, des sites d'information et de réinformation n'a rien d'un hasard.

Mais le téléspectateur est humain : il fait des calculs. A-t-il plutôt intérêt à combattre les théories autorisées, ou à les admettre ? Que pèserait sa petite voix discordante face à la terreur d'être exclu de son groupe, d'être aussitôt comparé à l'ignoble, que tout ça rejaillisse sur sa famille, sur sa vie professionnelle et barre d'une croix -gammée- son avenir ? Lui qui gagne plutôt bien sa vie, qui a un travail pour lequel il a tant sacrifié, des amis intéressants et une famille encore à peu près composée... Ses proches ? Ils comprendraient peut-être, mais ce n'est pas certain. La morale d'État a outrepassé celle de la famille.

Et puis, la ségrégation sociale est mère de toutes les utopies. Le confort permet de refuser les évidences et de fuir l'insécurité, en maintenant une sorte de bouclier d'argent entre l'agrément des belles pensées et le désagrément des réalités.

Malgré quelques soubresauts, la majorité reste vissée devant sa télévision, suspendue à sa radio, dont les émissions sont contrôlées, triées, calibrées, d'abord par les journalistes eux-mêmes. Et ces journalistes font parler des experts, des savants, des chercheurs, des professeurs, pour dire la même chose qu'eux. Avachi devant de telles autorités morales, le citoyen se sent bien petit. Il se dit alors que tout ça est forcément vrai, qu'il faut penser comme le disent tous ces gens qui savent. C'est tellement commode et confortable de s'en remettre aux éditoriaux, aux experts, aux associations, quand de paisibles citoyens sont massacrés pour un regard. C'est tellement plus simple de feindre de croire que tout ça est uniquement la très grande faute des discours « clivants » de tel ministre de l'Intérieur, de telle candidate ou de tel député, aux fameux propos qui « montent les Français les uns contre les autres ». Tant que l'insécurité ne frappe à notre porte, on peut toujours se dire que c'est social, que c'est la crise, que c'est la police, que c'est l'exclusion, que ce n'est pas si grave. Et on peut décider de refermer ce livre.

En revanche, si l'on veut *vraiment* comprendre l'insécurité, on peut choisir de mettre la morale dominante entre parenthèses, pour poser de vraies questions et exiger de vraies réponses.

2

SPECTROSCOPIE DU CRIME

L'antiracisme est un combat courageux. Le racisme est une infraction très vilaine, réprimée depuis l'an de grâce 1972. Ce combat n'est jamais fini. Il ne faut pas baisser la garde. Derrière chaque politicien de droite se cache un Hitler potentiel. Dans chaque papy Guerlain sommeille un vieux con. En chaque crise grouille une horde de skinheads prête à dévorer des troupeaux de boucs émissaires.

Afin de leur couper l'herbe sous les bottes, François Hollande a décrété que les races n'existaient pas. Mais le racisme est si vicieux qu'il peut se passer de races pour exister. Voilà qu'il s'en prend aux homosexuels, aux jeunes, aux handicapés.

Après quelques fusillades, Jean-Marc Ayrault s'est rendu à Marseille, pour parler de l'insécurité, mais surtout pour annoncer un plan de lutte contre le racisme et l'antisémitisme. Nous l'avons vu en fin de chapitre 4 : c'est d'une urgence absolue. Notre gouvernement semble avoir les choses bien en main. L'antiracisme en général a trouvé son rythme de croisière. Les amateurs de belle mécanique seront ravis d'en disséquer le fonctionnement.

D'abord, il fallait un repoussoir. Celui dont on ne peut que se démarquer. Plusieurs candidats ont été auditionnés. Les curés traditionalistes se sont proposés. Le Pen a un moment été retenu. Mais finalement, la figure de l'indécrottable fasciste a signé en CDI pour le rôle de grand méchant. Hitler veille, et s'invitera dans le débat public dès lors qu'un propos dépassera les critères moraux de l'antiracisme.

Doute = fasciste.

Si vous n'êtes pas d'accord, vous êtes assimilé au pire. L'extrême droite, c'est la béquille du progressisme. Sans elle, il tombe. Pour que dure cette saine terreur, il faut simplement faire quelques procès exemplaires de temps en temps. En cherchant bien, dans les stades de foot, les églises, à l'UMP, on finit toujours par trouver des racistes. Cette indispensable chasse aux sorcières qui marche à la délation (« Discrimination ? J'appelle la Halde »), qualifie toute sortie inappropriée de « dérapage » (avant, on parlait de « sabotage »), rappelle aux foules combien un dérapage est « nauséabond » et convoque « les heures les plus sombres de notre histoire » pour mettre au pilori le dérapeur. La vipère lubrique doit s'excuser, faire pénitence, se flageller, avant d'être frappée d'excommunication médiatique, pardon, de mort sociale, non sans servir de mauvais exemple à la jeunesse des écoles au passage. Bien évidemment, après la sentence prononcée, plus personne ne peut envisager inviter, soutenir ou fréquenter un tel personnage. Saint-Just serait jaloux.

Pour éviter de devenir un suspect, tout un chacun s'empresse de demander la tête du sinistre individu, dont on fera le procès équitable quand on aura le temps. L'antiracisme vertueux est la priorité absolue, loin devant la liberté d'expression et les empêchements législatifs.

La diffamation, c'est très grave. Le racisme, c'est très, très grave. On imagine donc que l'accusation de racisme est sévèrement punie. Mais pour maintenir la pression antiraciste, il faut pouvoir soupçonner et accuser tout le monde sans risquer d'être condamné. Les magistrats et les médias l'ont bien compris, et laissent donc à l'accusation une certaine marge de manœuvre : on peut traiter tout le monde de raciste. Malheur à qui dégainera le dernier. « Si on vous traite de raciste, vous êtes perdu », disait Noam Chomsky. Traiter le FN de « parti collabo », comme Anne Hidalgo (PS), c'est simplement « pousser loin la critique » (*Huffington post*, 24/09/12). Si on vous traite de gros con, estimez-vous heureux : vous gagnerez votre procès pour injure. Si on vous traite de raciste, vous n'avez que le droit, pour ne pas dire l'obligation, de démontrer que vous n'en êtes pas un.

Pour le plus grand bonheur de l'humanité, l'antiracisme a une arme plus aiguisée encore que la morale, la loi, les médias ou l'enseignement. L'antiracisme a les associations. Depuis Mitterrand, elles sont gavées comme des oies de Toulouse. La Gisti, organisation de défense des droits des étrangers en France, touche environ 150 000 euros de subventions par an pour demander la dépénalisation de l'aide à l'entrée et au séjour irrégulier des étrangers en France.

« Nous savons qui vous êtes, où vous êtes et ce que vous faites... L'heure du grand coup de filet approche. » C'est par ses mots que l'association SOS racisme, en juillet 2012 via son compte Twitter, menaçait à juste titre tous les salauds qui ne pensent pas comme elle. SOS racisme est une organisation non-gouvernementale (ONG), financée essentiellement par le gouvernement. En 2009, elle touchait 579 000 euros de subventions pour 500 adhérents (*Journal officiel*). Parmi les heureux donateurs : le Fonds d'action et de soutien pour l'intégration et la lutte contre les discriminations (FASILD), l'Agence nationale pour la cohésion sociale et l'égalité des chances (ACSÉ), l'Éducation nationale, la Jeunesse et les sports, la mairie de Paris, le Conseil régional d'Île-de-France, sans oublier le Haut commissariat à la jeunesse par le biais du Conseil du développement de la vie associative. Bref, un financement organisé par ces créatures-sigles que notre État pond à la chaîne, auquel il faut ajouter les dons publics aux antennes locales installées dans pas moins de 42 villes. Combien d'associations de ce genre bénéficient des subventions publiques ? Prenons un seul exemple : il existe en France une soixante d'Associations de Solidarité avec les Travailleur-euse-s Immigré-e-s (ASTI). La seule antenne de Fontenay affiche fièrement 11 salariés, un local offert par la mairie, et 80 % de ressources subventionnées.

Avec un courage rare, ces associations dites « d'utilité publique » n'hésitent pas à enfreindre la loi, en aidant les clandestins. Il y a du boulot : les cas de hors-bords mystérieux qui déposent leur cargaison humaine sur les plages méditerranéennes avant de disparaître se multiplient. Selon l'article 622-1 du Code d'entrée et du séjour, toute personne ayant aidé directement ou indirectement un étranger en situation irrégulière risque 5 ans d'emprisonnement et 30 000 euros d'amende. Mais contrairement à l'antiracisme, certaines lois ne sont plus d'utilité publique. Nous l'avons dit, le gouvernement socialiste va supprimer cet article que les magistrats ont déjà oublié.

Contrairement à tout autre criminel, on ne trouve pas d'excuses à un raciste. Jamais. N'importe qui pourra mettre en avant son enfance difficile, le contexte social, des violences subies, sa malléabilité, sa déficience intellectuelle, que sais-je encore ? Un raciste, il est raciste, point final.

C'est très bien. Tout a l'air parfait. Le mécanisme de correction et de rééducation semble bien en place. Le racisme ne peut pas gagner. Mais sous ses apparences si solides et si parfaites, nous avons cru déceler dans l'antiracisme, oserons-nous le dire, un minuscule défaut. Sans doute involontaire. Une négligeable omission, nous en sommes convaincus. Mais notre exigence morale, notre souci d'apporter notre pierre à la cathédrale antiraciste nous pousse à faire partager notre étonnement.

Étonnement, quand aucune voix antiraciste ne s'élève pour condamner le fait que Julius Malema, leader des jeunesses du Congrès national africain, appelle publiquement à tuer les Blancs d'Afrique du sud. Étonnement qu'aucun antiraciste ne parle de « dérapage » lorsque Benyamin Nétanyahou défend publiquement « la pureté » d'Israël contre les immigrés africains.

Étonnement, alors qu'une Nantaise de 14 ans a été massacrée par un angolais en France, que les médias français consacrent de grands reportages à Treyvon Martin, un afro-américain abattu par un Hispanique aux États-Unis.

Étonnement de n'entendre aucun indigné nous parler du massacre des fermiers boers en Afrique du Sud (on parle de 3000 victimes), comme cet enfant de douze ans qui a été tué, en juillet 2012, immergé dans l'eau bouillante, après le meurtre de son père à coups de machette, le viol et le meurtre de sa mère, sans oublier l'éviscération du chien, par trois « voleurs » dont on apprend qu'ils riaient sur le chemin de la prison (*Huffington post*, 26/07/2012).

Certains seraient-ils davantage présumés racistes que d'autres ?

Mars 2011, à Paris, un jeune homme est tabassé et dépouillé par quatre individus sur le quai de la station Opéra. La victime a expliqué avoir été agressée en raison de ses origines maghrébines. Les individus interpellés sont de nationalité polonaise.

Le Parisien (16/03/11) titre sur une « Agression raciste dans le métro ». Le mois précédent, un adolescent de 16 ans est tabassé par quatre « jeunes ». Le titre du Parisien ? « Tabassé et volé dans le RER. » Rebelote en décembre 2011 : un autre adolescent de 16 ans est tabassé par « quatre jeunes ». Multiples fractures, graves blessures au visage. Le titre du *Parisien* (15/12/11) ? « Tabassé pour un téléphone. » En juin 2009, lorsque plusieurs « petits blancs » sont violemment agressés dans le métro le soir de la fête de la musique, aux cris de « sales blancs », *La Dépêche* (26/06/09) titre : « Tabassés sans raison dans le métro. » Curieux. Pourquoi ne parle-t-on pas d'agressions racistes ? Les antiracistes étaient sans doute distraits. Ça leur arrive. Parfois.

Novembre 2009 à Canteleu, un homme crève une quarantaine de pneus de voitures appartenant à des Africains ou à des Français d'origine africaine. Le prévenu explique qu'il agit ainsi parce qu'il n'aime pas les noirs. Des actes qui « avaient suscité une vive émotion au sein de la communauté africaine de la cité ». SOS racisme est partie civile. Deux ans de prison (*Nouvel Obs,* 14/11/09).

Septembre 2010 à Avignon, des jeunes dégradent des voitures, puis interpellent un riverain : « Bâtard, connard, sale blanc, sale Français de merde. On va brûler votre maison et celles de vos voisins. » Le riverain est violemment agressé et gravement blessé à l'oeil. Au procès de l'agresseur, qui reconnaît les faits, le vice-procureur demande de « prendre garde aux amalgames ». Le mot « racisme » n'est pas une seule fois prononcé au cours de l'audience. Six mois de prison avec sursis (*La Provence,* 1/09/10). SOS racisme n'était pas partie civile lors de ce procès. Un empêchement. Les militants, sans doute occupés à éplucher les commentaires de *Fdesouche.com*, n'ont pu se libérer. En septembre 2012 à Carcassonne, le chef étoilé Michel Del Burgo est caillassé et traité de « sale français » (*La Dépêche*, 27/09/12). Là encore, les si réactives et vigilantes associations semblent distraites.

À force de malheureuses coïncidences, on finit par se demander si elles en sont vraiment. L'antiracisme a parfois quelque chose de ces magnifiques trompe-l'œil italiens. De loin, ça a l'air réel et profond, de près c'est un barbouillage en deux dimensions.

Nous ne remettons pas en cause la probité des associations antiracistes, encore moins leur indispensable combat. Simplement, nous nous demandons si, malgré elles, elles n'auraient pas oublié certains racismes. Il y a les minorités visibles, et la majorité invisible. L'œil humain est capable de distinguer les couleurs de l'arc-en-ciel. Ce n'est qu'une infime partie du spectre électromagnétique. À l'œil nu, nous ne distinguons ni les infrarouges ni les ultraviolets, pour ne parler que des ondes lumineuses. Comprendre qu'elles existent sans que nous ne puissions les voir est une des révolutions intellectuelles ayant ouvert la voie de la mécanique quantique.

Le problème de la plupart des antiracistes est qu'ils ont dû mal à admettre une telle révolution. Ils voient très bien les minorités de couleur, ils ont tendance à ne pas distinguer la majorité incolore. Peut-être sont-ils atteints de daltonisme, choix que nous respectons pleinement, dont nous avons beaucoup à apprendre et qui est sans doute porteur d'une grande richesse culturelle.

De nombreux scientifiques ont longtemps nié l'existence d'une lumière invisible. Les antiracistes, tels Dominique Sopo (SOS racisme), affirment que le « racisme anti-blanc » n'est qu'une invention. En septembre 2012, Jean-François Copé a cru l'apercevoir, tout comme 56 % des Français (TNS Sofres). Ses collègues UMP préfèrent évoquer des « tensions ». Anne Hidalgo (PS) trouve qu'il est « très grave » d'en parler. Quand le Mrap fait mine de le reconnaitre, en juin 2012, il est vertement tancé par un « collectif » d'universitaires, de philosophes, de militants et de rappeurs, sur *Rue*89. Selon le sociologue Jean-Luc Primon (Ined), un français autochtone sur dix se dit victime de racisme (*Le Monde*, 27/09/12). Omar Djellil, ancien militant de sos racisme, a expliqué qu'il avait pour consigne de refuser de s'occuper « des Blancs ». Passez-leur un coup de fil, vous le constaterez vous-même.

C'est du La Fontaine à l'envers : selon que vous serez Blanc ou Noir, les jugements de cour vous rendront misérable ou puissant... Nous sommes persuadés que les antiracistes, très honnêtes, bienveillants et égalitaires, sauront admettre que le fléau du diable qu'est le racisme peut toucher également tout individu.

Tout s'explique dès lors par un décalage, un léger retard de compréhension. À la lumière (visible) de ce complément d'informations, nous ne nous étonnons plus de la dissimulation médiatique, notamment lorsque de nombreux articles de presse se terminent par la mention « prénom d'emprunt » ou « prénoms modifiés ». Elle est obligatoire, quand elle concerne un individu qui n'a pas 18 ans. Au-delà, il peut s'agir d'épargner aux auteurs de petits délits la double-peine, en se gardant d'ajouter l'humiliation publique à leur condamnation judiciaire. C'est aussi pratique pour cacher des patronymes trop exotiques pour les convictions des journalistes, persuadés qu'ils doivent faire quelques efforts de « modération » (en français : de censure) pour ne pas que leurs imbéciles de lecteurs interprètent tout de travers. Les journalistes ne sont pas de mauvais bougres : ils voulaient simplement lutter contre un racisme, pensant qu'il était unique.

Nous ne nous étonnons plus qu'en 2009, alors que Jean-Marie Garcia comparait pour le meurtre d'un Maghrébin, commis à Oullins, l'immense philosophe BHL, cité comme

« grand témoin », se lance à la barre (et devant les caméras autorisées pour l'occasion) dans un vibrant plaidoyer pour faire condamner l'ouvrier. « Quand le mort est bien mort. Quand sa famille pleure. Lorsque l'on connait le coupable. C'est vrai que la présomption d'innocence j'ai un peu tendance à en négliger les principes. » Dominique Sopo, président de sos racisme, a également témoigné à charge. L'homme a bien été condamné pour meurtre, mais, preuve que la justice est faillible, le racisme n'a pas été retenu (24*heuresactu*, 25/05/11).

Le côté monomaniaque de l'antiracisme – dont il ne demande qu'à se départir, n'en doutons pas –, mène à de regrettables contretemps. Le 11 mars 2012 à Toulouse, un militaire en civil est abattu sur un parking d'une balle dans la tête. Le 15 mars à Montauban, deux militaires sont tués par balles et un troisième est grièvement blessé par un homme qui prend la fuite en scooter. Le 19 mars à Toulouse, le tueur au scooter s'arrête devant une école juive. Il tue un professeur, deux de ses enfants, et une écolière. Un collégien est sérieusement blessé.

En pleine campagne électorale, l'affaire connait un retentissement sans précédent. De nombreux renforts de police sont dépêchés sur place. Le plan Vigipirate est haussé au niveau écarlate dans la région. Huit mois après la tuerie norvégienne d'Anders Breivik, on évoque une piste néo-nazie. Aussitôt, plusieurs politiques, journalistes et autres « personnalités » abondent en ce sens, mettent en cause « le climat politique » et à demi-mots les récentes déclarations du Front national et du gouvernement Fillon, accusés « d'attiser les passions et les haines » ou encore de « monter les Français les uns contre les autres ». Les champions du « pas d'amalgame » font le lien, et pas qu'un peu. Je ne sais rien mais j'en suis sûr. Je n'y étais pas mais c'est l'extrême droite.

Oubliés, l'attentat Copernic, celui de la rue des Rosiers, l'affaire Carpentras.

BHL : « Avis aux pyromanes de la défense d'une identité nationale perçue comme une entité fermée, frileuse, nourrie au ressentiment et à la haine : c'est le contrat social que l'on assassine dans une tuerie de cette sorte ; c'est la base même du vivre-ensemble qui, quand se déchaîne pareille folie, et si la réponse collective n'est pas unanime et foudroyante, vacille et se dérobe ; il n'y a pas pire atteinte à notre culture, à l'âme de notre pays, à son Histoire et, au fond, à sa grandeur que le racisme et l'antisémitisme. » Dominique Sopo (SOS racisme) accuse le FN. Patrick Lozès (Conseil représentatif des associations noires) demande des « explications » au gouvernement accusé d'avoir caché « l'origine » des militaires tués. « Il se pourrait qu'en 2012, dans notre pays, une personne commette des crimes racistes de sang-froid. » « La libération de la parole antisémite et raciste crée aujourd'hui un climat d'insécurité pour les juifs en France », déclare Jonathan Hayoun (UEJF). Alain Jakubowicz parle de « racisme décomplexé ». Jean-Luc Mélenchon (Front de gauche), pour qui le « communisme n'a pas de sang sur les mains », dénonce « la démence raciste » et invite « certains » à « mieux mesurer le poids des mots et le choix des citations ». François Hollande (PS), dans son phrasé sans égal, a expliqué qu'on voyait « un certain nombre d'esprits chavirés, bousculés par des thèses qui au départ n'ont l'air de rien lorsque l'on met en cause l'étranger, qui finissent par se retourner contre les Français eux-mêmes ». François Bayrou (Modem) dénonce le mal « qui s'enracine dans une société malade de ses divisions », accuse les responsables politiques qui « montrent du doigt en fonction des origines » et font « flamber les passions ». À cet instant, la campagne électorale est théoriquement suspendue. Les cadavres de l'école juive sont encore chauds, les politiciens défilent massivement dans les synagogues. Un cortège est organisé en catastrophe entre « juifs et musulmans » pour protester contre le racisme. Quelques heures après l'annonce de la tuerie dans l'école juive, Hollande explique que « l'antisémitisme de l'attaque est évident ». Les témoins parlent d'un homme corpulent, à la peau blanche et aux yeux bleus. Les médias n'en ont que pour la « piste néo-nazie ».

Le 21 mars, tout s'effondre. Le Raid donne un premier assaut, dans un quartier de Toulouse. La France entière découvre alors le nom du suspect. Puis son visage. Puis son histoire. Mohamed Merah a 23 ans. C'est un garçon fluet, aux yeux sombres, d'origine algérienne. À 15 ans, il jette des pierres sur un autobus. À 16 ans, il frappe une éducatrice. À 17 ans, il est poursuivi pour vol et insultes. Il est condamné à 14 reprises durant sa minorité (dégradations, vols, manquements à l'autorité). À 18 ans, il est condamné à 18 mois de prison ferme pour vols avec violences sur une personne âgée. Il retourne en prison à 19 ans pour refus d'obtempérer. Au total, Mohamed Merah cumule 18 faits de violences. Il est à nouveau condamné pour conduite sans permis et blessures involontaires. À 20 ans, il est accusé d'avoir contraint un mineur à regarder des vidéos d'Al-Qaïda mettant en scène des égorgeurs en plein travail. Suite à quoi il avait menacé la mère de ce mineur de représailles, hurlant dans tout le quartier, sabre de combat à la main. Suite à un voyage pour le moins suspect en Afghanistan, Mohamed Merah est inscrit sur la liste noire des vols à destination des États-Unis. Il est placé « sous surveillance » par le renseignement français. Son frère est lui aussi suspecté d'activités terroristes. Merah est le prototype de la petite frappe des cités. Rien ne manque, pas même les vidéos Internet où il fait le cake avec sa BMW, ni les postures de caïd, ni l'argent du trafic, encore moins l'arsenal retrouvé dans son appartement et ses voitures.

C'est la consternation. Renversez la vapeur ! Pour Dalil Boubakeur (recteur de la mosquée de Paris), il ne faut « pas d'amalgame entre la religion musulmane à 99 % pacifique, citoyenne, responsable, non violente et tout à fait intégrée dans notre pays et puis ces mini-petites franges de gens décidés à faire un mal atroce ». « Il serait honteux d'instrumentaliser », prévient le président du Conseil français du culte musulman. Les termes racistes et antisémites ne seront plus jamais employés. On ne parle plus de haine, mais de folie, comme sur cette Une du Point changée à la dernière minute. C'est un fou d'Allah. Un « jeune Français », affirme-t-on partout, alors que le passeport de Merah n'était plus à jour. Et puis, c'est un fondamentaliste. De quoi ? « Il ne faut plus utiliser le terme islamiste », explique Dalil Boubakeur, recteur de la mosquée de Paris. « C'est un criminel, pas besoin d'un autre adjectif. »

Dominique Sopo accuse Marine Le Pen d'instrumentaliser la tuerie. « Je suis dégouté que ce soit pas un nazi » tweete un journaliste du *Nouvel Obs*, alors que son patron regrette que les « sites réactionnaires » aient l'indécence de se réjouir. Un autre journaliste du *Nouvel Obs*, Serge Raffy, censure son texte publié la veille, dans lequel il expliquait qu'il fallait débattre « du climat ambiant de haine de l'autre », ajoutant : « La meilleure manière de rendre hommage aux victimes de cette horreur est de regarder l'Histoire en face, de ne pas commencer à anesthésier notre mémoire. » En supprimant son texte, par exemple ?

La marche œcuménique d'indignation et d'union (censée rassembler juifs et musulmans) est annulée. Les politiques retombent sur leurs pattes, avec plus ou moins d'adresse. Certains auraient dû mesurer le poids de leurs citations, n'est-ce pas Monsieur Mélenchon ? « Notre devoir est d'empêcher que cette situation soit le prétexte des insinuations, des assimilations, des amalgames qui viendraient à diviser entre eux les Français », explique-t-il toute honte bue. « L'extrême droite cherche à surfer sur la situation », accuse encore François Bayrou. Eva Joly appelle à « la paix et à la tolérance ». Les médias interrogent des musulmans qui disent « craindre les amalgames ». On évoque les « conditions sociales » pour expliquer la tuerie. Eva Joly suggère de légaliser le cannabis pour que les trafiquants n'aient plus les moyens de s'acheter des armes, et donc de tuer des gens. Jean-Louis Borloo résume le mot d'ordre médiatique : « Pas d'amalgame ! » Ce furent les premiers mots du Président Nicolas Sarkozy après la mort du tueur, tout en profitant de l'occasion pour annoncer une nouvelle loi censée régir la liberté sur Internet... pas seulement pour les sites terroristes. Comme toujours, les gens approuvent cette énième restriction de leur espace de liberté.

À contre-courant, le ministre de la Défense Gérard Longuet lâche une bombe (étouffée par les médias, d'ordinaire si friands de ce genre de déclarations) en estimant que les enquêteurs ont « perdu un temps considérable », parce que « certains » se sont d'abord focalisés sur la piste d'anciens militaires néo-nazis soupçonnés d'être impliqués. « Certains voulaient absolument que ce soit dans une direction qu'il faille chercher et pas dans toutes les directions. » Le ministre de la Défense admet qu'une enquête aussi importante était pilotée par des raisons idéologiques. Personne n'en parle. Pas d'amalgame. Pour tenter de détourner les regards, les journalistes, qui ne sont spécialistes de rien, critiquent tout. L'action de la police, le temps du siège, le déroulement de l'assaut, l'enquête, etc. On n'y était pas mais on sait ce qu'il aurait fallu faire. Nous sommes tous des BHL. Citons une superbe réaction de Jean-Claude Urvoas (« Monsieur sécurité » du PS) : « Si je comprends bien, le Raid n'est donc pas capable en 30h d'aller chercher un individu seul dans un appartement ? »

La police a répondu en logeant une balle dans la tête de Merah. Sa mort en martyr est célébrée par des centaines de « jeunes », notamment sur Internet. De nombreuses inscriptions antisémites et messages de soutien au tueur sont relevés un peu partout en France. Une enseignante « fatiguée » a été suspendue pour avoir proposé une minute de silence pour la « victime » Mohamed Merah. À Toulouse une trentaine de jeunes ont tenté d'organiser une marche dédiée à ce dernier. Les mois suivants, de nombreuses attaques et prises d'otages (dans des banques, à la Poste, chez des particuliers), avec interventions du GIGN ou du GIPN à la clé, ont été le fait d'individus plus ou moins illuminés se réclamant de Merah. Difficile d'imaginer que cet homme « mort comme un martyr les armes à la main » (*Le Point*) ne fera pas de sérieux émules dans nos quartiers, où absolument aucun élément ne manque aux éventuels imitateurs pour passer à l'action : armes, soutien du quartier, véhicules, réseaux islamistes… et avocat qui accuse la police de « manquer de dialogue ». Merah est mort comme il a vécu : en voyou. Selon le procureur, son dernier geste fut un doigt d'honneur. Nique la police. Le lendemain à Toulouse, on célébrait la « diversité et le vivre-ensemble », place du Capitole. « 4000 personnes selon la police, dont beaucoup de juifs, des catholiques, quelques musulmans » (*Le Monde*). Le maire de Toulouse s'y est empressé d'annoncer que le Carnaval, repoussé par les « événements », serait bien organisé dès la semaine suivante. Ouf, les Toulousains pourront se déguiser, l'essentiel est sauf.

Même si on peut craindre que la situation se dégrade dans les prochaines années, les passages à l'acte terroristes sont rares. Le problème essentiel du terrorisme est aussi celui du nouveau banditisme : parce qu'il donne une raison d'être à la violence, n'importe qui peut s'y rallier. Le cas Merah est révélateur à ce titre : il a tout de la petite frappe de banlieue inutile qui se trouve un combat légitimant son existence. Chaque caïd est à la fois un bandit et un terroriste potentiel.

Mais tout ça n'a aucune importance. Ce qu'il faut retenir de l'affaire Merah, ce qu'il faut retenir de tout, c'est qu'il ne faut pas, surtout pas, jamais, faire le moindre amalgame. Qu'est-ce qu'un amalgame ? Une analogie. L'homme est un animal analogique. La raison d'être de son cerveau est d'établir dans ce qu'il observe des rapports de causalités. À quel épouvantable amalgame pourrait nous mener le cas Merah ? Lance-t-on des campagnes anti-amalgame lorsqu'un chrétien commet un massacre ? A-t-on lancé une campagne anti-amalgame quand l'élu écologiste Richard Durn a tiré sur ses collègues du conseil municipal de Nanterre ?

L'incapacité – temporaire – de l'antiracisme à percevoir certaines nuances mène à un certain déséquilibre dans la chasse au racisme. À une certaine inégalité.

Tout au long des procès, les représentants des minorités de couleur ont les associations antiracistes, leurs avocats et leur argent public. Les représentants de la majorité incolore n'ont pas grand monde dans leur camp. Certainement pas la justice, ni les médias.

Nous en sommes certains, les antiracistes sincères auront à cœur de corriger ce déséquilibre. Afin de les y aider, nous nous permettons de porter à leur connaissance un certain nombre de faits. Connaissant la promptitude vigilante des associations, nous ne doutons pas qu'elles sauront dénoncer de telles manifestations racistes, avec la fermeté qu'on leur connait.

Les antiracistes ont dû manquer certaines statistiques alarmantes, publiées dans les pays les autorisant, parfois reprises par les médias français. Ces statistiques sont souvent étrangères, mais la haine étant un fléau universel, un combat si noble que l'antiracisme ne peut avoir de frontières, comme en témoigne le juste retentissement de l'affaire Treyvon Martin.

Selon l'étude menée entre 1985 et 2000 sur les dossiers du tribunal de Grenoble par les chercheurs au CNRS Sébastien Roché et Monique Dagnaud, les Français autochtones sont deux fois plus victimes de faits graves qu'ils n'en sont auteurs. Les Africains d'origine (Afrique du nord et subsaharienne) sont auteurs de faits graves trois fois plus qu'ils n'en sont victimes.

En France, selon l'étude du psychiatre Patrice Huerre, 72 % des « tournantes », c'est-à-dire des viols collectifs, sont commis par des violeurs d'origine subsaharienne et maghrébine. Sur le papier, ou plutôt sur les leurs, ils sont nés Français dans 75 % des cas. Quasiment tous ne « comprennent pas » ce qu'ils ont fait, et quasiment tous sont jugés « réadaptables ». Selon Hugues Lagrange, les viols de mineurs sur mineurs se sont multipliés par 4, de 1992 à 1998. 20 % des viols et agressions sexuelles ont pour auteurs des étrangers (ONDRP).

Nous sommes persuadés que ces chiffres épouvantables sur le viol, dont nous n'entendons malheureusement jamais parler, permettront aux féministes d'unir leurs efforts aux antiracistes, dans l'intérêt supérieur des victimes. Ces viols racistes ne concernent pas que la France. L'Australie, le Danemark, la Norvège ou la Suède ont connu et connaissent leur lot de viols inter-ethniques. À Oslo, deux viols sur trois sont commis par des malfaiteurs musulmans et 80 % des victimes sont des Norvégiennes autochtones. En Suède, les viols recensés ont atteint la barre des 16 000 cas, pour moins de dix millions d'habitants. La majorité de ces viols sont perpétrés par des malfaiteurs extra-européens (Conseil suédois pour la prévention du crime & Police).

Amnesty international explique ces viols par des « normes patriarcales profondes ». Dans le pays le plus féministe d'Europe.

Les viols inter-ethniques sont monnaie courante en Afrique. Au Congo, 1100 femmes sont violées chaque jour (Peterman, 2011). En Afrique du sud, un homme sur quatre a déjà violé une femme, un homme sur huit en a déjà violé plusieurs (Medical Research Council, 2009). Les viols inter-ethniques en Amérique du sud et en Asie du sud sont également fréquents. C'est par exemple le cas en Indonésie, où des femmes d'origine chinoise ont été violées massivement durant les émeutes de mai 1998 (*Libération*, 10/09/98).

En décembre 2011 en France, un violeur en série « très dangereux », de type africain, est recherché par la police parisienne pour plusieurs agressions. L'homme opère avec un couteau, et devient très violent lorsque ses victimes se débattent. Il ne s'en prend qu'aux femmes européennes, aux cheveux blonds et aux yeux clairs. Tout en les violant, l'agresseur se renseigne sur leur religion et sur leur nationalité (*20 minutes*, 12/01/12). Il a été interpellé en Belgique en février 2012. Une fois encore, la dimension raciste de l'affaire a échappé à nos vigilantes associations et à nos bienveillants médias.

Puisqu'on parle de Belgique, sachez que nos voisins n'échappent pas non plus à la bienveillance des voyous et à la barbarie judiciaire, ou l'inverse. Une Bruxelloise victime d'un viol collectif avec tortures commis par sept individus (déjà condamnés) durant 15 heures en 2005, a appris en avril 2011 que ses violeurs étaient libres, alors qu'ils ont été condamnés à des peines allant de 5 à 6 ans de prison ferme et qu'ils n'ont depuis pas purgé le moindre jour de prison, le tribunal ne jugeant pas les faits suffisamment graves pour ordonner un emprisonnement immédiat. Médicaments, crises, boulimie, automutilation, la jeune femme est terrorisée à l'idée de croiser à nouveau le chemin de ses bourreaux (*la Dernière heure*, 20/04/11). En Belgique, on dénombre cinq viols collectifs par semaine, « souvent liés à des bandes africaines à Bruxelles » (*7sur7*, 5/11/12).

Les antiracistes ont également dû manquer l'enquête du Wall Street Journal, publiée dans *Le Monde*, qui montre qu'entre 2000 et 2010 aux États-Unis, plus de 4000 Noirs ont été tués par des criminels Blancs (les Blancs représentent 64 % de la population), alors que plus de 8000 Blancs ont été tués par des criminels Noirs (les Noirs représentent 13 % de la population).

12000 crimes forcément racistes à dénoncer avec la même fermeté, et nous n'avons entendu parler que de Treyvon Martin. Amis antiracistes, prenez garde : négliger de tels faits pourrait conduire des individus mal-intentionnés à discréditer l'ensemble de votre noble action et, qui sait, à remettre en cause votre bonne foi. Animés des meilleures intentions, le doute n'est pas permis, vous aurez à cœur de combler ces lacunes.

◆◆

Nous avons parlé du *comment*. Nous allons parler du *pourquoi*. Nous voilà à la question du *qui*. Pour faire du bon antiracisme, les victimes ne suffisent plus : il faut connaître les coupables. Aujourd'hui on peut compter les victimes, dire qui elles sont. Mais pas les coupables. C'est bien embêtant. Travailler uniquement sur les victimes, c'est un peu comme si les médecins s'obligeaient à ne combattre que des symptômes. Ça marche avec un rhume. Pas avec une maladie grave. Pour l'antiracisme, c'est crucial. Imaginez, par exemple, qu'un juif soit tabassé à mort. Si l'agresseur est lui aussi juif, ça s'annule. Ce mort n'intéressera plus personne. En revanche, si l'agresseur est d'une autre confession, il est très important de le savoir, pour dénoncer cet épouvantable racisme et tenter d'en prévenir d'autres manifestations.

Si l'on veut mener jusqu'au bout une enquête honnête sur l'insécurité, il faut résoudre ce problème, ce vide, cesser de jouer les autruches. Faut-il, comme en Belgique, censurer la réalité, en s'interdisant d'utiliser le terme « allochtone » ? Tabou : n.m. « Dont on ne doit pas parler, par crainte ou par pudeur. Interdit à caractère religieux ». Comme le dit Xavier Raufer, « qui ils sont » n'a pas d'importance. Dans les pages qui suivent, vous ne lirez rien sur les criminels népalais et les patagons. Tout simplement parce qu'ils n'apparaissent dans aucune statistique sur la criminalité française. En revanche, d'autres y apparaissent. Et comme ils y apparaissent parfois de manière discrètement surproportionnée, à notre grand étonnement, et qu'eux-mêmes en sont les premiers à en faire les frais, il nous apparaît essentiel de ne pas le dissimuler.

Avant d'aborder le fond d'un tel sujet, on a plutôt intérêt à en maîtriser les contours judiciaires, à moins d'avoir envie de visiter la XVIIe chambre correctionnelle. Une visite qui peut coûter cher. Précisément 45 000 euros d'amende et/ou un an d'emprisonnement, pour incitation à la haine raciale. Peut-on parler sereinement de la criminalité française ? Dans notre état de droit et de liberté, peut-on dire, le cas échéant, qu'une population particulière, à un moment donné dans un contexte donné, présente statistiquement une tendance particulière à la criminalité ? Développe en son sein une forme particulière de criminalité ?

Oui. En septembre 2011, un arrêt de la cour de Cassation est venu, 34 pages à l'appui, garantir ce droit. Pour être hors-la-loi, il faut « assortir ses propos d'une incitation adressée à des tiers de nature à provoquer des conséquences discriminatoires ou de violence envers un groupe de personnes particulier ». Pour être condamnables, les propos doivent « susciter un sentiment de rejet conduisant à adopter des opinions, sinon même des comportements, discriminatoires à l'égard de cette communauté ».

Pour la cour, « l'article 10 de la Convention européenne des droits de l'Homme [...], les restrictions à la liberté d'expression sont d'interprétation étroite », « la liberté d'expression devant permettre de s'interroger sur les problèmes liés à l'intégration, aux flux migratoires et aux facteurs, notamment de criminalité, pouvant conduire au rejet d'une communauté ». La cour de Cassation a notamment reconnu que parler des difficultés d'intégration de la communauté rom était « une question d'intérêt public » qui ne constituait pas un « délit de provocation à la discrimination ». « La liberté d'expression ne permet pas d'exclure a priori que soient abordés des problèmes de société que peuvent susciter les liens existants entre une communauté et certaines formes de délinquance. »

On a le droit de parler des malfaiteurs roms, comme on a le droit de parler de la criminalité d'une frange de la communauté maghrébine en précisant évidemment qu'il ne s'agit que de variations de pourcentages, les individus appartenant à ces communautés étant dans leur majorité paisibles et respectueux des lois.

Conformément à ces dernières, les chiffres officiels de l'insécurité se réfèrent uniquement à la nationalité des malfaiteurs. Que nous disent ces chiffres ? Pas grand chose. Ce ne sont que des données brutes, qui dissimulent des tas d'explications. Chaque année, avec un certain empressement, les médias publient des statistiques sur « la part des étrangers » impliquée dans les crimes et délits. Ils y voient un moyen de « briser les idées reçues ». En février 2012, l'ONDRP révèle que 17,3 % des atteintes aux biens et 12,4 % des atteintes à l'intégrité physique sont le fait d'étrangers.

Cette part, en augmentation constante, de +48,3 % entre 2008 et 2011, montre que les étrangers sont finalement assez peu concernés par la criminalité.

Qu'est-ce qu'un étranger ? Pour la France, c'est une personne née à l'étranger de parents étrangers. Selon ces critères, les étrangers représentent 8 % de la population totale. En France, on dénombre officiellement 5 millions d'étrangers (8 %), 59 millions de Français (92 %), 52751 étrangers mis en cause (17,2 %), 252957 Français mis en cause (82,8 %). Ou si l'on préfère, 0,43 % des Français et 1,05 % des étrangers sont mis en cause.

Toutes choses égales par ailleurs, les étrangers sont 2,4 fois plus mis en cause que les Français.

Extrapolons. Si l'on veut rapporter ces proportions aux faits constatés, cela revient à les multiplier par 5,5. Nous aurions donc 5,8 % des étrangers concernés par les faits constatés, pour 2,3 % des Français. Plus hypothétiquement, selon les enquêtes de victimisation, les étrangers seraient potentiellement 35 % à être concernés, contre 14,2 % des Français.

On s'étonne de cette légère surreprésentation. Mais de quels étrangers parle-t-on ?

Selon l'Insee en 2008, la France héberge 1,6 million de Maghrébins (Algériens, Tunisiens, Marocains), 400000 Roumains et 85000 ex-yougoslaves. Le nombre de Roumains est un maximum théorique, car le chiffre de 400000 englobe en réalité tous les Européens hors UE et certains Européens UE (hors Italie, Pologne, Espagne et Portugal). À partir de ces chiffres et des données détaillées de l'ONDRP, on peut établir des pourcentages indicatifs d'implication, en ce qui concerne par exemple le vol. En zone police et gendarmerie, 0,34 % des Français sont mis en cause, contre 0,70 % des Maghrébins, 2,85 % des Roumains et 3,66 % des Ex-yougoslaves.

À la surprise générale, les Maghrébins seraient donc deux fois plus impliqués que les Français. Les Roumains le seraient huit fois plus et les Ex-yougoslaves dix fois plus. Les taux de condamnations sont rigoureusement comparables. En 2010, on compte deux fois plus de Maghrébins (0,28 %) condamnés que de Français (0,13 %). Et sept fois plus de Roumains (0,85 %). Rappelons encore une fois que ces chiffres ne concernent *que les étrangers*, c'est-à-dire ceux qui n'ont pas la nationalité française. Est-il besoin de le rappeler, les individus « issus de l'immigration » sont des Français.

Précisons aussi que ces chiffres ne veulent pas dire que 3 Roumains sur 100 sont des voleurs. Une seule personne peut commettre une centaine de vols et faire grimper considérablement le pourcentage. Les infractions sont presque toujours le fait de minorités très actives. En Dordogne en août 2012, six membres d'une même famille de gens du voyage sont interpellés. Ils sont soupçonnés d'avoir commis à eux seuls une soixantaine de cambriolages, en quelques mois (LCI, 20/08/12). Les Roumains ont été récemment désignés comme « sur-délinquants », aussi bien par le ministre de l'Intérieur actuel, Manuel Valls (PS), que par son prédécesseur Claude Guéant (UMP). S'appuyant sur les chiffres évoqués plus haut, ce dernier a assuré que « 2 % de la délinquance en France est le fait de Roumains » dont « la moitié sont mineurs ». On ne peut que constater les problèmes d'intégration que rencontrent les Roms, dans l'ensemble des pays où ils sont installés. Certains clans criminalisés posent des problèmes aux autorités et aux autochtones, et aux Roms eux-mêmes, qui se passeraient bien d'une telle publicité négative. Le Sirasco (Service d'information, de renseignement et d'analyse stratégique sur la criminalité organisée), à deux reprises en 2012, n'a pas hésité à évoquer la « frange criminalisée d'une communauté » de gens du voyage (*Le Figaro*, 29/06/12).

Comme la question de l'intégration de la communauté rom « est d'intérêt public » (Cour de cassation), on peut se demander si cette frange met réellement nos institutions à l'épreuve, et si elle ne contribue pas à ternir l'image des Roms auprès du grand public. Les faits qui suivent ne sont donc pas du tout représentatifs des Roms, seulement d'une minorité criminalisée.

En juillet 2010, dans le Loir-et-Cher, un contrôle de gendarmerie a dégénéré en course poursuite (un gendarme percuté), qui s'est soldée par la mort d'un Gitan, abattu alors qu'il tentait de forcer un second barrage. Le conducteur n'avait pas de permis, et un vol venait d'être signalé dans le coin. Pour « protester » contre la mort d'un des leurs, le paisible village de Saint-Aignan est attaqué par des membres de la communauté, cagoulés, à coups de haches et de barres de fer. La gendarmerie est prise d'assaut, plusieurs voitures sont incendiées, des arbres centenaires sont tronçonnés, le mobilier urbain est détruit. Une boulangerie est entièrement saccagée (*Metro*, 19/07/10). Cette mini-émeute d'une rare violence sera très médiatisée. C'est le point de départ d'une campagne de communication gouvernementale faisant mine de cibler les Roms, et bien entendu déclenchant les indignations habituelles de la gauche, grâce à qui la droite a pu, une fois de plus, jouer les gros bras. À Moirans, en novembre 2010, des gendarmes interviennent sur un camp de gens du voyage, pour récupérer 500 kilos de cuivre volés. Sur place, ils sont pris à partie (quatre blessés). Dans la soirée, des véhicules de particuliers sont incendiés dans le centre-ville (*Le Dauphiné Libéré*, 22/11/10).

En août 2012, des gens du voyage « envahissent » le stade de la ville de Marguerittes, avec une centaine de véhicules. Le maire de la commune, « désespéré », estime les dégâts à 80 000 euros. « Je n'ai jamais vu ça, dit-il. Ils ont installé des gardiens autour de leur camp avec des barres de fer. Ils sont dangereux ! [...]

Ils font leurs besoins, il faut nettoyer derrière eux [...] Le problème, c'est que nul n'est en mesure de faire respecter la loi [...] Ils s'installent sur les pelouses, volent l'eau, l'électricité mais on n'a rien à dire ». Le Préfet n'a pas souhaité prendre d'arrêté d'expulsion. Le temps qu'une procédure judiciaire aboutisse, les gens du voyage ont décampé, laissant les collectivités se partager la facture (*Midi Libre*, 7/08/12).

Depuis des décennies, on parle « d'incompréhension » entre certains clans de gens du voyage et autorités. Agriculteurs expropriés, installations sauvages, reculades administratives, maires abandonnés, élus impuissants, préfets timorés, procureurs hésitants... Le temps qu'une procédure d'expulsion se mette en place, les gens du voyage profitent pendant trois semaines du terrain spolié, avant d'aller s'installer dans le village voisin. Branchement électrique « maison » sur les transfos locaux, perçage des canalisations du quartier pour le camp, « combines », trafics en tout genre, mendicité organisée et rapines aux alentours. Grâce au ciel, tout ça reste rare. Mais quand les riverains le signalent, on ferait bien de les écouter, plutôt que de les couvrir d'insultes.

Il faudrait ne pas en parler pour ne pas attiser les haines ? Nier les écarts criminels de certains clans, est-ce une solution pour rendre aux Roms leur honneur, en montrant combien ils sont les premières victimes et les premiers adversaires de ces écarts ? Nier un problème n'est jamais la solution.

Faut-il nier le fait qu'en juillet 2012 à Saint-Étienne, un homme en situation irrégulière a été interpelé, car il faisait commettre à des enfants (8, 10 et 12 ans) et à un mineur (17 ans) des vols avec violences sur des personnes vulnérables (*Le Progrès*, 17/07/12) ? Faut-il nier le fait qu'en octobre 2005, une vente de nouveaux-nés était organisée via la communauté des gens du voyage ? Chaque bébé était vendu entre 5000 et 6000 euros.

Pour un psychiatre, « ils n'ont certainement pas le sentiment d'avoir mal agi » (*Aujourd'hui en France*, 19/10/05). En janvier 2007, *Le Monde* révèle « l'affaire des bébés bulgares », jugée à Bobigny. « Ce bébé c'est le premier que j'achète, c'était pour faire plaisir à ma petite fille », s'exclame un grand-père. Au total, 23 enfants sont vendus. Les bébés se prénomment « Cendrillon, Ringo, Merveille et Michel-Platini ». Les acheteurs justifient ces emplettes par leur « consanguinité » et un processus d'adoption « trop compliqué ». L'organisatrice du trafic allait en Bulgarie pour ramener des femmes enceintes proches de l'accouchement, selon les « commandes ». Parmi les 56 prévenus, 11 personnes sont poursuivies pour traite d'êtres humains. Chacun d'entre eux risque dix ans de prison et 1 500 000 euros d'amende. Finalement, les 11 personnes coupables de traite sont condamnées à des peines allant de 2 à 6 ans de prison ferme. Quatre acheteurs sont condamnés à des peines allant de six mois à un an ferme (*Le Monde*, 26/01/07).

Niera-t-on qu'en juillet 2012, la police a démantelé un vaste réseau de vol et recel d'engins de chantiers et de tracteurs agricoles (une cinquantaine), écoulés en Roumanie depuis 2010, pour un montant total de 5 millions d'euros (*Ouest-France*, 21/07/12) ?

En août 2012, la police judiciaire confirme « l'explosion de la délinquance roumaine », dont les crimes et délits ont bondi de près de 70 % entre 2009 et 2011 (*Le Parisien*, 23/08/12). Selon une étude policière révélée par l'AFP fin juillet 2011, la « délinquance générée par les ressortissants roumains » en région parisienne a augmenté de 72,4 % au premier semestre 2011 par rapport au premier semestre 2010. 5680 Roumains, dont une très forte majorité de mineurs, ont été mis en cause pour des larcins sur les six premiers mois de 2011, contre un total de 3 294 sur la même période de 2010.

Face à cette délinquance souvent juvénile, la réponse judiciaire est pour le moins timorée. En mars 2012 à Valence, un Roumain de 22 ans est condamné à quatre mois de prison (vol d'essence sur un poids lourd). Il avait été interpellé la semaine précédant cette condamnation, cette fois pour vol à l'étalage. À la suite de sa garde à vue, il était interpellé le soir-même pour vol (*Le Dauphiné Libéré*, 18/03/12).

À Auteuil en juillet 2011, quatre Roumains sont jugés en comparution immédiate pour avoir tabassé une dame de 82 ans. Les voleurs « demandent à manger » à la vieille dame avant de la frapper de plusieurs coups de poings, si violemment qu'elle en perdra connaissance. Ils la volent et prennent la fuite, mais seront interpellés par les gendarmes rapidement. Un peu trop. Vice de procédure : les quatre hommes ont quitté l'audience avec le sourire (*Oise Hebdo*, 13/07/11).

La France, c'est open bar.

Les Roms sont un peuple Indo-européen. Pourquoi certains clans roms rencontrent-ils des problèmes d'intégration, dans presque tous les pays d'Europe ? Est-ce parce que tous ces pays sont racistes ? Pour l'instant, c'est la seule explication fournie par les instances bruxelloises.

« Dans nombre de pays européens, les Roms et les Gens du voyage sont toujours privés de droits de l'Homme essentiels et souffrent d'un racisme flagrant », a déclaré le commissaire aux droits de l'Homme du Conseil de l'Europe. Les Roms, protégés par leur statut de « citoyens européens », bénéficient pourtant de dispositions particulières, prises par l'État en leur faveur. Zones adaptées, eau potable et électricité offerts, terrains « prêtés », camping « réquisitionnés », ordures ramassées gratuitement, etc. Eux ne payent pas de loyer, et rarement la location de leur emplacement.

C'est le choix d'un mode de vie original. L'originalité est un droit, tant qu'elle se conforme au principe de réciprocité qu'exige la société, fixé par la loi. Moins de 10 % des enfants roms sont scolarisés (*Libération*, (5/11/09). Est-ce la faute à Claude Guéant ? En Roumanie, ce taux est de 20 % (*Le Figaro*, 14/09/12).

Pour une intégration réussie, il faut que les intégrés soient d'accord, ce qui est le cas pour la majorité des Roms. Pour les autres... Il n'y a pas grand chose à faire. C'est en tout cas ce qu'a décidé l'État, qui prend contre eux des mesures de reconduites à la frontière (1/3 des reconduites annuelles, soit près de 10 000 personnes), c'est-à-dire un voyage offert assorti d'un bonus dit « d'aide au retour » de 300 euros par individu (18 millions d'euros en 2010). 300 euros, c'est deux salaires en Bulgarie. Selon Médecins du monde, la population rom de France reste stable : les expulsés reviennent immédiatement. Avec vos impôts, le gouvernement reconduit des personnes aux frontières d'un pays qui n'en a plus.

Les Français ne sont d'ailleurs pas dupes. 80 % d'entre eux sont favorables au démantèlement de camps de Roms, mais ils pensent aussi, à 73 %, que ce n'est pas une mesure efficace (IFOP, 2012). Depuis que les démantèlements sont de gauche, ils passent mieux. En démocratie, le nombre a raison, quoi qu'il dise.

◆◆

Si vous n'êtes pas daltonien, et que vous vous rendez par hasard dans les commissariats, les tribunaux, à la sortie des prisons, vous ne pouvez pas l'ignorer : les mis en cause, les prévenus et les condamnés n'ont pas tous le type ardéchois, corrézien ou vendéen. Ils n'ont pas non plus le type rom. Mais pour en tirer un quelconque enseignement, on ne peut se contenter de « perception ». Nous avons vu que même celle des bienveillants et insoupçonnables antiracistes pouvait être altérée. Un chercheur objectif doit passer par-delà les impressions et les tabous, comme une communauté passe souvent par-delà les questions purement administratives de nationalité.

Selon l'Insee, immigrés et descendants directs d'immigrés sont 12 millions, en 2008. Soit 20 % de la population. Selon ces chiffres officiels, on peut estimer les personnes d'origine maghrébine établies en France à 6 millions, toutes générations confondues, dont 4 millions environ possédant la nationalité française (Perrin).

On compte en outre 2 millions de « musulmans déclarés » (Insee). Selon le ministère de l'Intérieur, ils sont entre 5 et 6 millions, d'origine essentiellement maghrébine. Toujours en France, les Africains sub-sahariens seraient 800 000 individus. Bien entendu, ces chiffres ne prennent pas en compte l'immigration clandestine.

Penchons-nous d'abord sur la population carcérale. Qui est en prison ? *Le Point*, dans une étude publiée le 24 juin 2004, affirme qu'au premier janvier de cette même année, les criminels étrangers représentaient 12 241 détenus dans les prisons françaises, sur une population carcérale de 55 355 personnes, c'est-à-dire 22 % de celle-ci. Nous ne parlons que des étrangers, pas des Français d'origine étrangère. *Quid* de ceux-ci ?

Avec stupéfaction, nous avons lu l'enquête publiée le 29 avril 2008 dans le *Washington Post*. En s'appuyant sur des données sociologiques, le journal conclut que 60 à 70 % de la population carcérale française serait musulmane. Missoum Chaoui, responsable de l'aumônerie pénitentiaire d'Île-de-France, avance le chiffre de 65 % de prisonniers musulmans. Pour le sociologue des religions Olivier Bobineau, c'est même 80 % en Île-de-France. Lui parle de « Musulmans » ou prisonniers de « culture musulmane ». C'est-à-dire environ 43 000 prisonniers sur l'ensemble de la France.

Seulement 2 % de musulmans « posent problème », affirmait Nicolas Sarkozy, pour montrer que 98 % d'entre eux n'en posaient pas. C'est aussi le pourcentage donné par Olivier Bobineau, ou même par le recteur de la mosquée de Paris, Dalil Boubakeur.

2 % des musulmans de France sont en effet en prison. Contre 0,03 % des non-musulmans.

Nous parlons de religion, mais comme l'Islam est d'essence radicalement pacifiste, ne faut-il pas plutôt parler de communautés ? Dresser des statistiques à ce sujet a longtemps été chose périlleuse. Elles sont autorisées depuis février 2010, suite à une directive européenne, à la condition d'être collectées « pour des finalités déterminées, explicites et légitimes ». Comprendre l'insécurité et aider les populations concernées paraissent d'excellents motifs, d'intérêt général. Cette autorisation a par exemple permis à des chercheurs de mettre en évidence une relation « entre vote et couleur de peau » (Ined), les personnes originaires du Maghreb, de l'Afrique noire ou des Antilles votant très largement à gauche. Les associations antiracistes, dont nous ne louerons jamais assez la grandeur d'âme, recourent depuis longtemps aux statistiques ethniques, pour prouver des « discriminations ».

D'autres n'ont pas entendu l'autorisation européenne. En octobre 2009, Sophie de Menthon donnait le chiffre de 85 % de criminels Arabes et Subsahariens en prison (RMC). En 2000, l'Insee a montré que 40 % des détenus français avaient leur père né à l'étranger, dont 25 % au Maghreb. Le chercheur Sébastien Roché affirme qu'il y a « 9 fois plus de personnes d'origine étrangère en prison », en précisant que « les non-blancs en ZUS sont contrôlés quatre fois plus souvent que les autres » (*Lyon mag*, 31/01/11).

Il s'agit de ne pas confondre cause et conséquence. Les policiers sont là pour combattre efficacement la criminalité, ils travaillent donc à partir de statistiques et de leur expérience. Il serait irresponsable de ne plus en tenir compte sur le terrain. C'est un peu comme si on décidait de ne plus procéder aux contrôles d'alcoolémie le matin du nouvel an sous prétexte de cesser de discriminer les conducteurs de la Saint-Sylvestre. Les hommes sont plus contrôlés que les femmes. Les jeunes sont plus contrôlés que les vieux. Curieusement, personne ne songe à s'en émouvoir.

La plupart des individus contrôlés (près de la moitié) le sont en raison d'un style vestimentaire « hip-hop » (casquette de travers, chaussettes remontées sur le jogging fluo, chaînes de bijoux à la Barracuda, etc.). Une enquête du CNRS, publiée en 2009 par l'Open Society Institute, montre qu'à Paris près des Halles, les « Noirs » sont 6 fois plus contrôlés que les « Blancs », et les « Arabes » 8 fois plus. Cependant, les individus « habillés jeunes » (10 % de la population) représentent la moitié des contrôles effectués. « L'apparence vestimentaire des jeunes est aussi prédictive du contrôle que l'apparence raciale. » Deux tiers des individus « habillés jeunes » relèvent de minorités visibles. Peut-on interdire les policiers de contrôler les individus « habillés jeunes » ? Évidemment, ceux-ci s'attendent à se faire contrôler, comme un gamin se curant le nez devant son professeur s'attend à se prendre un aller-retour. Un contrôle pas plus qu'une réprimande ne fait un malfaiteur : si nous nous faisons contrôler des milliers de fois, serons-nous plus souvent inculpés pour délit ou crime ?

◆◆

Dispose-t-on de chiffres fiables ? « Les statistiques de la police ne sont pas toujours exhaustives, puisqu'on oublie souvent d'y cocher toutes les cases », nous explique un responsable de la police. Les fichiers « Canonge » et autres ne seraient donc pas tout à fait rigoureux.

En 2006, *L'Express* (9/02/06) s'est attaqué au tabou des tabous. « Chaque année, les étrangers représentent environ 20 % des délinquants. Mais les chiffres masquent une réalité autrement plus dérangeante, plus difficile à cerner aussi. Longtemps, on a cherché à cacher, maladroitement, la surreprésentation des enfants de l'immigration, pourtant visible, au motif qu'ils sont d'abord des enfants de la France. Sous le gouvernement Jospin, des consignes non écrites ont même été passées aux services de communication de la police. Pour ne pas stigmatiser, "on nous demandait de ne citer aucun prénom", se souvient un communicant de l'époque. »

Le fichier Canonge (un peu plus de 100 000 malfaiteurs), définit – entre autres – les individus par leur « type ». À notre indicible stupéfaction, il comprend 37 % d'individus de type « Européen », 29 % d'individus de type « Nord-Africain » et 19 % d'individus de type « Africain sub-sahariens ». Dans « une commune du Val d'Oise », sur 7500 hommes, on tombe à moins de 2 % d'individus de type « Européen ». Comment est-ce possible ?

L'analyse purement socio-économique de cette surreprésentation des enfants de l'immigration est rejetée : « Certes, 80 % des jeunes délinquants d'origine maghrébine ont des parents ouvriers ou employés, souligne le chercheur Sébastien Roché, Mais, à niveau socio-économique équivalent, les enfants d'immigrés sont plus délinquants que les autres. L'échec scolaire et un rapport difficile à l'autorité représentent des facteurs déterminants. » « La France, parfois, a du mal à se regarder dans les yeux », conclut *L'Express*. « J'ai vu une liste de 3000 auteurs de violences urbaines établie par les RG parisiens, et il n'y avait que

59 noms "gaulois" », expliquait Xavier Raufer. Dans les années 90, le commissaire Lucienne Bui Trong, jadis responsable des RG, relevait que 85 % des auteurs de violences urbaines étaient d'origine maghrébine (*Le Point*, 24/06/04).

Nous nous sommes procuré la liste des mis en cause par un commissariat d'une ville moyenne de province, située dans un département à l'insécurité comparable à la moyenne nationale. Cette liste couvre un semestre d'activité, du 1er juillet 2011 au 31 décembre 2011. Sur 168 mis en causes, 29 mineurs. 67 ont un nom à consonance française, 64 à consonance maghrébine, 18 à consonance slave. Si l'on consulte le fichier des personnes recherchées, actualisé par la police régulièrement, on constate que sur 87 individus, seuls 17 ont le type sarthois. Notons au passage qu'il n'y a qu'une seule femme dans le fichier. L'égalité des sexes a encore du chemin à faire.

Au Tribunal de Grande Instance de Toulouse, sur 543 affaires réparties en 102 audiences, le chercheur au CNRS Daniel Welzer-Lang a noté que 65 % des prévenus étaient « d'apparence maghrébine ou d'apparence noire » (*Carré d'info*, 27/03/12). Les renseignements généraux ont établi le profil type des caïds, meneurs des fameuses « bandes », à partir de l'étude de 436 d'entre eux, recensés dans 24 « quartiers sensibles ». 87 % ont la nationalité française ; 67 % sont d'origine maghrébine et 17 % sont d'origine subsaharienne. Les français autochtones représentent 9 % des meneurs (*Le Monde*, 25/02/06).

Selon l'inquiétante étude réalisée en 1999 sur des adolescents de 13 à 19 ans par Sébastien Roché et publiée dans la Revue internationale de criminologie, 32 % des actes peu graves et 46 % des actes graves sont commis par des adolescents dont les deux parents sont nés à l'étranger. « Les jeunes d'origine étrangère ne sont pas l'objet d'un contrôle policier plus fort dès lors qu'on contrôle le nombre de délits commis », précise le spécialiste. 45 % des actes peu graves sont commis par des individus d'origine maghrébine, contre 39 % par des Français autochtones. 43 % des actes graves sont également commis par des jeunes d'origine maghrébine. Ces derniers sont deux fois plus nombreux que les Français autochtones à commettre plus de dix actes graves. C'est aussi le cas des jeunes issus d'une famille « mixte ». Les jeunes d'origine maghrébine sont trois fois plus nombreux que les Français autochtones à commettre plus de trois actes graves. Les jeunes issus de familles mixtes se situent entre les deux. En prison, 43 % des jeunes sont d'origine étrangère. Sébastien Roché a également comparé la criminalité de jeunes d'origine maghrébine et des Français autochtones issus d'un même milieu socio-économique. Dans les familles de cadres ou chez les professions intermédiaires, les jeunes d'origine maghrébine sont 43 % à avoir commis au moins trois délits simples, contre 30 % des jeunes d'origine française. Pour les actes graves, les taux sont de 21 % et de 9 %. Ces proportions restent comparables pour les familles modestes. Pour les populations vivant dans des HLM, la proportion augmente jusqu'à concerner 62 % des jeunes d'origine maghrébine et 50 % des jeunes d'origine française. Pour les actes graves, les taux sont de 19 % et de 14 %. Sébastien Roché montre enfin que l'écart entre les deux populations est comparable à propos des jeunes filles.

En 2005, les Français étaient estomaqués de découvrir le profil des émeutiers, qui ne pouvait ni être dissimulé par leurs cagoules, ni par les médias. Nombreux étaient les jeunes d'origine étrangère, presque tous Français : deux étrangers seulement avaient été expulsés.

Hugues Lagrange, chercheur au CNRS, publie en 2010 une étude surprenante sur la criminalité en Île-de-France.

16,5 % des adolescents verbalisés pour infraction sont d'origine subsaharienne, contre 4,7 % de Français autochtones. Constat du chercheur : « Les jeunes Noirs français issus de l'immigration africaine, sont, à conditions sociales égales, 3 à 4 fois plus souvent mis en cause en tant qu'auteurs de délits que les autochtones. Ceux qui sont éduqués dans des familles maghrébines, deux fois plus » (*Le Figaro*, 22/07/10). Le criminologue Pierre Tournier relevait, pour les individus d'origine subsaharienne, des taux de criminalité et d'emprisonnement 8 et 20 fois supérieurs à la moyenne nationale (1997).

Une autre étude dérangeante a été menée en Isère, fin 2002, sur les mineurs délinquants jugés par le tribunal de Grenoble. 66,5 % d'entre eux ont un père né à l'étranger (49,8 % dans un pays du Maghreb) et 60 % ont une mère également née hors de France. Pourtant, il y a peu d'immigration en Isère (6,1 % de la population). 94 % de ces mineurs sont Français. L'éducation familiale est mise hors de cause, les parents étant décrits comme « affectueux et soucieux ». L'étude indique que le phénomène n'est pas spécifique à ce département. « La surreprésentation des jeunes d'origine étrangère dans la délinquance n'est un mystère pour personne, mais cette donnée est peu renseignée, et elle n'est jamais débattue dans l'espace public », explique le sociologue Sebastien Roché (*Le Monde*, 16/04/04).

Ces constats surprenants, ô combien difficiles à admettre, sont-ils une spécificité française ? À titre indicatif, il faudrait savoir ce qui se passe à l'étranger. Ça tombe bien, la plupart de nos voisins publient des statistiques sur la délinquance et la criminalité.

En Allemagne, selon les statistiques de la police publiées par *Der Spiegel*, 22,6 % des infractions sont commis par des malfaiteurs Turcs (2008). 1,7 millions de Turcs vivent en Allemagne (5,7 % de la population).

En Angleterre, le *Daily Mail* publie en 2010 des statistiques policières concernant la criminalité londonienne, sur 18091 hommes arrêtés par la police de Londres au cours des années 2009-2010 pour des actes violents et des infractions sexuelles. 67 % des criminels à main armée étaient d'origine subsaharienne. Tout comme 54 % des auteurs de crimes de rue, d'agressions, de voies de fait, de tentatives de vol et de vols à l'arraché. Tout comme 32 % des auteurs d'infractions sexuelles. 45 % des auteurs présumés de crimes à l'arme blanche sont des femmes d'origine subsaharienne, comme 58 % des crimes avec armes à feu et 52 % des vols. Un peu plus de 12 % des habitants de Londres sont d'origine subsaharienne, tandis que 69 % des habitants sont d'origine européenne, selon l'Office for National Statistics.

En Belgique, le taux de criminalité concerne 20 % de malfaiteurs étrangers. À Bruxelles, ce taux monte à 30 % (Banque de données nationale). 42 % des détenus du royaume sont « non-belges ». Ce chiffre a quadruplé en 30 ans (*Lalibre.be*). En 2012, il s'agit en premier lieu de malfaiteurs Marocains (10,7 %) et Algériens (5,4 %) (*De Telegraaf*). En 2009, « 52,8 % des suspects détenus étaient non-belges » (*7sur7*).

Selon l'étude de Vanneste (2005) sur l'agglomération de Bruxelles, 21 % des délinquants sont des mineurs d'origine maghrébine, 7 % sont des mineurs d'origine turque et 7 % sont des mineurs originaires d'Afrique subsaharienne. 43 % des mineurs « placés » par des juges bruxellois sont d'origine marocaine, 32 % sont d'origine belge autochtone. 80 % des mineurs emprisonnés en Belgique en 2005 sont étrangers. 36 % des mineurs « prévenus » sont d'origine maghrébine, 24 % sont des Belges autochtones. Les belges, flamands et wallons représentent 89 % de la population du royaume. Les Maghrébins, 0,8 %.

Aux Pays-Bas, 24 % des criminels sont d'origine surinamaise, 22 % d'origine marocaine, 7 % d'origine turque. Chacun de ces groupes représente 2 % de la population. Les Antillais, qui représentent 0,8 % de la population, commettent 4 % des crimes. Les Hollandais autochtones, qui représentent 80 % de la population, représentent 25 % de la criminalité. 63 % de la criminalité concerne la seconde génération d'immigrés (Vreugdenhil et al., 2004).

En 2009 en Suisse, les taux de criminalité des Angolais, Nigérians, Algériens, Ivoiriens et Dominicains sont six fois plus élevés que celui des Suisses. Ceux des Sri-Lankais, Congolais, Camerounais, Marocains, Tunisiens et Irakiens 4 fois plus. En 2010, 72 % des détenus helvètes étaient étrangers (Office fédéral de la statistique). En Suisse, en Espagne et en Italie, les taux d'emprisonnement des Maghrébins sont respectivement 6, 16 et 19 fois supérieurs à ceux des autochtones (Conseil de l'Europe & Pace, 1997).

En Italie, le taux de criminalité des immigrés est 11 fois plus élevé que celui des autochtones (*Il Giornale*, mai 2010). 32 % des homicides impliquaient des immigrés, alors qu'ils représentaient 5 % de la population (*la Provincia di Sondrio*, avril 2008). Dans le secteur du trafic des stupéfiants, les marocains, tunisiens et algériens commettent 18 fois plus d'infractions que toutes les autres nationalités réunies. Ils commettent aussi 39 % des vols, 36 % des homicides, 24 % des coups et blessures, 25 % des violences sexuelles, 47 % des résistances, violences et outrages (ISTAT, 1998). 57 % des mis en cause sont étrangers, 42 % des condamnés et 37 % des prisonniers sont étrangers. Parmi eux, on retrouve 22 % de Marocains, 14 % de Roumains, 12 % d'Albanais, 12 % de Tunisiens, 5 % d'Algériens. 12 % des étrangers prisonniers sont des Africains subsahariens (Statistiques institut pénitentiaire 2003, Ministère de la justice & Albertini, 2004). À cette époque, les Roumains représentaient 0,3 % de la population italienne, contre 0,46 % pour les Albanais et 0,43 % pour les Marocains (ISTAT 2004). En 2006, 12 % des infractions étaient commises par des malfaiteurs Roumains. En 2008, les malfaiteurs Roumains et même Albanais dépassaient cette fois les malfaiteurs Maghrébins. 15 % des homicides, 16 % des violences sexuelles, 19 % des agressions, 30 % des vols de voitures, 15 % des vols à domicile, 15 % des extorsions étant commis par des malfaiteurs Roumains, tandis que 9 % des homicides, 16 % des violences sexuelles, 21 % des agressions, 13 % des vols de voitures, 10 % des vols à domicile, 10 % des extorsions ont été commis par des malfaiteurs Marocains (Ministère de l'Intérieur, 2008). En 2008, les Roumains représentaient 1,4 % de la population italienne, les Albanais 0,67 % et les Marocains 0,6 % (ISTAT 2008).

En Espagne, les étrangers, qui constituent 8 % de la population, sont impliqués dans 30 % des infractions (INE, 2008). En 2007, 40 % des prisonniers en Espagne étaient étrangers. Ce taux a quadruplé depuis 1975 (DGIP). Les taux d'incarcération sont de 10 % pour les Algériens, de 5 % pour les Nigérians, de 4 % pour les Roumains, de 4 % pour les Marocains, de 2 % pour les Portugais et de 0,3 % pour les Espagnols (Ministère de l'Intérieur, 2003). Les Algériens, Nigérians, Roumains, Marocains, Portugais et Espagnols représentent respectivement 0,1 %, 0,08 %, 1,6 %, 1,4 %, 0,28 % et 88 % de la population (INE).

Au Danemark en 2007, les crimes violents commis par des malfaiteurs Marocains, Libanais, Somaliens, Turcs et Pakistanais, étaient respectivement 4 fois, 3,6 fois, 3,5 fois, 2,1 fois et 2 fois plus nombreux que ceux commis par des malfaiteurs Danois (Danish Crime Statistics). 21 % des descendants d'étrangers âgés de 20 à 29 ans ont été condamnés pour actes criminels en 2009, contre 8,4 % des descendants d'autochtones de la même tranche d'âge (Danish Statistics Bureau).

Ces chiffres sont dérangeants, et nous aurions souhaité qu'ils soient différents. Malheureusement, ils reflètent une réalité. À ce titre, nous ne pouvons les ignorer. Le faire ne rendrait d'ailleurs pas service aux groupes concernés, qui contiennent davantage de victimes que de coupables.

En France, le crime et la délinquance se sont multipliés par 7,25 depuis 1950. En Allemagne, par 4,73 depuis 1950, en Angleterre par 10,33 depuis 1950, au Danemark par 4,08 depuis 1950, en Espagne par 5,65 depuis 1980, en Finlande par 8,54 depuis 1950, en Italie, par 8,8 depuis 1960, en Norvège par 7,16 depuis 1960, aux Pays bas par 13,42 depuis 1950, et en Suède par 8 depuis 1965 (Eurostat, Cairn, HEUNI, OCDE, ONDRP, statistiques gouvernementales). Il faut prendre garde aux données démographiques : en proportion, la Suède présente aujourd'hui un taux de criminalité trois fois plus élevé que la France.

Dans tous ces pays, l'augmentation générale du crime coïncide avec la mondialisation. Les taux de personnes d'origines étrangères (étrangers, immigrés, descendants d'immigrés) résidant au sein des pays européens ont eux aussi augmenté en quelques décennies. Ils sont de 27,9 % en Suisse (2000), de 25 % en Suède (2009), de 23 % en France (2006), de 20 % aux Pays Bas (2009), de 18,6 % en Allemagne (2005), de 16,4 % en Angleterre (2007), de 15,5 % en Belgique (2006), de 15,1 % en Norvège (2008), de 8,5 % au Danemark (2006), de 5 % en Finlande (2008) (statistiques des pays concernés). Selon l'historien Gérard Noriel, la France héberge jusqu'à 33 % d'individus d'origine étrangère, si l'on remonte aux arrières-grands-parents. En Allemagne, un tiers des naissances vient des familles immigrées (Office fédéral des statistiques, 2012). Au Royaume-Uni, un bébé sur quatre est né de mère étrangère (Eurostat, LFS 2008).

Ces taux ont sensiblement augmenté depuis les années 60 au plus tôt (France, Belgique), dans les années 90 au plus tard (Scandinavie, Espagne). Dans tous ces pays, compte tenu de l'immigration et du taux de natalité des migrants jusqu'à deux fois supérieur à celui des indigènes, la proportion de jeunes d'origine étrangère est plus forte encore.

Vis-à-vis de l'immigration, ces pays présentent des stratégies d'accueil différentes. Assimilation ou intégration, régularisations massives ou occasionnelles, droit du sang ou droit du sol... Les politiques d'immigration sont souvent liées aux conceptions nationales historiques des États. L'Angleterre est connue pour son multiculturalisme, l'Allemagne pour sa conception essentialiste, la France pour son idéal universaliste... En dépit de leurs différences, tous ces pays connaissent avec la mondialisation la même insécurité galopante.

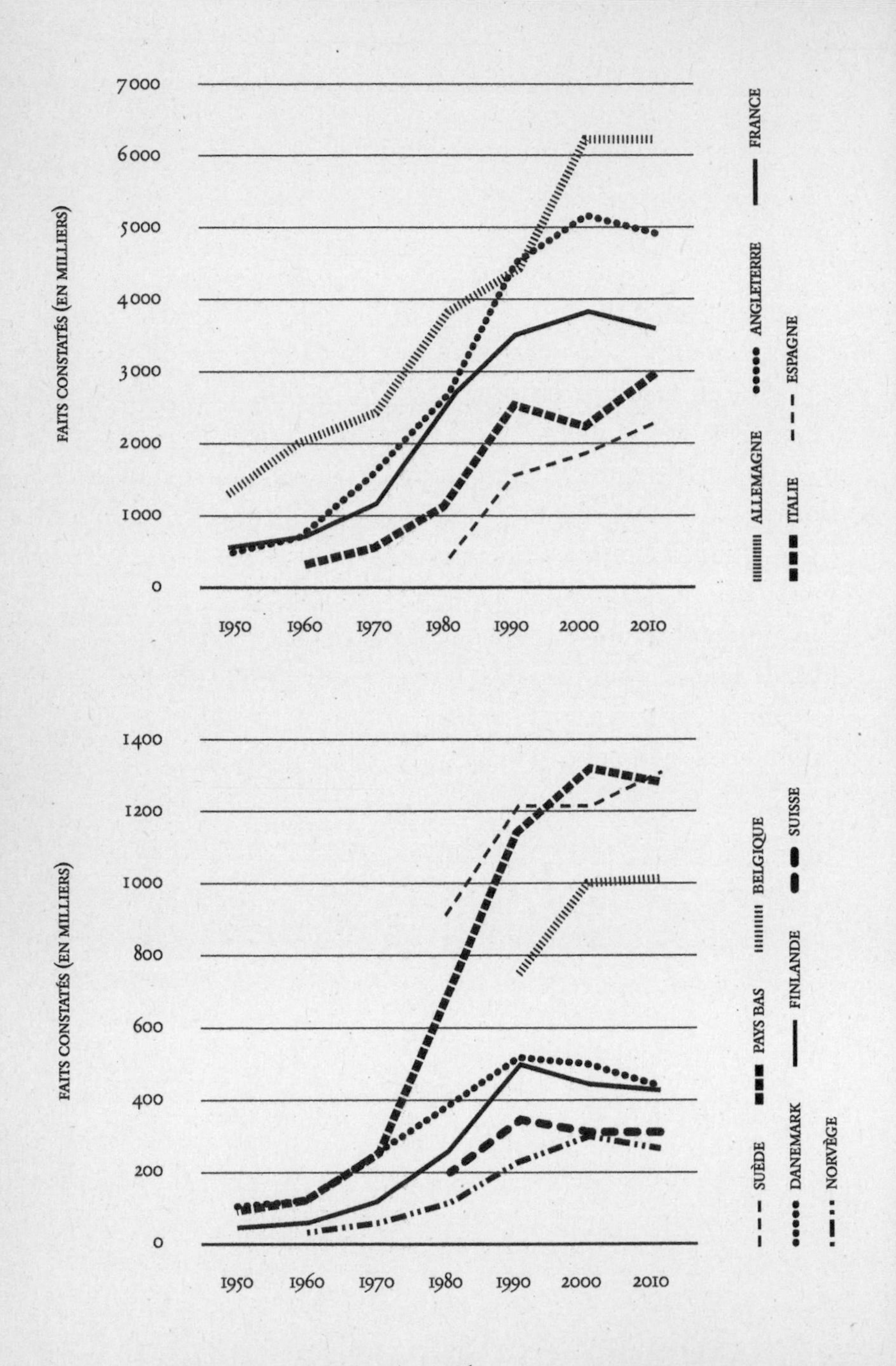
FAITS CONSTATÉS (EN MILLIERS)
7000
6000
5000
4000
3000
2000
1000
0
1950
1960
1970
1980
1990
2000
2010
FRANCE
ANGLETERRE
ESPAGNE
ALLEMAGNE
ITALIE
FAITS CONSTATÉS (EN MILLIERS)
1400
1200
1000
800
600
400
200
0
1950
1960
1970
1980
1990
2000
2010
BELGIQUE
SUISSE
PAYS BAS
FINLANDE
SUÈDE
DANEMARK
NORVÈGE

On voit bien, si l'on veut bien voir, que le problème n'est pas spécifique à la France, ce qui écarte la théorie de « l'exclusion » (quelles que soient les politiques d'accueil, les communautés demeurent) ou une éventuelle « rancœur » post-coloniale (les Italiens ou les Hollandais n'ont jamais mis les pieds en Algérie ou au Maroc). Notons que les Belges ont eux aussi fait face à des émeutes de « jeunes » issus de l'immigration dans les années 90 (Mançо) ou plus récemment en 2008 à Anderlecht. L'Angleterre a connu de semblables violences, à Tottenham en 1985 et en 2011.

Ces nombreuses et étonnantes données devraient permettre à l'antiracisme de dénoncer plus exhaustivement tous les racismes, aux autorités de lutter plus efficacement contre l'insécurité, et aux communautés immigrées elles-mêmes de montrer combien elles ne sont que les premières victimes des malfaiteurs minoritaires qui se cachent en leur sein.

Malgré ces perspectives intéressantes, de tels sujets restent aussi sensibles que certains de nos quartiers. Éric Zemmour, un journaliste qualifié de « polémiste » s'est retrouvé dans le box des accusés pour avoir affirmé à plusieurs reprises que « les Noirs et les Arabes » étaient surreprésentés dans certains secteurs de la criminalité. Éric Zemmour n'a rien inventé. En 2001, le père Delorme, le « curé des Minguettes », déclarait : « En France, nous ne parvenons pas à dire certaines choses, parfois pour des raisons louables. Il en est ainsi de la sur-criminalité des jeunes issus de l'immigration, qui a longtemps été niée, sous prétexte de ne pas stigmatiser. On a attendu que la réalité des quartiers, des commissariats, des tribunaux, des prisons, impose l'évidence de cette surreprésentation pour la reconnaître publiquement » (*Le Monde*, 4/12/01). En 2002, Malek Boutih, alors président de SOS racisme, demandait que l'on « brise le tabou » en reconnaissant l'existence d'une « sur-délinquance » des jeunes issus de l'immigration (*Le Figaro,* 25/04/02). Propos qu'il confirme trois ans plus tard : « Ce que dit Zemmour est vrai. Quand je regarde le centre de jeunes détenus de Fleury-Mérogis, la plus grande prison de jeunes d'Europe, je constate que la proportion de jeunes des minorités visibles, Africains, Maghrébins, par rapport à ce qu'ils représentent dans la société française, est disproportionnée. Donc, il y a bien un problème ! » Ni le père Delorme ni Malek Boutih ne se sont retrouvés au tribunal.

I

COMMENT PROFITE LE CRIME

« Il faut faire barrage à l'extrême droite ». On apprend à l'école que derrière un barrage, l'eau s'accumule. Crée de l'énergie. Et si les ingénieurs refusent obstinément d'en ouvrir les vannes, l'énorme digue finit par céder, sans qu'il soit possible d'en maîtriser l'ampleur dévastatrice. Nier les faits mène à l'inverse de l'effet désiré : dans tous les pays d'Europe, l'extrême droite a resurgi du néant.

Refuser d'admettre les difficultés d'intégration de certaines communautés, c'est une erreur. Insulter ceux qui les font remarquer, c'est une erreur. N'autoriser que les explications fallacieuses de ces difficultés, c'est une erreur. Pendant des années, ces difficultés ont eu pour seules explications autorisées le racisme, l'exclusion ou le contexte social.

Commençons par le contexte. Très souvent, on prétend que l'insécurité est liée à la pauvreté. Parce que la pauvreté est liée à l'immigration. Parce que les immigrés sont exclus. Donc pauvres.

Dans un esprit progressiste, la pauvreté justifie la violence, par compensation. Quelque part, tous les pauvres ont un peu plus le droit que les autres d'agresser, de violer ou de tuer. Surtout si les pauvres sont « exclus ». Comme la majorité des immigrés sont des gens paisibles, s'entendre inlassablement répéter qu'ils sont des « victimes », des pauvres et donc des violents va finir par les lasser.

Rassurons-les : les liens entre pauvreté et criminalité ou pauvreté et immigration n'existent pas.

IMMIGRATION, DÉLINQUANCE, PIB, PAUVRETÉ

DÉPARTEMENTS, DU CANTAL À LA SEINE-SAINT-DENIS

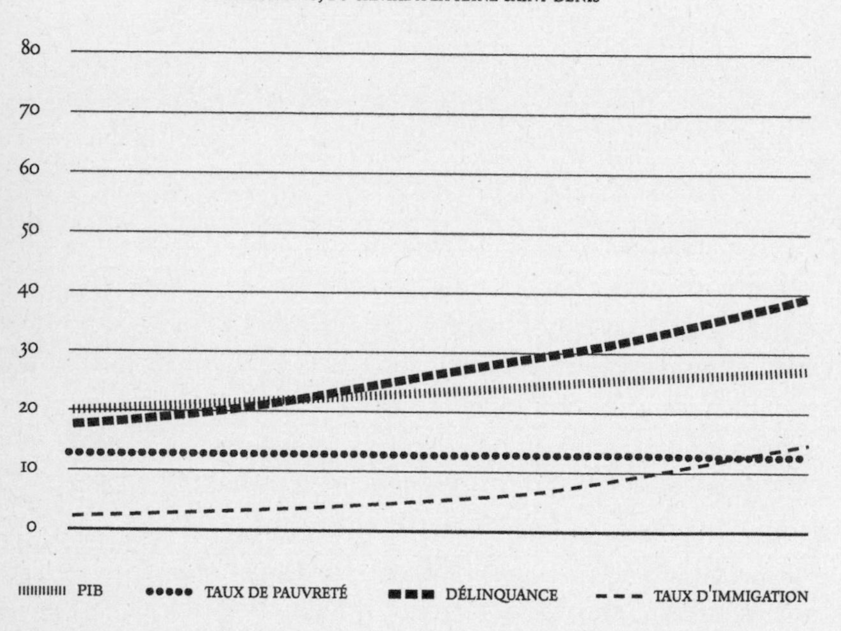

Le graphe ci-dessus classe tous les départements français, de gauche à droite, du plus bas au plus fort taux d'immigration (Insee). Les autres courbes représentent le PIB (Insee), le taux de pauvreté (Insee) et le taux de crimes et délits proportionnel au nombre d'habitants (ONDRP). Le constat qui saute aux yeux de ceux qui en ont est la corrélation entre immigration et insécurité, de l'ordre de 0,714. Précisons qu'une corrélation se mesure de -1 (négative) à 1 (parfaite).

Une corrélation modérée est également observable entre PIB et insécurité (0,499), ainsi qu'entre PIB et immigration (0,520). Cela signifie que les malfaiteurs et les immigrés vivent majoritairement dans des zones à forte productivité (Île-de-France, Lyon, Marseille, Est de la France...). Ce n'est donc pas l'environnement qui « appauvrit » les immigrés. D'ailleurs, le taux de pauvreté présente une corrélation négative avec le PIB (-0,256), une légère corrélation avec l'immigration (0,105), et aucune corrélation avec l'insécurité (0,064).

Une étude menée en 2005 aux États-Unis par la New Century Fondation présente des conclusions étonnamment similaires. La corrélation entre le taux de concentration des minorités (afro-américaines et hispaniques) et le taux de criminalité est de 0,81. Les corrélations entre crime et pauvreté (0,36), entre crime et chômage (0,35) ou entre le crime et une éducation incomplète (0,37) sont plus modérées. En Europe de l'Ouest, l'immigration et l'insécurité sont corrélées à 0,718 (d'après les données Eurostat).

Cette corrélation, qui n'est le fait que d'une petite partie criminalisée des communautés immigrées, peut receler un tas d'explications. Nous l'avons vu, le rapport entre le sur-contrôle des jeunes issus de l'immigration et leur surreprésentation dans la criminalité n'a pas grande signification tant que l'on néglige le style vestimentaire. Une corrélation n'implique pas nécessairement une causalité : depuis les années 60, l'insécurité est corrélée au prix des places de cinéma.

Les chiffres bruts, souvent incomplets, ne veulent pas dire grand chose. Mais la corrélation entre insécurité et immigration existe, et elle serait plus forte encore si nous affinions nos données ville par ville. Les villes les plus criminogènes de France sont souvent celles où les enfants d'immigrés sont majoritaires. C'est le cas de Clichy-sous-Bois, Aubervilliers, La Courneuve,

Vaux-en-Velin, Mantes-la-Jolie, Grigny, Saint-Denis, Les Mureaux, Saint-Ouen, Sarcelles, Garges-lès-Gonesse, Stains, Gennevilliers, Épinay-sur-Seine, Villiers-le-Bel, Bobigny, etc.

Ce qui suit est un tableau des six villes les plus violentes de France (taux de violence, statistiques DCPJ), associé à leur taux d'immigration (Insee), et leur taux de jeunes de moins de 18 ans issus de l'immigration (Tribalat 2005).

La Seine-Saint-Denis, département dans lequel 57 % des moins de 18 ans sont issus de l'immigration, détient le plus haut taux de violence de France et d'Europe. Depuis plus de deux ans, ce département propose aux femmes en très grand danger des téléphones portables d'alerte, préprogrammés pour permettre une intervention plus rapide des forces de police. Ce n'est pas un hasard.

En Île-de-France, à notre grande surprise, cette question n'est pas nouvelle. En 1948, le Préfet de police Roger Léonard estimait que les quelque 100 000 Nord-Africains installés à Paris y étaient responsables de la moitié des agressions (Blanchard).

Aujourd'hui, les immigrés sont majoritaires dans certaines parties du territoire. En 1999, on recensait 42 villes abritant une majorité de jeunes d'origine étrangère. Dans ce cas, bien malin qui pourra dire qui s'intègre et qui s'assimile. Le nombre d'immigrés d'origine subsaharienne est en forte augmentation ces dernières années, concurrençant le nombre d'immigrés d'origine maghrébine dans de nombreuses villes d'Île-de-France. La population d'origine algérienne en France s'est multipliée par 20 depuis 1950. L'immigration subsaharienne s'est multipliée par 50 en 40 ans.

12 millions d'immigrés, c'est un chiffre sans précédent. Le nombre de travailleurs immigrés européens (Espagnols, Italiens, Polonais, Portugais) ne dépassait pas le million avant les années 20, où la reconstruction exigeait une forte main d'œuvre,

toujours européenne, qui n'atteindra jamais les trois millions d'individus. Jusqu'au XXe siècle, cette immigration n'était quasiment qu'européenne, en proportion plutôt modeste.

Depuis les années 60, on parle « d'immigration massive ». Quel que soit le gouvernement en place, elle n'a cessé d'augmenter. La gauche propose d'aider et de régulariser les migrants, tout en accusant la droite de « durcir » la politique d'immigration, ou de faire des immigrés des « boucs-émissaires ». La droite promet aux Français de contrôler ou d'arrêter l'immigration, vous allez voir ce que vous allez voir. Les deux blocs ont en commun l'incohérence et l'irresponsabilité, illustrées à merveille par l'affaire des Enfants de la Creuse, ce millier d'enfants réunionnais importés pour parer à l'exode rural. C'est aussi sous Giscard que le gouvernement a mis en place le « regroupement familial », tout en proposant aux immigrés une prime de retour...

VILLES	VIOLENCES	IMMIGRATION	ENFANTS D'IMMIGRÉS
SAINT DENIS	31,27 ‰	36,40 %	70 %
AUBERVILLIERS	19,49 ‰	40,20 %	75 %
STAINS	19,25 ‰	34,60 %	66 %
LA COURNEUVE	19,02 ‰	37,20 %	74 %
SAINT OUEN	18,54 ‰	34,10 %	67 %
BOBIGNY	17,34 ‰	33,30 %	66 %
MOYENNE NATIONALE	5,93 ‰	11 %	17 %

Il faut maintenant tenter de répondre à la question du pourquoi. Pourquoi certaines communautés abritent-elles une frange sur-délinquante et sur-criminelle ?

Le premier enseignant venu pourra vous conter les grandes lignes de l'histoire de l'immigration algérienne : alors que leurs compatriotes venaient de servir de chair à canon aux armées françaises, des travailleurs algériens ont été convoqués par les patrons pour reconstruire la France après la guerre. Ils bénéficient du droit de se regrouper sous Giscard, une compensation minimale compte tenu du pillage organisé de leur pays par la France depuis des décennies. Les Algériens reconstruisent donc la France et continuent à l'enrichir, mais leur population reste stabilisée. Ils sont parqués dans des ghettos et font les métiers dont les nationaux ne veulent pas. Voilà pour la version classique.

S'il vous intéresse, voici son complément : les algériens comme les africains subsahariens n'ont pas été les seuls à servir de chair à canon, puisqu'ils ont payé à la guerre un moins lourd tribu que les métropolitains et les pieds noirs (Lugan).

En 1950, on dénombrait environ 100 000 algériens en France, dont 50 000 inactifs. En 1957, sur 300 000 algériens, on recensait 100 000 sans-emploi (Lefeuvre). Pendant que quelques milliers d'algériens – dont 1/3 de chômeurs – reconstruisaient la France, dans le même temps dix fois plus de français autochtones construisaient l'Algérie.

En quittant l'Algérie, la France a laissé derrière elle 70 000 km de routes, 4300 km de voies ferrées, quatre ports, une douzaine d'aérodromes, des centaines de ponts, de viaducs, de barrages, des milliers de bâtiments administratifs, de casernes, de bâtiments officiels, 130 hôpitaux, 31 centrales hydroélectriques ou thermiques, une centaine d'industries, des milliers d'écoles, d'instituts, d'universités. En 1959, l'Algérie coûtait à l'État français 20 % de son budget total (Lugan). Le gouffre économique qu'elle représenta est inestimable. Les ressources (pétrole, gaz, fer) qui font aujourd'hui une bonne part de la richesse de l'Algérie n'étaient pas exploitées avant les infrastructures françaises.

Comme dans tous les pays européens, les immigrés se sont installés aux abords des grandes villes, et n'en ont plus bougé. Les autochtones, eux, ont pris la poudre d'escampette. Les immigrés ne font pas les métiers dont les nationaux ne veulent pas, puisque l'offre est toujours aussi loin d'être comblée dans les mêmes secteurs en souffrance depuis cinquante ans.

L'immigration étant, selon le président des bisous et son orchestre, une chance pour la France, tout devrait donc aller pour le mieux à mesure qu'immigrent les immigrés. Et pourtant... Pourquoi, dans les cales de l'immigration, se cache parfois cet encombrant passager clandestin nommé insécurité ?

Selon les chercheurs Lagrange et Roché, même après correction des facteurs socio-économiques, le pourcentage d'immigrés impliqués dans les crimes et délits reste supérieur à celui des autochtones. Si elle était liée à la pauvreté, la criminalité en Pologne, en Hongrie et dans certains pays d'Europe de l'Est ne serait pas inférieure à la criminalité de la France ou des États-Unis, comme l'a montré l'Enquête internationale sur les victimes de la criminalité. Aux États-Unis, où l'on ne peut guère parler de « problèmes d'intégration », le crime a augmenté dans les années 1960, postérieurement aux droits civiques, en se multipliant par 5 sur une trentaine d'années, avant de décroître (division par 2) grâce à des mesures répressives fortes (taux d'incarcération multiplié par 3). Contrairement à de tenaces idées reçues, le pourcentage de victimes d'un crime violent en France est supérieur d'un point à celui des États-Unis (Interpol).

Les prétendues motivations économiques des criminels ne tiennent pas, puisque les vols « crapuleux » sont finalement assez rares (21 %) par rapport à la violence gratuite, aux dégradations ou aux viols. C'est aussi le cas en France. Il paraît hasardeux de justifier des viols ou des meurtres par un taux de chômage, de pauvreté ou une quelconque donnée sociale. La première économie de la ville de Sevran, c'est la drogue. Doit-on décider que c'est normal parce qu'il y a du chômage à Sevran ? Il y a 10 % de chômeurs en France. Pourtant, il n'y a que 0,25 % de trafiquants de drogue. C'est scandaleux. Qu'attendent les 9,75 % de chômeurs restants pour s'y mettre ?

Quand il était Premier ministre, Lionel Jospin a créé de nombreux emplois. Dans le même temps, la criminalité a eu le mauvais goût d'exploser (Raufer).

Si ce n'est pas le chômage, c'est l'environnement, alors ?

Dans les ZUS, au moins une personne sur deux est issue de l'immigration, selon une analyse de l'Onzus, publiée dans *Libération* (1/09/11). L'approche urbaniste est très différente aux États-Unis, en Hollande, en Allemagne, en Italie, en Suède ou en France. Pourtant, dans tous ces pays, les problèmes sont exactement les mêmes : malgré des politiques de « désenclavement », de discrimination positive et d'investissements massifs, les populations immigrées se regroupent dans des zones qui deviennent « sensibles », désertées par les autochtones et les commerces, du fait d'une minorité de malfaiteurs.

Minute paternaliste : avant l'État-nounou, le premier souci d'un père responsable était de ne pas déresponsabiliser ses enfants. Ce n'est pas l'environnement qui fait l'homme, c'est l'homme qui fait son environnement. Construisez la plus belle des maisons de retraite, il faudra l'entretenir comme aucun autre lieu pour qu'elle demeure agréable à vivre. L'insalubrité des barres de béton ne se fait pas toute seule. Ce ne sont pas les racistes qui viennent y déposer cafards, vermine et maladies disparues. Si l'on échange les habitants des ghettos de Brooklyn, du Queens ou du Bronx avec ceux de Manhattan, il est probable que dans quelques années les ghettos seront devenus splendides, alors que Manhattan tombera en ruines.

À Bagnolet, les pelouses jouxtant les HLM sont jonchées de détritus en tout genre. Certains habitants jettent des couches sales par leurs fenêtres (*Bondy blog*, 15/09/12).

Pour les commentateurs autorisés, les individus ne sont responsables de rien : ils dépendent de leur environnement urbain, familial ou communautaire, et subissent toute leur vie une sorte de déterminisme social intangible.

Trois raisons principales peuvent empêcher les immigrés dont nous parlons d'atteindre leur objectif, c'est-à-dire résoudre leurs difficultés d'intégration.

1. Ils manquent de volonté.
2. Ils n'ont pas les capacités naturelles pour réussir.
3. On leur met des bâtons dans les roues.

Commençons par la fin. Quelqu'un leur met-il des bâtons dans les roues ? Le racisme permet-il d'expliquer les difficultés d'intégration d'une partie d'entre eux ? L'application de l'*affirmative action* (discrimination positive) en faveur des Afro-américains aux États-Unis (12 % de la population), des Afro-brésiliens au Brésil (51 % de la population) et des Noirs d'Afrique du Sud (96 % de la population), pas plus que la discrimination positive en France n'ont endigué ces difficultés. Selon diverses enquêtes menées en Europe occidentale, les immigrés se disent globalement « acceptés » (c'est par exemple le cas à 80 % en Belgique, selon le bureau IRB). Si les Africains subsahariens s'estiment « discriminés » en Mauritanie ou au Maroc (ne parlons pas de la Libye), les Afro-américains se sentent bien et ont une grande confiance en eux. Ils s'estiment en effet « plus intelligents » que les autres populations (Sackett et al.), ont une haute estime d'eux-mêmes (Zeigler-Hill) et se disent « plus heureux » que les Euro-américains et que les Asiatiques (données Add Health). En France, 75 % des immigrés ne s'estiment pas discriminés (Insee-Ined).

Sous le gouvernement Fillon, certains antiracistes ont cru bon de tester le CV anonyme, persuadés qu'ils étaient de prouver que les employeurs étaient tous de méchants racistes. C'était marcher sur le râteau : les candidats « issus de la diversité » usant d'un CV anonyme ont été moins retenus qu'avec leur CV classique. Et pas qu'un peu : d'une chance d'être retenus sur 10, les candidats « issus de la diversité » passaient à une chance sur 22. Les candidats autochtones passaient d'une chance sur 8 à une chance sur 6. Ce qui montre que le profil des autochtones, dans cet échantillon, était tout simplement meilleur, et que les employeurs, eux aussi antiracistes à l'ancienne, discriminaient négativement… les Blancs. À quand les entretiens d'embauche anonymes ?

En 2010, dans son ouvrage *Le déni des cultures*, le sociologue du CNRS Hugues Lagrange a publié des conclusions pour le moins discutées. Selon lui, « Un enfant pauvre d'origine malienne a plus de risques de décrocher que les autres au primaire » (*L'Express*, 14/09/10). Pour Hugues Lagrange, les choses sont d'abord une question d'éducation, propre à la culture des populations immigrées. « Dans les familles subsahariennes arrivées récemment en France, près de 30 % des hommes mariés sont polygames. Les femmes sont aussi jusqu'à quinze ans plus jeunes que leur mari et ont chacune, en moyenne, entre six et sept enfants. Lesquels sont, culturellement encore, généralement livrés à eux-mêmes avant d'avoir atteint l'âge de trois ans… » Une réflexion qui n'a pas manqué de faire son petit scandale dans le milieu médiatico-politique. « Dès que vous mettez des différences en lumière, vous blasphémez », s'est défendu le spécialiste. « La gauche n'a pas dépassé le vieux discours de l'antiracisme [...] Elle n'a pas le courage de changer de logiciel » (*Le Point*, 30/09/10).

Lagrange a été accusé de tous les maux, de monter les Français les uns contre les autres, d'empoisonner les puits et de voler au secours d'Éric Zemmour. Le journaliste ayant également cité les études de Sébastien Roché, on a sommé ce dernier de bien vouloir s'en justifier. Sous la pression, le sociologue a dévoilé sa méthodologie aux journalistes. « Mais vous n'avez pas peur que ces résultats soient récupérés par l'extrême droite ! » s'est exclamé le correspondant de Lyon Mag. « Ce n'est pas mon problème, a répondu Roché. Je ne vais pas cacher la réalité scientifique observée par une méthode rigoureuse et transparente par crainte d'une récupération politique. Dire que la terre n'est pas au centre de l'univers a longtemps déplu à l'Église ! Mais c'est une réalité. »

Admettre qu'un écart culturel entre une société et une communauté puisse être à l'origine des difficultés d'intégration d'une frange de cette dernière est le principal chef d'accusation du crime de lèse-égalité.

Et si certains immigrés n'avaient pas les capacités pour réussir ? Si c'était le cas, il faudrait appeler la Halde, pour intenter un procès à ce livre, à Darwin et éventuellement à Dieu. En dépit d'un communautarisme fort, les immigrés venus d'Asie de l'est ont une forte capacité d'adaptation aux sociétés occidentales, développées et industrielles, quel que soit le continent, le niveau social et le nombre d'individus concernés. Leur taux de criminalité est très bas, comme dans leurs pays d'origine. Mais les Asiatiques de l'est vivent dans des sociétés très semblables aux sociétés européennes. La clé d'une adaptation réussie est-elle culturelle, propre aux communautés ?

Depuis plusieurs centaines de générations, les sociétés occidentales et asiatiques font peser sur leurs citoyens une pression énorme. Temps de travail, implication sociale, obligations morales, mode de vie axé sur la compétition et la production, complexité organisationnelle et administrative, surinformation, pression sociale de la consommation et de la culture, forte exigence intellectuelle et sociale… Cet environnement qui nous paraît banal a de quoi bouleverser l'étranger.

De par leur culture, certains immigrés sont *autres*. Cela devrait réjouir le progressiste, mais ce n'est pas le cas. La diversité c'est très bien, mais lui préfère qui l'immigré soit son égal. Équivalent. Pareil. Socialiste, ce serait parfait. On fait mine d'exalter les différences, tout en refusant de les admettre, parce qu'au fond elles ne cadrent pas avec nos idées.

En quoi est-il absurde ou effroyable d'émettre l'hypothèse que certaines communautés, leur culture, leur histoire, soient mieux adaptées à certains environnements qu'à d'autres ? Tout le monde n'est pas fait pour se conformer au mode de vie occidental, même quand celui-ci s'exporte, l'Afrique du Sud peut en témoigner. En Amérique du nord et du sud, les difficultés d'adaptation de certains perdurent depuis des décennies.

Selon un sondage réalisé en 2006, 12 % des musulmans de France se déclaraient favorables à la lapidation des femmes adultères. Au Maroc, 82 % des femmes sont victimes de violences conjugales (ANARUZ, 2012). C'est huit fois plus qu'en France. Surprenant. Il ne fait aucun doute que l'Islam n'est qu'amour, tolérance, paix, amabilité, suavité, volupté. Ça ne doit pas dissimuler une incompatibilité de valeurs manifeste entre une infinitésimale minorité de musulmans et la société française, illustrée par la composition de la population carcérale.

Ça marche aussi dans l'autre sens. Hors touristes de passage, émissions mettant en scène des « vedettes » s'exaltant une huitaine dans un pays lointain, ou originaux un peu mystiques se convertissant à un mode de vie tribal, la plupart des Occidentaux et des Asiatiques vivraient sans doute très mal le fait de se plier définitivement, en l'espace d'une génération, à des coutumes et des mœurs profondément étrangères, tout en étant sommés de rejeter leurs tentations communautaristes.

De toute évidence, le problème tient plus aux groupes qu'aux individus. Nous connaissons tous des individus issus de minorités qui se sont parfaitement adaptés à notre société. L'individu n'existe pas sans son groupe, qui définit son identité.

Pour l'harmonie de la société, on demande – avec raison – à des gens de cesser d'exister, pour mieux se construire une existence différente. Ce n'est pas chose aisée. D'où le recours à la force des assimilationnistes, envers les immigrés italiens et polonais, par exemple. Subitement, les multiculturalistes ont décrété qu'on ne devait plus brusquer personne. S'intègre qui voudra. Que les immigrés conservent leur identité culturelle, c'est une richesse.

Schizophrénie : les multiculturalistes souhaitent *aussi* que ces immigrés soient des copiés-collés des Français. Qu'ils militent pour les droits de l'Homme, désirent tous devenir fonctionnaires, fassent de longues études et si possible se tiennent bien à table. Un bon égalitariste ne saurait tolérer qu'il n'y ait pas autant de mathématiciens d'origine subsaharienne que de mathématiciens autochtones.

Mais de quels immigrés parle-t-on ?

Ce n'est pas très égalitaire, mais les classes sociales sont aussi des classes intellectuelles. Une partie de l'intelligence se transmet (de 50 à 80 %, selon les spécialistes), et les gens se marient avec ceux qui leur sont socialement proches, donc intellectuellement proches (Insee). Les immigrés extra-européens ont toujours été, pour l'essentiel, des travailleurs non-qualifiés. De l'addition fécondité et regroupement familial a résulté une masse de descendants d'ouvriers non-qualifiés et de familles d'ouvriers non-qualifiés. Ces dernières années, le nombre d'ouvriers non-qualifiés et d'emplois industriels ont été divisés par deux alors que le nombre d'individus d'origine maghrébine vivant en France s'est multiplié par 20.

Les progressistes, qui ne sont sans doute pas très doués en calcul mental, se demandent comment il est possible que de nombreux individus d'origine maghrébine se retrouvent au chômage, et qu'en dépit de la discrimination positive très peu d'entre eux ne réalisent de brillants parcours universitaires, investissent les grandes écoles, les organes décisionnels et les conseils d'administration. Il est statistiquement rarissime que des enfants d'ouvriers autochtones y parviennent. 80 % des enfants d'ouvriers ne décrochent pas le bac, 59 % d'entre eux redoublent au moins une fois, 21 % d'entre eux ont de grosses difficultés de lecture, seulement 0,5 % d'entre eux entrent dans les grandes écoles. 58 % des descendants d'immigrés africains ont un père ouvrier, contre 26 % des descendants d'autochtones (Insee).

Nous sommes tous allés à l'école, nous savons que nos performances doivent beaucoup à notre intelligence et à notre implication, au moins autant qu'à notre environnement culturel.

La génétique est stricte, mais conserve une variable aléatoire. On peut avoir de la chance au tirage, ou moins de chance. Un fils d'ouvrier avec un QI de 130 peut aller très loin, contrairement à un fils de cadre avec un QI de 70. Mais statistiquement, en France, les enfants de manœuvres ont un QI moyen de 92, tandis que les enfants de cadres supérieurs ont un QI moyen de 112 (Ined, 1973).

Comme le rabâchent les psychologues, le QI est « un élément fort déterminant pour l'accès à l'université, pour le revenu gagné tout au long de la vie, pour l'accès à l'emploi et la performance au travail » (Meier).

L'éducation n'ayant que peu d'influence sur le QI, le seul moyen d'effacer les inégalités sociales, c'est d'interdire la réussite. Soyons heureux : c'est précisément le programme de la gauche.

Abordons maintenant la troisième et dernière raison qui pourrait empêcher certains immigrés de réussir leur intégration. Ont-ils la volonté de réussir ? N'appelez toujours pas la Halde : pour la majorité, la réponse est oui. Parce qu'ils réussissent. Mais pas tous. Un bouquin sur l'insécurité ne va pas parler des trains qui arrivent à l'heure, intéressons-nous donc à ceux qui ne réussissent pas. La raison principale des difficultés d'intégration est aussi la moins visible, en vertu ce que l'on nomme « ethnocentrisme ». Parce que nous baignons dans notre société, nous nous attendons à ce que les immigrés en fassent autant. Puisque ça nous va, ça doit leur aller. Si nous sommes tous pareils, leurs désirs doivent être les mêmes que les nôtres, leurs écarts de conduite doivent leur coûter aussi cher. Pas nécessairement : certains immigrés et certains autochtones ne respectent pas nos règles parce qu'ils n'ont aucun intérêt à le faire. Pire : ils ont intérêt à ne pas le faire. Ceux-là « réussissent » différemment, dans la délinquance et le crime. Ils n'atteignent pas l'objectif, tout simplement parce qu'ils ne se sont pas fixés cet objectif. C'est nous qui l'avons fait pour eux.

Et nous avons aussi décidé que la répression était une chose très vilaine. Elle n'est que la première des préventions. Sans répression, impossible de rendre le crime désavantageux.

Les malfaiteurs étant plus doués en calcul mental que les progressistes, ils restent sur la route du crime.

◆◆

Selon l'ensemble des données que nous avons présenté plus haut, on peut calculer ce que serait l'insécurité française sans la part cumulée des franges criminalisées issues des communautés maghrébines, ex-yougoslaves, roumaines, et subsahariennes. Elle se réduirait d'environ 60 %. Les faits constatés retomberaient à la barre du million.

Mais le constat essentiel est le suivant : la criminalité des autochtones a augmenté, elle aussi. Précisément, elle s'est multipliée par trois. Ce n'est pas rien, et ce n'est pas explicable par la seule évolution démographique. La sous-socialisation ne concerne pas qu'une partie des immigrés, mais aussi une partie des autochtones.

« Cette lie d'individus déchus de toutes les classes qui a son quartier général dans les grandes villes est, de tous les alliés possibles, le pire. Cette racaille est parfaitement vénale et tout à fait importune. Lorsque les ouvriers français portèrent sur les maisons, pendant les révolutions, l'inscription mort aux voleurs, et qu'ils en fusillèrent même certains, ce n'était certes pas par enthousiasme pour la propriété, mais bien avec la conscience qu'il fallait avant tout se débarrasser de cette engeance. »

Rassurez-vous, ce n'est pas Nicolas Sarkozy qui parle. C'est Karl Marx.

Les groupes de sous-adaptés comme les Apaches ou les blousons noirs avaient eux aussi leur parler, leurs codes, leur solidarité, les mêmes ennemis et les mêmes amis. Mais ce communautarisme est plus artificiel, circonstanciel, autant que peut l'être un groupe de supporters ou un groupe de militants. Entre naître dans un groupe et choisir un groupe, il y a un monde.

Être sous-adapté, nous l'avons dit, c'est refuser que la société profite de nous, tout en profitant d'elle.

Le sous-adapté peut être seul. Mais sans l'estime de personne, sans aucun impact sur les autres, on n'existe pas. Pour exister, les sous-adaptés ont besoin d'un groupe.

La société valorise le pacifisme. Certains groupes de malfaiteurs valorisent la violence. Les membres de la société existent par leur pacifisme affiché, les membres du groupe de malfaiteurs existeront par la violence. À partir du moment où les intérêts des individus deviennent ceux de leur groupe avant d'être ceux de leur société, des morales antisociales apparaissent. C'est parfaitement humain, et c'est même animal. L'individu extérieur au groupe n'est parfois pas perçu comme un être humain à part entière (Mead). D'après une récente étude (Gutsell & Inzlicht, 2010), il s'avère que les individus, y compris les bébés, éprouvent davantage d'empathie spontanée pour les membres de leur propre groupe. Les neurones-miroirs qui nous permettent de nous identifier à l'autre, clé de l'empathie, s'activent plus fréquemment envers des individus de notre propre groupe (Chiao, 2010). Spontanément, les gens ont davantage confiance en ceux « qui leur ressemblent » (Miller, 1995). Du fait de notre éducation, de notre conditionnement culturel, nous sommes pour le moins ébranlés par des individus qui rient de l'agonie d'une jeune femme au lieu de lui venir en aide. Et nous le sommes plus encore lorsque d'autres individus, qui ne sont ni de leur famille ni de leurs proches, les défendent violemment contre la police et la justice.

Les groupes se constituent autour d'une morale commune. Cette morale s'impose aux individus, car leur statut et leur identité en dépendent. S'ils sont exclus de leur groupe, ils perdent tout. Ils doivent donc travailler à s'y maintenir, voire faire des heures supplémentaires pour monter en grade. C'est la terreur d'être exclu du groupe qui crée le conformisme.

Les groupes sont des superorganismes (Bloom) comparables à des fourmilières. Leur but ? Dominer les autres. Il y a une compétition ordonnée au sein du groupe, dont résulte une compétition désordonnée entre groupes. Un groupe peut se constituer autour d'un certain nombre d'affinités : proximité sociale, âge, idéologie... L'ethnie offrant souvent un liant tout trouvé. Mais quand des groupes ethniques sont trop grands, ils se fragmentent en groupes plus petits et s'affrontent entre eux. Ce n'est pas l'ethnie qui détermine les affrontements récurrents entre les « jeunes » du quartier des Pyramides et ceux du quartier des Tarterêts.

Durant ses nuits tourmentées, Olivier Besancenot s'est sans doute souvent demandé pourquoi ces jeunes ne se regroupaient pas tous ensemble derrière un drapeau rouge, pour aller main dans la main faire la Révolution citoyenne en égorgeant les bourgeois de Neuilly-sur-Seine, si possible en épargnant le facteur. Ces jeunes ne savent donc pas que tout est la faute des méchants capitalistes qui dressent les Français les uns contre les autres ?

Quel intérêt auraient-ils à le faire ? Si un jeune des Pyramides réussit un coup, un petit braquage par exemple, il sera complimenté par les membres de son groupe qui valorisent ce type de comportements. Pour le groupe, la société n'est qu'un indistinct réservoir de victimes dans lequel on puise à l'occasion. L'ennemi du groupe, identifié, territorial, concurrentiel, c'est ceux des Tarterêts. Si celui des Pyramides réussit à en rosser quelques-uns, il sera porté en triomphe. Ce sont les lions et les hyènes. Nous sommes les gnous. La lutte de pouvoir, nous y avons renoncé.

Un pays naît souvent de la violence, une civilisation naît de l'harmonie. Si la civilisation cède à nouveau à la violence intérieure, ou est dépassée par une violence extérieure, elle se morcelle et disparaît. Normalement, elle canalise sa violence en la déviant contre un ennemi extérieur, comme les jeunes des Pyramides ou ceux des Tarterêts. En vertu de la compétition morale, nous n'avons plus d'autres ennemis que nous-mêmes. Et les rhinocéros sont dans la place, t'as vu.

Quand, par politesse, l'hôte invite son visiteur à « faire comme chez lui », il ne s'attend pas à ce que ce dernier s'exécute. Si l'on veut qu'elle perdure, on ne peut pas demander à une société de s'adapter à une communauté. C'est à l'invité de le faire.

Pour marquer des points dans la compétition morale, le programme des dirigeants est d'imposer les invités, et les hôtes n'ont qu'à bien se tenir. La société hôte est cimentée par un mode de vie, une histoire, une organisation et une culture. Le groupe aussi. Il faut que l'un s'adapte à l'autre, c'est-à-dire se soumette. Pour l'un comme pour l'autre, il n'est pas naturellement question de concessions. Ça n'aurait aucun sens : la sélection naturelle a toujours favorisé les spécificités, pas l'uniformisation. Donc soit ils vivent séparément, soit c'est le plus fort qui s'impose. Ceux qui ne suivent pas ce programme disparaissent.

Il ne faut pas confondre la sous-adaptation et les « inégalités sociales », dénomination péjorative de la nécessaire variabilité de la société. Un ouvrier, pas plus qu'un pauvre, n'est sous-adapté. Le sous-adapté est quelqu'un qui prend tout ce qu'on lui donne, sans réfléchir et sans rien rendre. La plupart des ouvriers font le contraire.

La criminalité n'est qu'un élément de la sous-adaptation. Cette dernière s'applique aussi au civisme, à la santé, à l'hygiène, aux maladies (spécifiques et plus fréquentes, comme le Sida), à l'alcoolisme, à l'obésité, aux comportements à risque … On l'observe chez de nombreux autochtones, mais plus encore chez les minorités ethniques, en Amérique et en Europe, mais aussi sur les populations occidentalisées des îles du pacifique ou des Antilles. Un seul exemple : l'atoll de Nauru héberge plus de 90 % d'obèses. La sous-adaptation se traduit par de grandes difficultés face aux institutions (administrations, écoles, organismes sociaux, police) et au travail. Ne pas comprendre qu'il est rédhibitoire de se présenter à un entretien d'embauche attifé comme un joyeux turluron est typique des sous-adaptés. Le chômage est un autre indicateur. Là encore, il frappe davantage les personnes issues de l'immigration. En France, le taux de chômage des personnes d'origine africaine est presque trois fois plus élevé que celui des autochtones. 29 % des descendants d'immigrés africains sont au chômage, contre 11 % des Français autochtones. Ces derniers sont deux fois plus diplômés que les premiers (Insee). En 2009 en Europe, le taux de chômage des 15-64 ans parmi les immigrés extra-européens était de 23,5 %, contre 9,1 % pour l'ensemble de la population (Insee).

Très tôt, on a compris qu'une des caractéristiques de la sous-adaptation était une forte natalité. Les fameuses « familles Groseilles » suivent une stratégie évolutive dite de « type *r* » : faire plus d'enfants (et moins s'en occuper) devrait garantir la survie de quelques uns d'entre eux. Depuis la généralisation de la médecine moderne, et son extension au monde entier dans l'attente d'une transition démographique qui aura bientôt autant de retard qu'un train de banlieue, les populations sous-adaptées ne cessent de s'accroître. Tout comme les problèmes qu'elles engendrent. Pour ne pas laisser ces groupes « décrocher », lien social oblige, la société a eu tendance à se tourner vers eux, à les aider *directement*. Cette vision socialiste a conduit à de longs combats pour accumuler quantité de droits sociaux. Mais rien ne s'est arrangé : la politique étatique a rendu ces individus encore plus dépendants de l'État et ses prestations sociales. Le confort sous toutes ses formes s'est généralisé, sans que les gens n'en soient plus heureux ou que la criminalité ne marque le pas.

La politique étatique est une machine à gaver non pas des oies, mais des rhinocéros. Le mode de vie occidental a fait de ses citoyens des enfants, l'État-nounou fait d'eux des garnements, qui exigent toujours plus de divertissements et de dépendances, sinon ils retiennent leur respiration. L'État s'occupe de tout sauf de l'essentiel. Pour l'instant, les gens approuvent. Ils trouvent ça très bien que l'État fasse tout à leur place, soit responsable de tout, de l'hydratation des vieux à la tempête Xynthia.

Pour les socialistes, il n'y a pas de gens limités : simplement des gens opprimés. Si l'on combat l'oppression, si l'on s'efforce de casser tous les instruments de mesure, personne ne remarquera plus cette gênante masse de sous-adaptés, verrue originelle du socialisme triomphant. Bien arrangeante, la verrue, parce qu'elle vote. Devinez pour qui.

Toutes les politiques d'éducation censées corriger les inégalités ont été un échec. Selon le Programme international pour le suivi des acquis des élèves (PISA), la France atteignait en 2009 le taux record de 20 % d'élèves en échec scolaire grave. Pourtant, de plus en plus de jeunes français ont le bac. Le taux de réussite était de 60 % dans les années 60, il frôle les 90 % aujourd'hui. Le niveau du bac a été baissé en 1985 pour devenir accessible à 80 % de la population. Des élèves n'ont pas le niveau ? Il faut baisser le niveau.

Les mauvais résultats sont forcément dus à l'environnement : pas assez de moyens, il faudrait des surveillants, des assistantes sociales, des éducateurs, peut-être des policiers, un encadrement militaire. Et il faudrait supprimer les bons points, les notes, les classements, les concours...

En 2011 les trois pires départements en terme de réussite au bac sont la Martinique (63,2 %), la Seine-Saint-Denis (62,4 %) et la Guyane (55,9 %). Ayons confiance, Vincent Peillon va nous faire disparaître tout ça.

Le terme « sous-adaptés » n'est pas dépréciatif : certains d'entre eux sont parfaitement adaptés au système-hôte. Sans qu'ils ne fassent rien, on leur donne tout et même un peu plus. Pourquoi s'en priver ? Pas plus que céder à un enfant capricieux n'apaise ses caprices, les dons et le laxisme n'apaisent la haine des plus teigneux : au contraire, ils sont interprétés comme des signes de faiblesse. Et rien ne permet plus d'endiguer la sous-socialisation. Les socialisés deviennent les esclaves des sous-socialisés, comme les parents modernes deviennent souvent les esclaves de leurs garnements.

Il y a les lois de la société et les lois des groupes sous-socialisés. Lorsque la société ne fait plus respecter les siennes, il est logique que s'organisent au sein des groupes une économie, une hiérarchie, une culture et finalement une survie antisociale. Pourquoi davantage au sein des communautés immigrées qu'ailleurs ?

Toute immigration fixe une communauté dans la force de l'âge dans un même bassin de vie. La plupart des immigrés s'insèrent dans l'économie hôte. Mais l'immigration de peuplement dépasse souvent l'offre. Dynamique de groupe, bouleversement identitaire, société encore perçue comme étrangère, perspectives bornées, communautarisme à priori indépassable... Voilà les éléments d'une dynamique criminelle. La frange criminalisée des Italiens et des Polonais a été mise à l'index en France et en Allemagne, aussitôt après leur arrivée, ce qui leur a valu de durables inimitiés (manifestations, lynchages, pogroms).

Sort partagé par les Irlandais sur la Côte Est des États-Unis. Parce que les déplacements humains ne sont pas de l'arithmétique, la taille de telle communauté offrant sa main d'œuvre n'est jamais exactement adaptée aux besoins de tel bassin de vie. Si elle est insuffisante, on fera appel à davantage de personnes. Si elle trop grande, on se résoudra à en subir les désagréments, en tablant sur une « assimilation » à court terme, rendue possible grâce à la logique de croissance.

Sauf que les flux de la mondialisation sont devenus aussi incontrôlables que la démographie, à mesure que l'on s'apercevait que le « retour au pays » et l'assimilation de millions de personnes dans un pays sans croissance relevaient du fantasme masochiste.

Il paraît qu'on a encore besoin d'immigrés, avec nos trois millions de chômeurs. Il paraît qu'ils paieront nos retraites, avec leur chômage. Officiellement, il n'y a pas d'assistés. Pendant ce temps, les aides sociales entretiennent les flux migratoires officiels et clandestins.

Mais certains, de manière regrettable, ne se contentent pas du chômage-gavage. Il y a plus lucratif. Un système mafieux s'est construit autour de quelques familles criminalisées, qui contrôlent peu à peu quartiers et cités, en utilisant les jeunes pour se protéger de la police. C'est le modèle napolitain. En France, le seul argent du cannabis fait vivre 100 000 personnes (Observatoire français des drogues et des toxicomanies, 2011). Les familles impliquées sont souvent d'origine maghrébine. Il y aurait à cela des raisons « culturelles » : « Jugé peu dangereux par la tradition et la culture de certaines populations d'origine maghrébine, légitimé par son impact économique positif, le trafic de haschisch structure les emplois du temps et soutient la capacité de consommation du quartier. Facteur de paix sociale, il maintient sur le quartier le voile du silence mafieux » (Bousquet, 1998).

Aujourd'hui, la voie du crime passe nécessairement par le braquage, comme nous l'explique Xavier Raufer : « Il y a deux bandits. Le bandit à succès, et le bandit foireux. Le braquage est le passage obligé des criminels. Quelle qu'elle soit, l'industrie criminelle exige un capital de départ. Il faut donc passer par une accumulation primitive, lente ou rapide. Rapide, c'est le braquage. Et le braquage ne passe pas inaperçu, il est médiatisé. Pour ces raisons, il est en quelque sorte le pouls du crime. » Coïncidence ? Les vols avec violences sont en augmentation vertigineuse : en un an, on dénombre 105000 vols violents sans arme, auxquels il faut ajouter 6200 vols à main armée et 9500 vols avec armes blanches. Les vols à main armée de mineurs contre des commerces ont augmenté de 179 % en cinq ans (*Le Figaro*, 5/10/10). Ils braquent absolument n'importe quoi : la Poste, le bureau de tabac, la boulangerie, la banque, le supermarché, le voisin… « Comme il n'y a plus beaucoup d'argent dans les banques, ils les braquent en série », explique Xavier Raufer. Pour cette même raison et parce que le cours de l'or bat des records, les bijouteries sont de plus en plus visées : plus de 700 attaques recensées en 2011 (BFMTV, 24/01/12). Les braquages commis par des branquignols sont monnaie courante, avec tous les risques que cela comporte. Pour eux y compris. En mars 2012 à Beauvoir-en-Lyons, quatre « jeunes » de 15 à 17 ans emmènent leur camarade de jeu dans une forêt, le font asseoir sur un rondin, lui tirent deux balles dans la nuque, l'aspergent d'essence et lui mettent le feu. Motif ? La crainte qu'il ne les dénonce pour cambriolage. Mauvais calcul : au lieu d'une remontrance, ils iront en prison (*Le Parisien*, 29/03/12).

Le crime organisé ne chôme pas, lui non plus. La banalisation des règlements de compte attribués au milieu (notamment à Marseille, Lyon, Grenoble ou Paris) en est le triste témoignage.

◆◆

Dans le coin bleu, la réalité, prête à en découdre. Dans le coin rouge, le progressisme, qui a déjà jeté l'éponge et qui veut faire des bisous à son adversaire. Quand l'arbitre ose lui rappeler les règles, il est traité de fasciste et menacé de poursuites judiciaires.

Ah ! ça ira, ça ira, ça ira, il faut que ça aille. L'intégration, l'assimilation ou l'aveuglement collectif, on ignore quel système exactement, ce qui est sûr c'est que ça fonctionnera. La diversité c'est bien. Ça doit fonctionner.

Il y a quelques années, Chevènement estimait que les peuples algériens et français étaient « non-miscibles ». Pas bien. Je vous prie de croire qu'ils ont intérêt à améliorer leur miscibilité, et plus vite que ça. Pour l'occasion, le progressisme a sorti son coup spécial : le métissage. La diversité, c'est bien, le métissage c'est mieux. Convenez que faire disparaître la diversité est une curieuse façon de la célébrer. D'un point de vue philosophique, on peut trouver ça dommage. Mais d'un point de vue morale dominante, et c'est tout ce qui importe, le métissage, c'est bien. Ça doit fonctionner. Et si ça ne fonctionnait pas si bien que ça ? Et si, compte tenu de l'attraction communautaire, le métissage restait beaucoup trop faible pour endiguer le communautarisme ? Et s'il ne pouvait que créer de nouvelles communautés (les Coloured en Afrique du sud) ?

États-Unis, Brésil, Afrique du sud... à notre grand regret, il faut l'admettre : le métissage culturel radieux prend son temps.

Combien de pays hétérogènes ont sombré dans la violence, puis, à défaut de massacre, se sont scindés en deux ? L'ex-Yougoslavie, l'Algérie, le Pakistn, Singapour, l'Irlande, bientôt la Belgique... Combien de guerres d'indépendances ? Combien d'affrontements ethniques ? Géorgie, Sri Lanka, Nagaland, Birmanie, Laos, Vietnam, Cambodge, Chine, Philippines,

Afghanistan, Tadjikistan… Quasiment tous les pays d'Afrique ont été touchés depuis 1960. Et combien d'exodes ? Les Français d'Algérie en 1962, les 14 millions de personnes déplacées de l'Inde vers le Pakistan en 1947 (et vice-versa), les turcs des Balkans, les hmongs du Laos, les arméniens de Turquie, les chinois de Malaisie, les kurdes de Turquie, les serbes de Bosnie…

Nous pensions que ces gens-là pouvaient s'aimer. Nous voulions qu'ils s'aiment. Ils se sont entretués.

L'honnêteté nous oblige à constater, même si c'est déplorable et affligeant, que les pays les plus homogènes (Norvège, Finlande, Japon…) se caractérisent par un chômage bas, un taux de pauvreté bas, un PIB élevé, une forte réussite scolaire, un taux élevé de confiance des citoyens en la police et en leurs voisins et, surtout, une criminalité très basse. On observe des données strictement inversées dans les pays les plus hétérogènes (Colombie, Afrique du sud, Brésil…).

Pour nous qui sommes très proches des combats antiracistes, chacun l'aura compris, un tel constat est navrant. Ce n'est pas tout. C'est le politologue américain Robert Putnam, célèbre universitaire de gauche, qui le dit : plus l'hétérogénéité d'un pays est élevée, moins les citoyens font confiance au gouvernement, aux dirigeants et aux médias. Moins les taux d'enregistrement sur les listes électorales sont élevés, moins les gens font du bénévolat ou se permettent des dons aux organismes de charité, moins les citoyens sont enclins à participer à des projets communautaires, moins ils ont d'amis ou de confidents, plus ils regardent la télévision.

Les conclusions de l'enquête de Putnam, menée auprès de 30 000 personnes, montrent que plus l'hétérogénéité augmente, moins les gens ont confiance en les individus d'autres communautés, et moins ils ont confiance en les individus de leur propre communauté. Selon l'universitaire, le contact avec la diversité rend moins tolérant et engendre le repli et le communautarisme. On ne pourrait pas jouer au jeu des sept erreurs avec la carte du vote Front national et celle de la concentration immigrée, tant elles sont identiques. Pour Putnam, l'hétérogénéité transforme les gens en tortues : anomie, isolement, repli sous carapace.

« L'effet Putnam » a été confirmé par d'autres études (Stolle, Soroka & Johnston). Dire que les gens rejettent l'hétérogénéité « parce qu'ils ont peur de ceux qu'ils ne connaissent pas » est une assertion sans fondement. De nombreuses études ont montré qu'hostilité raciale et préjugés étaient nettement plus forts chez les gens vivant à proximité d'autres minorités (Fosset & Kiecolt, Giles & Hertz, Glaser, Stein et al., Taylor, Wright).

Les Français n'ont pas confiance en nos médias (67 %), en notre démocratie (57 %) ou en nos partis politiques (88 %), comme en témoigne la hausse presque continue du taux d'abstention depuis 1965 (Insee). À l'égard de la politique, 39 % des Français éprouvent de la méfiance, 23 % du dégoût, 12 % de l'ennui. 69 % des gens pensent qu'on ne se méfie jamais assez des autres (CEVIPOF 2011). En outre, les Français ont moins d'amis et de relations sociales depuis les années 80. Ils se parlent de moins en moins, autant en milieu professionnel que privé. Deux fois plus de gens qu'il y a 30 ans vivent seuls (Insee). Les gens regardent plus que jamais la télévision, 3h30 par jour, et passent en outre 30 min sur leur ordinateur (Insee 2011). Bref, l'hétérogénéité désintègre la société et fait s'effondrer ce que Putnam nomme le « capital social » (Scandinavian political studies, 2007).

51 % des Français estiment que les musulmans forment un groupe « à part ». 75 % des Français pensent que l'Islam « progresse trop vite ». 66 % des Français pensent qu'il y a trop d'immigrés en France. 70 % des Français estiment que de nombreux immigrés viennent en France pour profiter des aides sociales.

57 % des Français pensent que l'intégration des étrangers fonctionne mal ou très mal. 56 % des Français affirment qu'on « ne se sent en sécurité nulle part ». 48 % des Français estiment que l'immigration est la principale cause d'insécurité (CSA 2011, IFOP 2012). 57 % des Français ont une mauvaise représentation des jeunes de banlieue (Afev 2012).

Selon une enquête menée sur les cinq continents, 80 % des gens pensent que l'immigration a augmenté, 52 % qu'il y a trop d'immigration, 51 % qu'elle impose trop de pressions sur les services publics, 31 % qu'elle rend le pays plus intéressant à vivre, 28 % qu'elle est bonne pour l'économie, 21 % qu'elle a eu un impact positif sur leur pays (IPSOS, 2011).

Tout cela nous plonge dans un désarroi abyssal. Heureusement pour nous, les progressistes sont très optimistes et opiniâtres. Le mélange finira bien par tout résoudre.

« Il y a un décalage entre la population et la police en termes ethnique et racial. Les policiers sont majoritairement blancs, même si c'est un peu en train de se corriger ces dernières années, à la suite des efforts faits pour diversifier le recrutement », déclare Didier Fassin, anthropologue.

Il est bien question d'un désir d'homogénéité *raciale*. Étonnamment, aucun antiraciste n'a réagi. Le « majoritairement blanc » ne coïncide plus avec certains quartiers ou certaines villes, dont il faudrait achever l'uniformisation, voire l'épuration ethnique (c'est de ça qu'il s'agit), en commençant par les policiers de quartier pour ne plus froisser des gens qui apparemment sont trop racistes pour les supporter. Cette mesure est déjà appliquée par endroits pour les chauffeurs de bus et même certains employés du privé.

On croirait vivre ce que les États-Unis ont vécu il y a une trentaine d'années. On joue au petit chimiste, on mélange bien et on laisse chauffer la situation, jusqu'à ce qu'elle nous explose au visage, comme ce fut le cas dans le quartier de Watts en 1965 (sud de Los Angeles). Une arrestation avait dégénéré sur des émeutes raciales ultra-violentes, faisant 34 morts, avant de se propager à 43 autres villes l'année suivante. Rebelote en 1992, suite à l'arrestation de Rodney King. 55 morts. Le quartier de Watts (comme le reste de L.A.) est aujourd'hui à dominante hispanique. Absolument rien n'est réglé, la pauvreté et les tensions demeurent. Plus d'un millier de gangs dissuadent les gens de sortir dans les rues après 18h dans la plupart des quartiers du sud. Les policiers sont majoritairement noirs, ce qui ne les empêche pas d'être majoritairement corrompus (*Libération*, 29/04/02).

Les États-Unis n'ont pas tenté de gérer le communautarisme. Les autorités se contentent de mettre en prison les malfaiteurs (c'est déjà beaucoup), ce qui maintient l'insécurité à un taux acceptable, même si les germes du désordre paraissent inextricables de certains quartiers.

Nous avons toujours eu quelques dizaines d'années de retard sur les États-Unis. Les bandes françaises s'inspirent directement des gangs américains, abreuvés de culture hip-hop et R'n'B. À Paris, ces bandes aux membres « quasi-exclusivement d'origine subsaharienne » (*Le Monde*, 5/09/07) se donnent déjà le nom de gangs territoriaux : GDN et Def Mafia pour la bande de la gare du Nord et celle de la Défense. « On assiste à un retour sensible du phénomène de bandes ethniques composées en majorité d'individus d'origine subsaharienne, arborant une appellation, des codes ou signes vestimentaires inspirés des groupes noirs américains », détaille un responsable de la DCRG. « Il semblerait que la gare du Nord soit devenue un enjeu territorial », explique le procureur de Paris, Jean-Claude Marin. « Il y a une cristallisation sur cet endroit, avec deux bandes qui luttent : l'une est parisienne, l'autre provient des Hauts-de-Seine. » On parle d'une « bande de la Défense, composée d'une quarantaine d'individus pour l'essentiel d'origine subsaharienne, issus des quartiers sensibles des Hauts-de-Seine, des Yvelines et du Val-d'Oise ». Une bande qui, « par volonté hégémonique », se heurte à celle de la « gare du Nord, composée d'une quarantaine d'individus de la même ethnie », dans des affrontements à coups de couteaux ou de machettes, pour le contrôle de secteurs « stratégiques » pour la vente de stupéfiants. « À Athis-Mons, une bande est ainsi uniquement composée de Cap-Verdiens. Au centre commercial Grigny-2, on observe également des membres de bandes se promener avec des tee-shirts où figure l'inscription "Noirs et fiers". Parmi eux, on retrouve la bande des "Black guérilla armée", spécialisée dans le "carjacking" ou les "Grigny Hot Boys", des collégiens d'origine africaine, auteurs de vols avec violence. À Chanteloup-les-Vignes, ce sont des adolescents d'origine africaine qui se retrouvent dans des bandes appelées "les microbes" ou les "pestes". À Torcy, la "bande du Mail" compte de son côté 90 jeunes, "organisés d'une manière paratribale" autour d'un leader charismatique. La structure possède une douzaine de voitures, règne sur l'économie souterraine locale. "Ces formations délinquantes constituées en majorité d'individus originaires d'Afrique noire ont la particularité d'instaurer une violence tribale ne donnant lieu à aucune concession", avec un "rejet violent et total des institutions" et un "total détachement quant à la gravité de l'acte commis" », notent les enquêteurs.

La guerre des gangs fait des dommages collatéraux : « Les commerces figurent parmi les cibles privilégiées de ces bandes. Les enquêteurs remarquent une communautarisation galopante, avec des réinvestissements dans les "taxiphones", ou dans des boutiques vendant des produits halal. À Argenteuil, ils décrivent par exemple "l'investissement croissant de fondamentalistes musulmans dans le secteur de la restauration rapide". À Rennes, une boucherie-charcuterie d'un quartier sensible a aussi fait l'objet, en novembre 2006, de graffitis sur la vitrine : "Arrêtez de vendre des saucisses qui puent ou on va vous tirer dessus, PD de boucher." Outre les tensions "communautaires traditionnelles", entre Juifs et Africains, ou entre Gitans et maghrébins, la DCRG relève l'arrivée d'une nouvelle délinquance, tchétchène souvent. À Nice, à la cité de l'Ariane, ou à Évreux, dans le quartier de la Madeleine, les "rivalités ethnico-affairistes" dégénèrent en affrontements. Le 6 novembre 2006, 17 douilles de 7,65 et 9 mm ont ainsi été retrouvées par la police, après que de jeunes tchétchènes eurent tiré sur un groupe de maghrébins. À Gonesse, ce sont des chrétiens d'Irak, installés dans le quartier des Marronniers, qui se heurtent à des Maghrébins de la cité de la Fauconnière. Le 31 octobre 2006, l'un d'eux a été paralysé à vie par une balle reçue dans le dos. » (*Le Monde*, 5/09/07)

Pendant ce temps-là, les journalistes, à l'image de Jérôme Pierrat, parlent de « bandes ludiques ».

Les gangs déteignent sur leur environnement. Pour les nouveaux minoritaires (autochtones), il faut s'adapter ou fuir. Certains s'adaptent. Sébastien Roché constate que les jeunes d'origine autochtone qui se mélangent à une bande d'origine maghrébine voient leur risque de se lancer dans le trafic augmenter (multiplié par quatre). À l'inverse, les jeunes d'origine maghrébine qui se mélangent à une bande d'origine française risquent moins de se lancer dans des trafics (divisé par 31).

◆◆

Les politiciens ne peuvent composer sans le communautarisme électoral. Aux États-Unis en 2012, 93 % des afro-américains ont voté Obama. Le vote des Euro-américains étant nettement plus aléatoire, il est impossible d'être élu sans les Hispaniques et les afro-américains. En France, sans les voix des musulmans – à 86 % pour la gauche selon IFOP –, Hollande n'aurait pas été élu. En Belgique, selon le sociologue Dirk Jacobs, « le Parti socialiste cible les voix des Marocains, surreprésentés dans les classes ouvrières, et les libéraux de droite les votes des turcophones ». Les antiracistes sont élus par des votes racistes, ça n'étonne personne.

En Afrique, les élections sont carrément des mathématiques ethniques (Lugan). Au détriment de tout intérêt général, les politiciens doivent donc promettre et offrir aux communautés, de plus en plus, pour gagner et conserver leurs votes.

Comment revenir en arrière ? C'est simple : on ne peut pas. La faute à qui ? Il faut être clair et ne pas se tromper de cible : la responsabilité de la situation incombe uniquement à la politique de Français autochtones, de gauche comme de droite, coupables d'avoir favorisé une immigration de peuplement coupée des réalités économiques et sociales, coupables de n'avoir su prévoir, organiser, gérer et combattre une insécurité qui n'existait pas dans les années cinquante, et qui n'a jamais été sérieusement combattue depuis son apparition. Tout le monde est parfaitement d'accord pour entretenir la machine à criminalité. La gauche et l'extrême-gauche veulent faire payer les riches. Financer le communisme par le capitalisme, sans voir qu'ils ne peuvent que détruire l'un et l'autre. La gauche internationaliste a appuyé l'immigration, de Sartre à Jospin, politiquement, et par l'investissement du terrain associatif, « intellectuel », médiatique et administratif. Le malfaiteur ? Une victime de la société. C'est à la société de s'adapter aux minorités. La droite, elle, a depuis longtemps perdu la guerre. Paralysée par sa peur de la gauche, elle a un mal fou à exister :

elle n'a jamais abrogé la moindre mesure sociale, faisant montre dès que possible de ses bonnes dispositions à l'égard du progressisme. À tel point qu'on se demande parfois qui est vraiment au pouvoir depuis Mitterrand. Sur les questions sécuritaires, la droite roule des mécaniques, enchaîne les annonces martiales, mais se montre incapable de seulement faire appliquer la loi. Au lieu de cela, elle profite des velléités sécuritaires de la population pour réduire ses libertés. En pratique, les chiffres officiels, mais aussi les enquêtes de victimisation montraient une légère amélioration des choses avec l'arrivée de Sarkozy à l'Intérieur. Cependant, elle fut de courte durée, puisque le nombre de mis en cause a augmenté de 4 % de 2011 par rapport à 2006 (ONDRP). Et ce n'est pas avec la gauche que les choses vont s'arranger : sous Jospin, l'insécurité avait explosé. Le même angélisme produira les mêmes effets avec Taubira. Alors, la droite ou la gauche ? Avec ou sans vaseline ?

Le Front national de Marine Le Pen ne propose rien qui permette de sortir de la spirale à emmerdements : en souhaitant réserver les prestations sociales aux Français (et même les augmenter), il ne fera qu'amorcer la fabrication de sous-sociaux bien de chez nous, made in France. Ses solutions pour trouver de l'argent, payer les prestations sociales, relancer le pays ? Faire payer les riches. Hormis un discours cohérent sur la sécurité, l'immigration et l'espace Schengen, son programme relève du gauchisme social, l'origine de beaucoup de nos maux. Ne parlons pas des groupuscules « actifs », certains identitaires et ultras, parfaits repoussoirs accaparés par leurs querelles de chapelle et une communication sans logique, opposant fromages et blasons au sauvetage d'une nation.

Peut-on rompre la sous-adaptation ? C'est une question de volonté politique. Il suffit de faire en sorte que personne n'ait intérêt à rater le train, en laissant la société avancer à son rythme. Le train actuel avance ou recule en fonction des voyageurs. Il n'ira pas loin. Mais que fait le conducteur ?

La sur-socialisation est une maladie plus grave encore que la sous-socialisation. Les hommes sont des compétiteurs. Or la compétition agressive entre individus et nations n'existe plus : une compétition de substitution s'est mise en place à l'intérieur des nations. Il s'agit d'une compétition statutaire. Nous l'avons dit, les gens s'efforcent d'obtenir un statut et un pouvoir de différentes manières : la connaissance, la science, la religion, la politique, l'art, la magie, l'argent, le militantisme, le sport, etc. Ces dernières décennies, le versant moral est devenu prépondérant : tout compétiteur qui ne fait pas allégeance à la morale dominante ne peut pas réussir. Tout artiste, tout riche, tout politique, tout religieux, tout scientifique, tout militant, tout médiatique, tout sachant, tout sportif, s'il veut réussir et gagner son statut, par la grâce des médias, doit d'abord être un bon progressiste. La compétition morale a éclipsé toutes les autres.

La morale normale ne suffit plus. Il faut faire mieux. Devenir sur-social. Ce qui compte n'est plus le statut social, c'est le statut moral. Ce qui permet à des BHL de parader dans tous les médias, entre une guérilla et un procès antiraciste. Il n'est pas de journaliste, d'artiste ou de saltimbanque qui ne se dise engagé, indigné, ou ambassadeur de telle ou telle cause. Ces gens sont parfaitement inutiles au débat public, mais ils sont les seuls individus autorisés à y prendre part. La morale contemporaine est l'alpha et l'oméga de toute légitimité.

Nous avons donc les sous-socialisés, qui ne respectent pas les lois tant que ça ne leur pose pas de problème. Ils y trouvent même un intérêt : chez eux, l'action antisociale est valorisée. Les gens normalement socialisés, la majorité, respectent les lois et comprennent la nécessaire réciprocité de la société. Ils voient forcément d'un mauvais œil les sous-socialisés (« assistés », « racailles », etc.). On pourrait penser que les sur-socialisés sont des intransigeants, prêts à casser du sous-socialisé. Ce n'est pas le cas. La morale en jeu n'est pas une morale légaliste. C'est la morale égalitaire, humaniste puis progressiste, la seule autorisée de l'après-guerre. Une morale qui se range systématiquement du côté des faibles. La loi devient un ennemi, car on se persuade qu'elle est l'ennemi des faibles, comme les notes sont l'ennemi des mauvais élèves.

D'abord, il ne faut pas haïr le voleur, encore moins le punir. Il faut le comprendre. Après il faut l'excuser. Puis il faut nous excuser nous-mêmes. Le voleur est coupable. Puis malade. Puis victime. Puis c'est nous-mêmes qui sommes coupables. En définitive, un vol n'est pas grave si l'on est sous-social ou sur-social.

« C'est social », proclament nos chevaliers de la table rase, pour qui le crime est une génération spontanée. La culture de l'excuse participe de la compétition : c'est à celui qui ira le plus loin à l'encontre du bon sens : on explique, on comprend, on excuse, on légitime, on justifie, et pour finir on approuve, on encourage et on assiste. Et l'honnête Français moyen ? Honnête, ça veut dire privilégié. C'est lui le responsable, le coupable, le colonialiste, le raciste, le salaud.

Il faut être moralement le meilleur. Le plus *in*, le plus dérangeant, le plus rebelle. La compétition morale, c'est être là où on ne vous attend pas, ça fait intelligent, démarqué, non-conformiste. La flagellation de nous-mêmes et l'apologie du sous-socialisé n'ont d'autre limite que l'imagination. Cela nous conduit à d'amusantes surenchères, comme ce fut le cas par exemple durant la Révolution française (dictature, persécution des opposants, loi des suspects, terreur...). La force du groupe (et la peur des gens d'en être exclu) est la clé de ce processus. Si vous n'êtes pas un bon curé, vous serez banni du couvent. Le couvent, c'est la société. Mort sociale.

Les personnes normalement socialisées, pour évoluer dans la hiérarchie sociale, n'ont d'autre choix que d'imiter les sur-socialisés, bien installés au sommet de la pyramide.

L'idée est de faire croire aux foules que la morale progressiste est *transgressive*, puisqu'elle combat les lois et les fondements de la société, et même la nature, d'essence inégalitaire. Les étudiants en sciences sociales qui portent un tee-shirt Che Guevara sont persuadés d'être de grands rebelles, d'avoir une personnalité bien à eux. Illusion : si chaque mouton s'efforce de bêler différemment, l'enclos moral est strictement délimité par les cerbères de la pensée. L'hypertrophie de la morale est un mélange de transgression et de soumission. Au bout du compte, les rebelles, d'une unanimité soviétique, s'efforcent de rejeter ou nier toutes les bases inégalitaires qui font ce que nous sommes. La nation, les groupes, la réussite, la famille, la propriété, la compétition classique, le pouvoir, la hiérarchie, l'hérédité, etc.

Les progressistes se croient libres, tolérants et courageux. Ils sont les esclaves de principes tyranniques. Face à une timide contradiction, le piétinement des dissidents est encouragé, justifié. Les dissidents qui ne s'autocensurent pas sont bons pour l'ostracisme et la persécution. Est-ce héroïque ? « Ce déclin du courage, qui semble aller ici ou là jusqu'à la perte de toute trace de virilité, se trouve souligné avec une ironie toute particulière dans les cas où les mêmes fonctionnaires sont pris d'un accès subit de vaillance et d'intransigeance, à l'égard de gouvernements sans force, de pays faibles que personne ne soutient ou de courants condamnés par tous et manifestement incapables de rendre un seul coup », écrivait Alexandre Soljenitsyne.

Les élites, les chercheurs, les journalistes, les enseignants n'ont jamais été aussi conformistes. Un conformisme de gauche, mais un conformisme quand même. Les gens, comme les chercheurs ou les médias, évitent de trop insister sur ce qui dérange. Un simple débat sur l'identité nationale devient une abomination. « C'est le syndrome « Throught a Glass, Rosily » dénoncé par George Orwell, qui consiste soit à présenter sous un jour favorable des faits qui dérangent, soit à les dissimuler, soit à incriminer le porteur de mauvaises nouvelles », expliquait Michèle Tribalat à ce propos. D'un côté l'amnésie, de l'autre l'hypermnésie (Besançon). On oublie les crimes du communisme, on martèle ceux du nazisme. Sur vingt ans de faits divers, on parlera davantage d'une bavure policière que des milliers d'assassinats commis par des « jeunes ».

Les militants de n'importe quelle cause tirent leur satisfaction du processus de gratification qui consiste à *être militant*, certainement pas dans la réalisation concrète de leurs idées. C'est d'ailleurs pour ça que les « syndicalistes » ne se montreront jamais *satisfaits* de quoi que ce soit, puisque leur satisfaction essentielle est d'être insatisfaits.

Être sur-socialisé, c'est accorder une telle importance à la morale progressiste que l'on en arrive à s'interdire certaines pensées et à vouloir les interdire aux autres. Le progressisme est une religion, une oppression de la pensée qui s'auto-alimente par culpabilisation et haine de soi. Il en résulte un fort conflit intérieur : les sur-sociaux sont tiraillés entre leur sentiment de supériorité (ils se croient meilleurs et veulent que le monde entier pense comme eux) et la soumission affichée à l'autre, exigée par leur morale. « Ils sont meilleurs que nous, mais il faut leur imposer nos droits de l'Homme, notre médecine et notre démocratie. »

En vertu de la compétition morale, les blancs s'efforcent d'être moins communautaires, feignent un altruisme immodéré, sont pacifistes, humanitaristes, répugnent à défendre leur société et à punir les sous-sociaux. Très concrètement, la compétition se traduit par l'inhibition physique (pas de réaction violente, même pas pour se défendre), par l'inversion morale (tolérance des intolérants uniquement *extérieurs au groupe*), par la prohibition de toute réaction (le scepticisme est un délit) et par l'illusion suicidaire (tout va bien, mais achevons de disparaître et tout ira encore mieux).

Ce n'est pas facile à vivre : les sur-socialisés s'interdisent de haïr, de juger et de critiquer. Des positions difficilement tenables. On ne sera pas surpris d'apprendre que les conservateurs sont « plus heureux » que les progressistes (Taylor, Funk & Craighill, 2006). Plus on est progressiste, moins on tolère l'adversité. Et la contrariété.

Les sur-socialisés sont terrorisés à l'idée que les représentants des « minorités » ne soient pas réellement les égaux des autres. Leurs égaux. Ce ne sont d'ailleurs pas les minorités qui défendent leur propre cause, mais d'autres qui le font en leur nom : essentiellement des gens issus de milieux aisés, qui ont le tort moral si culpabilisant de n'être d'aucune minorité. En prenant la défense de ces dernières, les sur-socialisés désignent ceux qu'ils estiment inférieurs. Pour prétendre qu'ils ne le sont pas.

Comme la société se hiérarchise, la morale œuvre pour défavoriser ceux d'en haut et favoriser ceux d'en bas. La sélection sociale chute, la compétitivité nationale s'effondre. Le fait de respecter les règles n'apporte pas d'avantage sélectif, au contraire. Le mérite n'est plus récompensé, ce qui favorise les comportements antisociaux, que les sur-sociaux ne peuvent qu'aduler de plus en plus. Pour parfaire le tableau, la société est ouverte à la circulation des personnes. Et pour assouvir leurs désirs de compétition, le but des sur-sociaux, par la loi, la morale et le militantisme, est de faire venir toujours plus de sous-sociaux. L'aide au clandestin, ça paye bien, en monnaie statutaire.

Marquer des points, c'est facile. Un garnement n'a qu'à aider un clandestin de temps en temps pour se fabriquer un statut de « bon ». Si en plus il répète aux gens que la diversité est une richesse, qu'il est temps d'imposer la discrimination positive et d'abolir les frontières, il deviendra un « très bon ». C'est simple et ça ne coûte pas cher.

Le garnement devient un problème lorsqu'il a du pouvoir. Parce qu'il justifie ses ordres par sa morale. « Il ne faut pas répondre à la violence par la violence », « l'exclusion génère la délinquance », « la prison n'est pas une solution ». Ces affirmations ne sont le fruit d'aucune étude objective. Elles récitent ce qu'exige la morale. La réalité n'a pas d'importance. Au besoin, on la retouchera. Et si vous démontrez que ces affirmations sont fausses, les moralistes refuseront d'en tenir compte, parce que leur religion l'interdit. Contre ces gens-là, les arguments rationnels sont parfaitement inutiles. Le problème, vous l'avez deviné : les garnements ont le pouvoir.

Dans une société normale, c'est-à-dire avec des défenses immunitaires, la masse de sous-adaptés est limitée parce que la société la rejette et lui mène la vie dure (clans criminalisés de Roms en Europe centrale, Burakumins au Japon, célibataires de Lévi-Strauss...). En contrée progressiste, l'assistance illimitée des sous-socialisés conduit à leur accroissement mécanique. La société hôte sacrifie une énorme part de son énergie à apaiser les tensions et à maintenir ses exigences morales (aide des faibles, gestion des conflits communautaires, distraction et contrôle des foules). Autant d'énergie perdue.

Certes, la prison coûte très cher : 70 milliards en 2006 aux États-Unis, 10 % du budget de la Californie – c'est plus que l'éducation – (Kirchhoff). En France, selon l'administration pénitentiaire, chaque détenu coûte un peu plus de 100 euros par jour au contribuable. Pour répondre efficacement à la délinquance et à la criminalité, il faudrait porter la capacité carcérale du pays à 300 000 places. Le coût d'une telle opération serait amorti dans les dix ans par la baisse spectaculaire de la criminalité qui s'ensuivrait. Appliquer la loi en punissant tous les criminels, et condamner les récidivistes à de longues peines, voilà des actions simples, qui assureraient la restauration rapide de l'ordre public.

Pour l'heure, nous sommes pris dans le mauvais engrenage.

Nés dans le confort, les citoyens-garnements n'ont plus conscience que l'ordre social n'est pas un état normal ou durable. Il faut constamment se battre pour en préserver l'équilibre fonctionnel. La morale égalitaire estime que cet équilibre est fasciste.

Combattre les inégalités ? La nature n'existe que par leur croissance. L'égalité, c'est l'empêchement de l'évolution. Les hommes n'existent que parce qu'ils sont inégaux. Ou alors ils sont morts. La société s'est faite grâce à tout ce que le progressisme veut détruire : dualité, altérité, esprit d'initiative, beauté, ordre, liberté, mérite, hiérarchie, compétition, prise de risque... L'égalité, triomphe moral des faibles, mène à la haine de tout ce que nous appelons civilisation.

« Il faut forcer les morales à s'incliner d'abord devant la hiérarchie, il faut leur faire prendre à cœur leur arrogance jusqu'à ce qu'elles comprennent enfin clairement qu'il est immoral de dire : Ce qui est juste pour l'un l'est aussi pour l'autre », disait Nietzsche. Il ne faut jamais oublier que la morale n'est qu'une institutionnalisation de lois biologiques, dictées par notre nature. La morale doit être combattue dès lors qu'elle acquiert son autonomie.

◆◆

En régime de compétition morale, il est forcément un point de bascule entre l'intérêt de la compétition et son coût. Pour certains (ceux qui n'ont pas pu fuir), l'insécurité coûte plus que la morale ne rapporte. Rassurez-vous, les plus vertueux sont à l'abri.

Les premiers opposants à la construction de logements sociaux, comme l'a constaté la sociologue Marie-Christine Jaillet lors d'une enquête dans le sud de la France, sont « des syndiqués, des universitaires de gauche, des militants des droits de l'Homme », comme elle le remarque « personne ne disait ne pas vouloir d'Arabes sur la commune, mais on entendait tous les prétextes » (*Télérama*, 25/10/03). Combien de représentants de la diversité au sein des équipes journalistiques « branchées » ? Combien sont-ils au sein des partis politiques ? Combien de moralisateurs professionnels vivent réellement au cœur des quartiers « sensibles » ? En 2008, seuls 3 % de la population n'aimeraient pas avoir des voisins d'une « autre race » (Insee). Quand on voit avec quelle ardeur les populations se regroupent entre elles, on peut franchement douter de la franchise des sondés… C'est mal de le dire, mais tout le monde le fait. Le *melting pot* aux États-Unis ? C'est une découpe ethnique des quartiers : autant mélanger de l'eau et de l'huile. En France, la ségrégation sociale est plus discrète et plus efficace, surtout quand elle s'efforce de donner le change en multipliant les beaux discours pour la condamner.

L'expansion de l'insécurité est difficile à dissimuler, même en terrorisant ceux qui la font remarquer, même en prétendant qu'elle n'est qu'un sentiment, ou la meilleure amie de l'extrême droite. La guerre de l'insécurité, c'est un théâtre : la gauche contre la droite. Si cette guerre était réelle, elle séparerait deux camps : les réalistes et les moralistes. Il n'y a que des ultra moralistes, des moralistes et des moralistes modérés. « La véritable force de la République française doit consister désormais à ne laisser surgir aucune idée qui ne lui appartienne », disait Napoléon. C'est exactement ce que s'efforcent de faire les progressistes.

Malek Boutih, encore lui, avait bien compris que le mécanisme de compétition morale ne rendait pas service aux immigrés : « Les comportements de délinquance touchent de plus en plus les jeunes de ces quartiers et donc issus de l'immigration... Au nom de cette révolte contre les discriminations et le racisme, on justifie des comportements violents. Je suis contre ça. Derrière des discours un peu branchés, compréhensifs, on est en train de pousser toute une jeunesse vers les portes de la prison... » (*Le Parisien*, 10/03/01). Ignorés, ces sages avertissements.

L'insécurité elle-même est devenue un tabou. Celui qui s'inquiète pour sa propre sécurité est aussitôt accusé d'exagérer, d'être égoïste, simpliste, de faire le jeu de l'extrême droite. Taisons-nous, faisons la fête, oublions tout ça.

Ceux qui ne sont pas d'accord avec la ligne du parti, ceux qui défendent la liberté d'opinion sont des fascistes. Sous la pression sociale, les gens se rangent à ce discours dominant. Et participent à la compétition. Les foules se conditionnent elles-mêmes. Elles aussi nient l'insécurité. Les gens ont appris à nier la réalité, même quand ils en sont témoins ou victimes.

En 2001, une étudiante est violée à deux reprises dans le TER Dunkerque-Lille, par quatre adolescents d'origine maghrébine. Au moins six passagers étaient dans le même wagon : aucun n'a réagi ni ne s'est manifesté, même ultérieurement. Interpellés, deux auteurs « déjà connus » sont incarcérés, les deux autres sont remis en liberté (*Le Parisien,* 1/06/01). « Le monde est un endroit redoutable. Non pas tant à cause de ceux qui font le mal qu'à cause de ceux qui voient ce mal et ne font rien pour l'empêcher », disait Einstein. Ils n'ont rien vu et rien entendu. Ils ont estimé que le sort de cette étudiante ne valait pas une prise de risque. Plutôt que les agresseurs, ils ont choisi d'affronter leur honte. Mais ont-ils eu seulement honte ? La fierté ne rentre pas dans le cadre de la compétition morale. La victime, c'est l'Autre, jamais les nôtres, c'est la télé qui le dit. La solidarité n'existe plus en dehors des communautés. Tout a été fait pour briser la cohésion naturelle de la nation. « Ce n'est pas moi donc tout va bien ». Personne ne se met à la place de personne. Il faut accepter. La tolérance, que nos pères nommaient lâcheté, voilà qui est plus à la mode.

À la mode aussi, le souci des agressés de disculper leurs agresseurs. Le 1er janvier 2006, une « bande de jeunes » terrorise les 600 passagers du train Nice-Lyon. Une étudiante de Besançon a porté plainte pour agression sexuelle, un couple a porté plainte pour vols. De nombreuses personnes disent avoir été menacées et « chahutées ». Plusieurs dégradations ont été commises. Les politiciens s'emparent du scandale et enchaînent les déclarations. « L'impunité dans les TER, c'est terminé », a dit Sarkozy. « Les coupables seront punis comme il se doit », a affirmé Chirac. Trois ans plus tard, six prévenus sont condamnés : 6 mois avec sursis pour deux d'entre eux, 18 mois ferme pour le « meneur », des amendes pour les trois autres.

Qu'on ne vienne pas s'étonner après ça qu'en août 2011 une femme (accessoirement enceinte) soit violée par un Tunisien sous la menace d'un couteau, en plein jour dans le train Coulommiers-Paris (TF1, 23/08/11), ou qu'en avril 2009 une lycéenne soit

« sauvagement violée » par cinq « jeunes » dans un train de banlieue circulant dans les Yvelines (*Le Figaro,* 10/03/11). Qu'on ne vienne pas s'étonner que les trains soient pris d'assaut par des bandes, comme le Melun-Paris en janvier 2006 investi par une bande de détrousseurs « africains » (*AFP,* 8/01/06), comme le Fréjus-Cannes détruit et terrorisé en septembre 2009 par soixante jeunes « fêtant la fin du ramadan » (*Nice Matin,* 20/09/09), ou encore comme le RER D en mars 2010, où huit jeunes ont été blessés dont cinq à l'arme blanche lors d'un affrontement entre bandes. La veille aux Mureaux, cinq contrôleurs avaient été agressés à coups de couteau et de poing (*Le Figaro,* 15/03/10).

Mais le plus important est sans doute ailleurs, dans l'attitude de l'étudiante victime d'une agression sexuelle dans le Nice-Lyon. Dès son accès au wagon, une vingtaine ou une trentaine de jeunes lui ont tout d'abord dérobé tout ce qu'elle possédait puis ils lui ont donné des coups, lancé un projectile sur le visage. La jeune fille a été insultée et victime d'attouchements sexuels (France 3, 5/01/06). « Un homme assiste à la scène sans broncher. « Il devait avoir peur », déclare la victime, précisant qu'hormis ses agresseurs tous les autres passagers avaient quitté le wagon. Insultée, bousculée, touchée physiquement par des mains intrusives, elle reste traumatisée. « Je n'étais plus un être humain, j'étais réduite à l'état d'objet, bousculée de l'un à l'autre », se souvient la jeune femme, le visage marqué par un œil au beurre noir. Ce n'est qu'après de très longues minutes et l'arrivée des gendarmes dans un train bloqué à quai qu'elle prend la fuite » (*Libération,* 6/01/06).

Le meilleur ? « L'étudiante craint l'amalgame et l'exploitation de sa mésaventure. Elle précise que c'est un jeune noir du groupe qui a demandé d'arrêter cette agression, un geste qui lui a permis de se faufiler et de prévenir le chef de gare » (France 3, 6/01/06).

Tabassée, volée, agressée sexuellement, son premier souci est de prévenir tout *amalgame*. Sur l'échelle de la compétition morale, c'est un strike. Minimum. Attention, un tel coup de maître n'est pas à la portée d'un débutant. Pour atteindre ce niveau de jeu, il faut s'astreindre à un long conditionnement mental, désapprendre toute colère, toute logique, tout réflexe de survie. Tenez, un autre athlète : en avril 2009, la vidéo d'une sauvage agression circule sur Internet, et contraint les grands médias à s'emparer de l'affaire. La scène se passe dans un Noctilien parisien, en décembre 2008. Un homme de 19 ans est provoqué, volé, violemment frappé par une bande de voyous. L'agressé parvient à se diriger vers le conducteur du bus, avant d'être à nouveau tabassé. Le bus est bondé, personne n'est capable de le protéger des coups. Au passage, d'autres usagers sont frappés. Grâce à des fuites sur Internet, de nombreux Français prennent conscience de la réalité d'une agression. Et quand *Le Figaro* (10/04/09) retrouve l'agressé, voilà ce qu'il déclare : « La vidéo de mon agression apparaît comme très stéréotypée car, ce soir-là, je suis habillé de façon bourgeoise et je suis face à quatre jeunes qui faisaient beaucoup de bruit. En aucun cas, je ne veux passer pour l'incarnation d'une certaine image sociale qui aurait été prise à partie par des étrangers. Je ne l'ai pas ressenti comme cela [...] Il y a eu un grave amalgame entre la réalité de cette scène et sa représentation. Cette vidéo a circulé sur des sites extrémistes et a été exploitée par des politiques. Or, je ne veux pas être instrumentalisé. »

Là c'est carrément les 300 points. Un vrai compétiteur peut crever sous les coups de ses agresseurs, si on lui demande de les décrire, il vous répondra dans un dernier souffle : « Faut pas généraliser, pas d'amalgame, faut pas stigmatiser. » La marque des grands champions. Ce sont des chevaliers d'Assas à l'envers : mourant sous les coups de l'ennemi, leur acte héroïque serait de ne surtout pas avertir les leurs. C'est quoi, en définitive, la compétition morale ? Écrire « Omar ne m'a pas tuer » avec son propre sang.

Si vous voulez participer, mettez-vous dans la tête que ça se joue au-delà du religieux, dans le domaine du sectaire. Officiellement, la dérive sectaire est « un dévoiement de la liberté de pensée, d'opinion ou de religion qui porte atteinte à l'ordre public, aux lois ou aux règlements, aux droits fondamentaux, à la sécurité ou à l'intégrité des personnes. Elle se caractérise par la mise en œuvre de pressions ou de techniques ayant pour but de créer un état de sujétion psychologique ou physique, la privant d'une partie de son libre arbitre, avec des conséquences dommageables pour cette personne, son entourage ou pour la société. »

La flagellation, c'est bien, le suicide c'est mieux. Vivez normalement. Continuez de prendre les trains de banlieue. Sinon ce serait un « mauvais signal ». Vous feriez le jeu de l'extrême droite. Offrez votre mâchoire, ramassez vos dents et fermez-là. Vos dents et vos impôts, c'est un tribut sur l'inégalité. Estimez-vous heureux d'être en vie. Désapprenez la peur, les principes de survie. Mourir, c'est moins grave qu'un amalgame. Aujourd'hui on ne meurt plus pour 25 francs, on meurt pour ne pas stigmatiser.

Seuls les « défavorisés » ont le droit de stigmatiser. Ils ont le droit d'agresser, de détester la police et la société entière. Notre société est « responsable » des actes criminels qu'elle subit, comme une nation attaquée est responsable de l'inimitié de son envahisseur. Elle l'a cherché, M'sieur le juge. C'est de la stigmatisation positive.

Les médecins doivent renoncer à tout argument de fréquence. Les policiers doivent oublier les probabilités et les statistiques. Abdiquons intellectuellement. Déconstruisons le raisonnement analogique, base de l'adaptation des espèces, de la vie. Refusons notre statut d'espèce la mieux adaptée à cette planète, et félicitons-nous d'avoir acquis la naïveté stratégique d'un troupeau de gnous : ne jamais se défendre, et accepter de se faire bouffer quand on n'a pas de chance.

Notre intelligence nous permet de comprendre la réalité. Ou, à nos risques et périls, de la fuir.

En 1949, les chercheurs Bruner et Postman demandent à des gens d'identifier les cartes à jouer que l'on fait défiler devant eux. Puis les chercheurs glissent des cartes inhabituelles : un quatre de cœur noir par exemple. Au départ, avec un temps d'exposition bref, les cobayes n'identifient pas l'anomalie. Pour eux il s'agit d'un quatre de cœur ou d'un quatre de pique. Les temps d'exposition se font ensuite plus longs. Les cobayes hésitent, mais refusent toujours d'y voir des cartes anormales. En augmentant encore le temps d'exposition, certains finissent par comprendre, et tout à coup deviennent capables de détecter toutes les cartes anormales. Cependant, certains sujets restent incapables de voir le problème. Les psychologues notent une profonde déstabilisation chez eux, parfois des réactions de rejet. Certains refusent de reconnaître les cartes. D'autres disent ne plus se sentir capable d'en discerner aucune (Fraisse).

En 1951, Asch organise un test de vision, à l'aide d'un groupe de participants complices. Seul un individu n'est pas dans le secret, et sera donc le cobaye de l'expérience. On présente au groupe plusieurs lignes sur un tableau. Laquelle est la plus longue ? Le groupe donne à l'unanimité une mauvaise réponse. 37 % des sujets testés se conforment aux évidentes mauvaises réponses du groupe. Mieux : ils justifient ces mauvais choix, et tentent même de convaincre l'examinateur qu'ils ont raison. Puis ils se trouvent des excuses une fois la supercherie dévoilée.

Comme dans le cas de l'expérience de Milgram, la distorsion de la pensée sous la pression du groupe (l'autorité) est exactement ce qui conditionne les gens à courir toujours plus vite dans le sens de la compétition morale. Effet de témoin, scotomisation, refoulement, preuve sociale, aveuglement volontaire, pensée magique, la couardise ne manque pas de noms. Lorsque la réalité ne cadre pas avec la morale et que la morale est essentielle pour exister, l'individu est prêt à se mentir pour restaurer sa logique mentale. C'est la dissonance cognitive.

Si tous les jours un progressiste se fait mordre les mollets par un rottweiler, il n'en conclura pas que ce chien est méchant ou dangereux et qu'il faudrait le mettre hors d'état de nuire, mais plutôt qu'après tout c'est de sa faute à lui s'il est venu narguer avec ses mollets bien nourris ce gentil toutou exclu, assigné à la misère du trottoir où on l'a parqué. Le progressiste sera donc partagé entre l'idée de fuir le territoire du rottweiler (ce serait un « mauvais signal ») et l'obligation morale de sacrifier ses mollets, pour ne pas faire le jeu de l'extrême droite.

La compétition morale, c'est un déni massif de réalité, une réalité si aberrante qu'il faudrait la mettre au congélateur.

O

L'EXPLOSION ?

En août 2012 à Clichy-la-Garenne, deux hommes assis sur un scooter sont frappés à coups de couteau. Le premier est mort, le second gravement blessé. Les deux agresseurs ont pris la fuite. « Quinze policiers se sont rendus sur place » et « une section de CRS » a été dépêchée sur les lieux « afin d'assurer la sécurisation du secteur » (*Le Parisien*, 22/08/12).

Nous en sommes à « assurer la sécurisation du secteur » avec une section de CRS après un fait divers. Les gens s'en préoccupent. Toutes les élections présidentielles depuis 1995 se sont jouées sur cette question. À votre avis, le quinquennat Hollande va-t-il arranger les choses ? Partenaires sociaux, table ronde, pourparlers, négociations, amendements, protocole d'accord, consensus, projet de loi, réunion interministérielle. « Compromis positif », comme dirait le Président.

En août 2012, le maire (PS) des 15e et 16e arrondissements de Marseille a demandé une intervention de l'armée. 58 % des Français y sont favorables (*Harris Interactive*). « Cela reviendrait à désigner les habitants comme des ennemis », a répondu Manuel Valls (*L'Express*). Les dealers sont nos amis. Pourquoi envoyer l'armée là où l'on peut réunir « un conseil interministériel » ? Ils ont des Kalachnikovs, nous avons le lien social.

La politique est une impasse : à bâbord les gens sont formidables et il est interdit de ne pas en convenir, à tribord « on va vous en débarrasser de ces racailles ». Chaque camp s'efforce de gueuler plus fort, mais finalement rien ne change ou si peu, et la pression monte.

Le couvercle censé contenir l'insécurité a été déplacé. Il est posé sur les foules, pour en contenir la colère. Ce sont elles qui risquent d'exploser. Quand la réaction limite aura-t-elle lieu ? Nul ne le sait. Aura-t-elle lieu un jour ? Nul ne le sait.

Cet ouvrage a été imprimé en France par

à Saint-Amand-Montrond (Cher)
en mars 2013

N° d'édition : 0005. – N° d'impression : 2001699.
Dépôt légal : janvier 2013.
ISBN : 979-10-91447-03-4